# 阅读储备 为教育蓄能

新时代教师阅读储备的理论与校本实践研究

徐红伟 高敏 李娜 刘晓燕 ◎ 主编

文化发展出版社
Cultural Development Press
·北京·

**图书在版编目（CIP）数据**

阅读储备　为教育蓄能：新时代教师阅读储备的理论与校本实践研究 / 徐红伟等主编. —北京：文化发展出版社，2024. 10. —ISBN 978-7-5142-4460-1

Ⅰ. G451.2

中国国家版本馆CIP数据核字第2024W4X791号

**阅读储备　为教育蓄能：新时代教师阅读储备的理论与校本实践研究**

徐红伟　高　敏　李　娜　刘晓燕　主编

责任编辑：袁兆英　　责任校对：侯　娜
责任印制：邓辉明　　封面设计：水木创课教育
出版发行：文化发展出版社（北京市翠微路 2 号　邮编：100036）
网　　址：www.wenhuafazhan.com
经　　销：全国新华书店
印　　刷：三河市中晟雅豪印务有限公司

开　　本：710mm × 1000mm　1/16
印　　张：16
字　　数：162千字
版　　次：2024 年 10 月第 1 版
印　　次：2024 年 10 月第 1 次印刷

定　　价：58.00 元
I S B N：978-7-5142-4460-1

◆ 如有印装质量问题，请电话联系：0318-6658666

# 《阅读储备　为教育蓄能：新时代教师阅读储备的理论与校本实践研究》编辑委员会

# 序言

在当今知识经济时代，阅读已经成为人类社会生活中不可缺少的一种社会活动，是人类汲取知识的手段和认识周围世界的途径之一，是学习所有学科的基础，也是培养人才不可缺少的重要环节。

在阅读的过程中，教育担当着主力，教师更是阅读的主导者。孔子博文约礼，编著六经，讲学杏坛，奠定儒家之宏基；朱熹以“四心”读书，一生讲学、著述、编撰不辍，终成理学集大成者。教师作为教育的主体，自古以来，就担负着“传道授业解惑”的职责，要求教师不仅要传授给学生基础知识和基本技能，给学生答疑解惑，还要言传身教，帮助学生立德成人。常言道：“要想给人一碗水，自己必须有一桶水。”教师要想担负起教书育人的职责，首先需涵养自己的知识体系和人格品质，其中，阅读起着至关重要的作用。

阅读，对于教师来说，是增长知识、提高教学水平的重要途径，是一名教师成长过程中不可或缺的手段。一方面阅读可以帮助教师拓展知识结构，丰富精神生活，在实现教师人生价值的同时丰富教师的知识储备；另一方面，阅读帮助教师开阔视野，夯实专业知识，提升教学水平。阅读是帮助教师成为一名优秀教师的保障，没有高质量的阅读，就难有高素质的教师和高质量的教育。

21 世纪，人类进入知识经济时代。新时代对人的素质要求提升至前所未有的高度，人才的培育有赖于教育的发展，而教育发展成功与否的关键就在于教师。《中国教育现代化 2035》对教师的发展提出了明确的目标，强调“夯实教师专业发展体系，推动教师终身学习和专业自主发展。建设高素质专业化创新型教师队伍”。2021 年出台的“双减”政策，对作业设计、课业辅导、教学提质、课后服务等方面作出了明确的要求。教师的知识基础尤为重要，2022 版新课标中强调，“加强课程内容与学生经验、社会生活的联系，强化学科知识整合，统筹设计综合课程和跨学科学习”，这对教师的素质和专业发展提出了更多的要求，教师不仅要精通本专业的知识，还要具备跨学科视域和知识基础。种种迹象表明，随着我国教育改革的层层深入，教师的成长和学习刻不容缓，教师需要不断通过阅读汲取丰富的成长营养，以此适应改革的挑战和时代的变化，助力自身专业发展。

一直以来，北部新区实验学校将教师队伍的培养和建设作为学校发展的软实力，确立了多层次的教师发展培养目标，新教师的培训和训练，中青年教师的培养与成长，以及教育科研队伍的构建共同形成了学校教师队伍发展的重要环节。多年来，我校以教师阅读研究为战略探索教师培养的长效路径，取得了一些成果，教师教学水平不断提升，不断形成个性化的教学特色，日益成为学生学习和成长重要的力量。但是，在教师发展中，依然存在许多问题和不足。从教师阅读本身来看，存在阅读目的功利化、阅读内容偏食化、阅读习惯缺失、阅读环境不佳等诸多问题；从教科研角度来看，目前我校普遍存在对科研课题认识不足、自身科研能力薄弱、无暇发展自身科研能力、对科研缺乏热情等问题。这些问题严重制约着我校教师队伍的成长，限制着我校的发展。为了帮助教师在阅读中汲取成长的能量，给教师的专业发展蓄能，让教师不断提升教学水平、形成个性化的教学特色，从而为学生的学习和成长赋能，助力学校长效发展。我校开展了“增强教师阅读储备 提高教师专业素养——观察本校课堂教学中教师阅读转化与应用的实践研究”课题研究。

欲水之澄清，必溯其源、浚其流；欲树之丰茂，必深其根、固其本。为了帮助教师增强阅读储备、提升专业素养，首先，我们从教师阅读储备的根本着手——从理论层面探寻教师阅读的根本问题，建构教师阅读储备的理论体系，用理论来武装实践、指导实践。于是，经过老师们的研究，就诞生了这本书《阅读储备，为教育蓄能——新时代教师阅读储备的理论与实践研究》。

全书分为八个章节：第一章溯源·教师阅读储备的背景政策；第二章寻根·教师阅读储备的本质内涵。这两章追溯阅读的本质，诠释教师阅读储备的内涵，挖掘教师阅读的理论根基，回答了教师阅读储备“是什么”的问题。第三章立据·教师阅读储备的理论根基；第四章正本·教师阅读储备的价值意蕴；第五章循因·教师阅读储备的现状透视。这三章探寻了教师阅读储备的价值和意义，结合我校实际分析教师阅读储备的普遍现状，探索教师阅读中的问题和困境，深度剖析了教师阅读储备“怎么样”的问题。第六章探微·教师阅读储备的内容分析；第七章研术·教师阅读储备的实施路径；第八章问道·教师阅读储备的转化策略。这三章是在前五章的基础上，从教育阅读储备的内容参考、实施策略到阅读成果转化，探索教师阅读储备“怎么办”的方法论问题。虽然本书是一部教育著作，但是我们不仅追求知识的科学、理论的缜密、体系的完整，还致力于探寻阅读的趣味性和平实性。本书中列举了大量翔实案例，用细腻的笔触、生动的语言向读者呈现教师阅读的多元样态，让读者在阅读的张弛中，既能获得理论的熏陶，又能感受阅读的乐趣。

这部著作立足于北新实验这块教育土壤，以校本研究为抓手，以我校教师的阅读样态为案例，致力于探索适合北新教师阅读成长的路径。同时，还具有普适性。它从教师阅读的命题出发，回答了教师阅读的本质问题，呈现给读者一幅完整的教师阅读储备理论体系结构图。

本书是是北新实验全体教师智慧和汗水的结晶，是北新人辛勤播种后的收获。希望这本书的出版，不仅能够引领本校教师成长，为本校的发展增色添彩，还祈愿其能给更多的学校和教师以启迪，助力更多的教师通过阅读不断赋能成长！

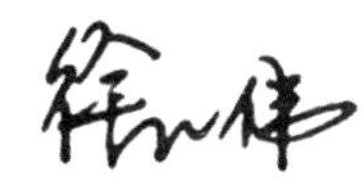

# 目录

# 第一章　溯源·教师阅读储备的背景政策

在当今知识爆炸的时代背景下，教育行业正面临着前所未有的挑战与机遇。为了适应教育发展的新趋势，提升教师队伍的整体素质，国家和地方政府相继出台了一系列旨在加强教师专业发展的政策措施，其中，教师阅读储备作为提升教师专业素养的重要途径，受到了特别的关注和支持。作为北新实验小学部的教师——一群教师阅读及阅读储备转化的研究者和实践者，我们必须站在理论的高度深刻认识和反思阅读，通过阅读储能为学生的全面发展赋能。

## 第一节　教师阅读是推进全民阅读的重要一环

为实现对全民阅读工作的有效部署，国家陆续出台并不断完善有关全民阅读的政策。1997 年，我国开展了全国性的知识工程，并将 12 月定为“全民读书月”，标志阅读推广工作在我国的开始。2006 年，中宣部、中央文明办、新闻出版总署等 11 个部门联合发布了《关于开展全民阅读活动的倡议书》，正式倡导并开展了各类“全民阅读活动”。2009 年，中宣部、新闻出版总署联合印发了《关于进一步推动做好全民阅读活动的通知》，从国家层面进一步加强了阅读推广工作。2012 年，党的十八大报告中历史性地写入了“开展全民阅读活动”，标志着全民阅读已提升至国家战略层面。

2013 年，国家第一次将“全民阅读”加入立法工作计划中。而在 2016 年发布的《全民阅读“十三五”时期发展规划》，确立了全民阅读的基本任务、制度保障等，是我国全民阅读的第一个国家专项规划，具有重要历史性的意义。2020 年 10 月中共中央宣传部印发《关于促进全民阅读工作的意见》，首次将“职工书屋”写入政府意见中。2022 年，开展首届全民读书大会于北京召开，通过线下加线上直播的方式，通过组建不同年龄的分论坛让更多人了解阅读、爱上阅读，取得了良好的效果。

可以看出，我国的阅读推广工作已经开始了二十余年，而国家也逐渐加强了对全民阅读推广的重视程度。教师作为人民的一分子，教师阅读是实现全民阅读的重要一环，教师应该作为全体民众的表率。学校是读书人聚集的场所之一，教书育人是教师的职业要求，而教书就一定要了解书，读书对于教师应该是一件像喝水、吃饭一样自然的事情。而通过近年来针对各个地区教师阅读的调查发现，目前我国教师阅读的现状，虽较前些年有所改善，但是仍然存在很多问题，如教师虽然阅读量有所提高，但是存在阅读转化率低等问题。通过多年的阅读推广工作，目前各城市公共阅读空间的建设初见成效，各类阅读活动持续举办，因此，教师更应该利用好现有的阅读条件，拿起书本认真读，做好人民的表率。

## 第二节　教师阅读是培养时代新人的必然要求

2012 年，党的十八大报告明确提出“把立德树人作为教育的根本任务”。2014 年，教育部印发的《关于全面深化课程改革落实立德树人根本任务的意见》非常重视对学生品德的培养，提出了“教育部将组织研究提出各学段学生发展核心素养体系，明确学生应具备的适应终身发展和社会发展需要的必备品格和关键能力”。而在 2017 年，党的十九大报告中，再次强调了要“落实立德树人的根本任务，发展素质教育”。

2019 年，中共中央 国务院《关于深化教育教学改革全面提高义务教育质量的意见》，提出坚持德、智、体、美、劳“五育”并举的教育理念，将劳动教育加入学生的素质教育之中。并且要按照“四有好教师”标准，建设高素质专业化的教师队伍。

2021 年，中共中央办公厅、国务院办公厅印发《关于进一步减轻义务教育阶段学生作业负担和校外培训负担的意见》（以下简称“双减”政策）。“双减”政策要求减轻学生作业负担，通过规定作业完成时间对作业量进行了限制，促使现有的课堂提质增效。

2022 年，教育部发布了新版《义务教育课程方案》，要求“设立跨学科主题学习活动，加强学科间相互关联，带动课程综合化实施，强化实践性要求”。并且跨学科课时不少于 10%。

可以看出，近十年我国的教育政策都强调了德育的重要性，并且要求实施“五育并举”“五育融合”的新型课程，打破了原有学科分离、知识割裂的教育样态，要求课程要贴近生活、面向未来。而在这样的新型教育样态之下，教师需要调整自身的教育理念，改进课程与教学设计，提升自身专业素养，才能为国家培养出有理想、有本领、有担当的“三有”时代新人。新变化带来的是新挑战，虽然说我们的培养目标是明确的，但是如何实现目标却是需要我们不断摸索与试错的。进行教师专业阅读，无疑是一种加快教师专业成长的有效方式。

随着新课标的发布和“五育并举”等新教育理念的推广，对于教师来说，备课的压力变大了，以往只需要自己教自己的，现在需要与各种学科背景的教师共同备课，　起为孩子带来有价值、有乐趣、有深度的课程。我校教师在课余时间，广泛阅读众多学科的书籍。正所谓“他山之石，可以攻玉”，从人类智慧成果中提取有价值的知识，才能针对“五育融合”等新时代教育理念，找出适合自身教育实践的课程设计路径。比如在下面的案例中，各学科老师齐聚一堂，在统一的主题之下，发挥各自学科特色，共同服务学生的评价，给学生带来积极的学习体验。

我校为贯彻落实“双减”精神，于2022年1月11日和12日，开展了以“冰雪奇缘 筑梦冬奥”为主题的一、二年级“乐考”活动。在北京冬奥会的情境中，以“冬奥大转盘”“冬奥小导游”“冬奥大作战”等游戏闯关的形式，完成语文、数学、英语、科学、劳动、体育等学科的学习评价。

图 1-2-1 “乐考”活动照片

# 第三节　教师阅读是提升教师素养的首要途径

## 一、国家大力促进教师专业成长与教师阅读

教育部教师工作司副司长黄伟说："育才必先育师。"近年来，教师专业素质提升成为国家关注的重点问题，"教师阅读"一词逐渐出现在这些政策文件中。

2001 年新课程改革提倡"教师和课程同步发展"，客观上形成了教师阅读的驱动力，促使教师必须不断学习，更新知识，提升专业素养。

2012 年，国家发布了《小学教师专业标准》，要求教师要具备终身学习的理念，"学习先进小学教育理论，了解国内外小学教育改革与发展的经验和做法；优化知识结构，提高文化素养；具有终身学习与持续发展的意识和能力，做终身学习的典范。"而这样的学习要求，离不开深入、科学的专业阅读。

2017 年，党的十九大报告中指出"加强师德师风建设，培养高素质教师队伍"，并在同年发布的《义务教育学校管理标准》中明确提出，要"关心教师生活状况和身心健康，做好教师后勤服务，丰富教师精神文化生活。"并且要求教师要阅读经典，提升专业水平，"推动教师阅读工作，引导教师学习经典，加强教师教育技能和教学基本功训练，提升教师普通话水平，规范汉字书写，增强学科教学能力。"

2018 年，国家发布的《中共中央 国务院关于全面深化新时代教师队伍建设改革的意见》中提出，要"全面提高中小学教师质量，建设一支高素质专业化的教师队伍。"通过改善培训相关制度，使教师真正获得专业技能的提升。

2018 年，北京市教育委员会关于印发《推进义务教育学校管理标准化建设实施方案》的通知中，也提到了要加强教师管理和专业化建设，"完善教师培训制度，加强校本教研，增强学科教学能力。推动教师阅读工作长效机制建设。提升教师信息素养，促进现代科技与教育教学的深度融合。"

2020 年，教育部发布了《中小学教师培训课程指导标准（专业发展）》，力图培养高素质专业化创新型教师队伍。在专业实践研修专题中，培训目标要求"通过培训，促进教师强化专业实践，养成自主专业反思习惯，了解自主专业反思的内容和方法，认识到专业阅读、专业写作对教师专业成长的重要意义，并逐

步养成相应的习惯。”

2021 年，在国家发布的《中华人民共和国国民经济和社会发展第十四个五年规划和 2035 年远景目标纲要》（简称“十四五”规划）中，第十三篇第四节提到了“建立高水平现代教师教育体系，加强师德师风建设，完善教师管理和发展政策体系，提升教师教书育人能力素质。”

2022 年 4 月，教育部等八个政府部门联合印发《新时代基础教育强师计划》（以下简称为强师计划），从政策上对教师专业素质提升提出了要求，其中一项原则就是“加强高质量教师队伍建设，推动地方政府、学校、社会各方面深度参与教师教育。”

对于社会和家庭而言，教师是与学生接触最多、距离最近、信息交流最直接的人。加强教师专业素养，一直是我国政府的工作重点之一。在 2021 年底，教师法的修订提高了教师职业的准入门槛，在取得相应教师资格证书的同时，还应具备相应的学历。其中，幼儿教师要具备专科及以上学历，中小学教师要具备本科及以上学历，普通高校教师要具备研究生及以上学历。而对现有的在职教师，也增强了对专业素养的要求。新时代的教师要为国家和社会培养适应未来发展的人才，那么教师就必须在教育理念、教育能力和教育研究等方面适应新的教育样态。强师计划就是基于这样的教育目标而推出的。教师阅读作为教师专业素养提升的首要途径，势必会成为所有教师共同的选择。

## 二、海淀区积极开展对教师阅读的研究和推广

早在 2007 年，北京市海淀区就开展了面向中小学教师的“教师阅读工程”，属于国内较早的教师阅读推广行动之一。第一轮“教师阅读工程”历时七年，通过“分析教师阅读需求，建设学习型学校，推荐精品好书，推广经典阅读，评选区域读书人物，丰富反思交流渠道”[1]等方式，在“整体设计、榜样带动、分层实施”策略引领下，海淀区“教师阅读工程”取得了良好的效果。

2018 年，海淀区重启了“教师阅读工程”，并发布了《海淀区第二轮教师

1　张千萍，方丹．专业阅读促教师专业成长——记北京市海淀区“教师阅读工程”[J]. 北京教育（普教）,2013(05):52-55.

阅读工程推荐书目》。本轮“教师阅读工程”，在首轮成果的基础上，扩大了规模和覆盖面，推动教师专业阅读与专业表达，全面提升教师理论素养。同年，海淀区教科院开启了“区域推进教师阅读工程的实践研究”群体课题，我校教师积极参与其中，并选定了“教师阅读储备转化”这一研究方向。

教师的品质和学识成为教师专业性的重要基础和显示教师能力和水平的重要标准。表面上看，教师似乎在教授课本知识，但究其实质，教师所教并非教材知识，教到最后往往是教师自己，所谓“人即是书”，教师其实是一本独特的“活教材”。教师阅读的知识储备、对生活的积累体验与感悟、对世界的认知和探索……决定了这本教材内容的广度和深度，因而教师的储备在课堂教学中也决定了学生获取知识过程的兴趣体验和收获程度。优秀的教师应该具备更多的知识储备来充实教育教学，阅读的数量和质量也关系着教师在教学中完成教学计划、提高教学效率的价值。

教师专业素质是学校发展的软实力。从本校的教师培养来看，教师的多层次发展的培养目标，新教师的培训和训练，中青年教师的培养与成长以及教育科研队伍的构建共同形成了学校教师队伍发展的重要环节。教师的教学水平不断地提升，教师的教学不断形成自己的独特风格和个性化的教学特色，这些都成了学生学习和成长的重要力量。本校课题研究在以往教师阅读研究的基础上，在教师阅读储备能量转化与应用策略方面，作出了进一步的探索和尝试，获得了一些经验和成果。

综上所述，党和国家，通过各种政策的颁布与执行，要求并支持教师阅读与教师专业发展。孩子是国家的未来，教师作为陪伴学生成长、为学生指引方向的重要存在，教师的素质会对学生产生深远影响。提高教师专业素质，才能为国家和人民更好地培养时代新人。教师阅读，作为一种加快教师专业成长的有效途径，对于教师来说，是一件重要且必要的事情。希望我们的教师，多读书，读好书，有所得。

# 第二章　寻根·教师阅读储备的本质内涵

阅读，一直伴随着人类文明发展的过程。它是人类认知世界的手段，亦是其获取信息的重要途径。作为教师，阅读是专业成长的必然路径。本章节将深入探讨阅读的内涵，解读教师阅读与储备、教师阅读素养的独特价值。让我们在阅读的旅途中，一同追寻知识的光辉，感受教师素养的诗意与力量，共同谱写教育的华美乐章。

# 第一节　阅读的本质追寻

阅读，不仅是人类社会生活必不可少的一种社会活动，也是人类认知世界的手段，是获取信息的重要途径。著名阅读史专家史蒂文·罗杰·费希尔在他的《阅读的历史》一书中提道："世间最神奇的事莫过于阅读。古往今来，不论长幼，谁都无法否认它的重要性。"阅读把人类从时空上联系起来，通过阅读，我们可以跟几千年前的老子、孔子、孟子、庄子展开"对话"；通过阅读，我们可以把世界各地的文化联系起来；通过阅读，人类可以达到心灵的契合、知识的习得、文化的传承、文明的融合……

阅读在时空维度上把人类宝贵的精神财富进行牵引，让我们每个人的精神世界变得充盈起来。而我们——北新实验小学部的教师，定要在研究中从阅读的本质出发，深入剖析阅读的内涵，在阅读研究中为学生的全面发展蓄能。

## 一、什么是阅读

### （一）阅读的词源演进

阅读，是人类特有的最普遍最持久的学习方式。有了文字记载之后，就出现了目视口诵的阅读。《孟子》中就有"颂其诗，读其书"，此时的阅读方式基本为出声诵读，默读的阅读方式要远远晚于朗读出现。

在汉代许慎所编著的《说文解字》中，"阅"和"读"的含义如下：

图 2-1-1　篆书"阅读"

"阅，具数于门中也。从门，说省声。"意为将家庭功名尽数记载于大门的门板，以便浏览。阅的字形采用"门"作偏旁，采用省略了"言"的"说"作声旁。阅，引申为阅览。

"读，诵书也。从言卖声。"意为朗诵诗书经文。这里的读指的是出声诵读。

表 2-1-1 阅读二字在古籍中的含义及现代词典中的词性含义

| 文字 | 序号 | 含义 | 古籍 | 现代含义 |
|---|---|---|---|---|
| 阅 | 1 | 思之恍如昨日，不想早阅三年 | 《铁花仙史》 | 经历 |
| | 2 | 阅，具也 | 《小尔雅》 | 计算 |
| | 3 | 常以秋、岁末之时阅其民 | 《管子》 | 查看，视察 |
| | 4 | 阅金经 | 《陋室铭》 | 阅读 |
| 读 | 1 | 读，诵书也 | 《说文》 | 理解书的意义 |
| | 2 | 句读之不知，惑之不解 | 《师说》 | 语句的停顿 |
| | 3 | 号而读之也 | 《庄子·则阳》 | 说 |
| | 4 | 好读书，不求甚解 | 《五柳先生传》 | 阅读 |

"阅"：看，观赏。"读"：朗读，阅览（看书），上学或学习。"阅"和"读"两个词都有"看"的意思，又与"书"密切相关，因此后世人们逐渐将"阅""读"二字连用，意指看书或读（朗读）书，如宋代曾巩在《徐禧给事中制》一文中说："惟精敏不懈，可以周阅读；惟忠实不挠，可以司论驳。"

### （二）阅读的现代辞书定义

对于"阅读"，众多现代辞书的定义各有不同。

1.《现代汉语词典》将"阅读"界定为动词，意思为"看（书报等）并领会其内容。"

2.《中国大百科全书》认为阅读的目的为获取信息："阅读是从书面材料中获取信息的过程。书面材料主要是文字，也包括符号、公式、图表等。"

3.《中国读书大辞典》认为阅读的目的是获取意义："阅读是指一种从书面语言和其他书面符号中获得意义的社会行为、实践活动和心理过程。"

4.《阅读与写作词典》也认为阅读活动的重点是理解意义："阅读，就是读书。即借助感官，通过思考来了解文字符号所表达的内容，并以理解意义为中心的智力活动。”

5.《教育大辞典》从功能的角度加以界定，把阅读看成是一种手段，阅读是从书面语言获取文化科学知识的方法、信息交流的桥梁和手段。认为阅读是“一种从印的或写的语言符号中取得意义的心理过程，是一种基本的智力功能，是取得学业成功的先决条件，是由一系列的过程和行为构成的总和。”

### （三）阅读的学术定义

古往今来，很多学者都对阅读的内涵和本质进行了探索和研究，各类专家和学者从不同维度上进行了诠释。从现代阅读学的学术角度来看，国内关于阅读的定义，主要有“接受论、互动论、建构论、信息加工论、历史记录论”等观点。

#### 1. 接受论

观点一：“阅读的本质关系是由以文本为中介，作者传达与读者接受所构成的。”这种观点是从“接受论”的角度对阅读内涵进行阐释，其将阅读的要素和相互关系进行分解，认为阅读分为“文本、作者和读者”三要素，其中文本是阅读的中介，起着衔接作者和读者的作用。而作者作为文本的创作者和生成者，在阅读中起着思想和知识等传达的作用。读者作为文本的阅读者，是阅读目的导向者。认为阅读的最终目的是通过文本让读者接受作者的思想和观点等。但是知识、思想等在传递与接受的过程中，有可能会产生误读、变形等情况，正所谓“一千个读者就有一千个哈姆雷特”。

#### 2. 互动论

观点二：“阅读是一种从书面语言和其他书面符号中获得意义的社会行为实践活动和心理过程。”此观点是从互动论的角度阐释阅读内涵的。认为阅读具有行为的社会性、活动的实践性、过程的心智性。是人跟文本之间的一种社会行为实践和心理互动的过程，其目的是获得意义。我国学者黄葵、俞君立认为：“阅读活动是读者从文献（记录有知识的载体）中获得信息与知识的社会实践活动、生理过程与心理过程。”[1] 学者胡继武认为“阅读就是从信息符号中获取意义的

1 黄葵，俞君立．试论阅读学的研究对象 [J]．图书情报论坛，1990(4).

一种复杂的智力活动。”[1]

### 3. 建构论

观点三：“阅读是读者与文本发生交流与对话的过程，目的在于解释并建构文本。”这是典型的建构论观点。建构论的观点突出“学习者心智能力在阅读过程中的主导作用”，他们强调阅读主体在阅读中，通过调动自己的复杂心智，对阅读材料进行认知、理解、判断、评价、吸收和应用。文本作为阅读的材料，在读者与文本的交流对话中，不断被读者解构与重构。如美国学者埃迪·C. 肯尼迪，认为“阅读是个体认知视觉符号的能力。这一能力要求个体把视觉符号与读者、与他过去已经获得的意义和经验联系起来；并且能够对意义作出解释。”[2]对意义进行解释的过程，就是知识在读者心中重构的过程。建构论还认为“阅读的实质是在读者头脑中构建起一个关于文章内容、层次及主题表征系统的过程。”这一观点强调阅读过程中的心理特征，重视阅读理解即知识获得的层次性特征。

### 4. 信息加工论

观点四：“阅读是一个信息加工与处理的过程。”此观点强调“信息”这一阅读要素。周鸿铎在《信息资源开发利用策略》一书中给“信息”的定义是：“信息是信息源所产生的各种信号和消息经过传递被人们所感知、接收、认识和理解的内容的统称。”信息和文本之间有什么样的联系呢？有的学者从更细分的角度对此观点进行阐述，认为“阅读是从视觉材料中获取信息的过程”。这里的“视觉材料”指的是文字和图片，以及符号、公式、图表等。而阅读就是对其进行辨认、加工和存储。如我国学者王继坤对阅读的定义为：“阅读就是读者对读物的认识、理解与吸收的复杂过程，是文明社会人类的一项重要活动。”[3]外国学者奥·库兹涅佐夫等人，将阅读定义为“阅读是对已经获得的信息重新编码的过程”。[4]这一界定更加注重人在阅读时的心理过程。

1 胡继武 . 现代阅读学 [M]. 广州 : 中山大学出版社 , 1991.

2 埃迪·C. 肯尼迪《发展阅读教学法》，转引自《国外阅读研究》，曾祥芹、韩雪屏主编，河南教育出版社，1992.

3 王继坤 . 现代阅读学 [M]. 济南 : 济南出版社 , 1992.

4 奥 . 库兹涅佐夫 , 列 . 赫罗莫夫 . 快速阅读法 [M]. 北京 : 中国青年出版社 , 1985.

#### 5. 历史记录论

观点五："阅读是一种对历史的记录行为。"学者曾祥芹认为："阅读是现实行为，也是历史记录。"一方面，读物是"历史的一页"，体现着作者所处时空文化科学的整体水准，读者的阅读行为，实际上是"阅读昨日的历史"。另一方面，因为"阅读是一种现实的、具体的存在""读者是历史的一员"，所以读者的阅读行为，既是对先辈们文化与科学财富的传承，也会影响当前的现实社会，使人类文明能够持续、加速发展。阅读作为人类文化的重要传递手段，促使人类文化不断增值。在阅读的代代相传中，人类文明不断前进。

### （四）阅读行为的特性

作为一种通过解读语言文字来获取信息、认识世界、发展思维的活动，阅读行为本身具有以下几种特性

#### 1. 主动性

人类的大多数行为都带有特定的目的。阅读行为就是一种极具动机性和目的性的心理活动。阅读的目的越明确，阅读的效率也就越高。很多人认为相比于需要调动多种神经与器官的说与写的行为，读只是一个被动接收的过程。其实不然，阅读不仅是被动地接收信息，也是一种主动处理信息，对信息进行存储与输出的行为。

#### 2. 多样性

阅读的内容和方式都具有多样性。知识的博杂意味着书籍内容的广泛，正如作家冯骥才所言，"世界上所有的一切都在书里"，人们可以在五花八门的书目中，找到大多数问题的答案。而在信息化时代，除了传统的纸质书籍，人们还常使用电子产品进行阅读。电子阅读相对于纸质书阅读，有着容量丰富、使用便捷、支持碎片化阅读和价格低廉等优点。但是相对而言，电子阅读也有舒适性较差、长时间阅读较为伤眼等缺点。也正是这些多样的阅读方式，才能使读者能够更加方便快捷地执行自己的阅读计划。

#### 3. 差异性

不同年龄段、不同社会角色的读者，在阅读时会表现出不同的阅读动机、阅读目的、阅读需要。例如儿童、青年、中老年人在阅读时就会表现出不同的特点，

儿童会更加偏爱图文并茂的绘本类读物，青年多会喜欢时尚类杂志，中老年人则会偏重阅读养生类书刊。同时，因为个人文化水平和阅读兴趣的差异，也会造成人们在阅读内容、阅读时间以及阅读量上的不平衡性。如第十七次全国国民阅读调查显示，2019 年，我国仅有超一成（12.1%）的成年国民平均每天阅读 1 小时图书。[1] 不过，虽然阅读中的差异性是不可避免的，但是我们可以通过努力提高国民的平均阅读水平。

#### 4. 顺序性

书籍的内容会根据人们的阅读习惯和学习习惯进行编排，如先易后难、先理论后实践等等。一方面，在专业学习之中，读者都会按照顺序选择阅读书目，先读的书目会为后读的书目提供知识基础。如社会科学类学科，在学习前要先了解该学科的历史、哲学和心理学等基础性书目。另一方面，读者在阅读一本书的时候，一般也会遵循从前往后的阅读顺序。

#### 5. 探究性

阅读总是伴随着思考。由于语言的复杂性，除了字面信息之外，书籍中常常蕴含深层的信息，需要读者去发现与破解。中文文章中的双关、用典、比喻等修辞手法，往往需要一定的知识基础，才能够理解作者的真意。例如，刘禹锡《竹枝词》中："东边日出西边雨，道是无晴却有晴。"既是天气的阴晴，也是情感上的有情与无情。在辛弃疾《永遇乐·京口北固亭怀古》中，尾句"凭谁问：廉颇老矣，尚能饭否？"使用的就是《史记·廉颇蔺相如列传》中老将廉颇的故事。

## 二、阅读的价值

从开卷有益到启屏即知的时代，阅读的价值贯穿古今。阅读，也以其特有的方式作用于人的精神，影响人的行为实践。阅读，不仅可以获得知识、传承文化，也可以享受乐趣、孕育道德，人们在阅读中追寻和塑造真正的自我。

---

1 中国青年报 . 第十七次全国国民阅读调查显示：2019 年我国成年国民人均每天读纸质书不到 20 分钟 .［EB/OL］. http://www.xinhuanet.com/politics/2020-04/23/c_1125893446.htm , 2020-04-23/2022.04.11.

## （一）读以求知

### 1. 阅读获取知识

阅读对人的价值广博而深远。莎士比亚说："书籍是全世界的营养品。"求知欲是人类的特性之一，阅读是一种对人类存在方式的思考。人类对自身的局限性产生了超越意识，于是不断对未知发起挑战，让精神进入未曾涉足的领域。纵观历史，从甲骨文到纸质书籍，从雕版印刷到光学打印，承载知识的载体虽然不断改变，但我们对知识文化的渴望从未降低。赫尔岑说过："不读书就没有真正的学问。"书籍可以将读者带离此刻的情境，向着遥远而奇幻的过去和未来而去，或是体验千百年前人的生活，或是绘制对未来文明的想象。使人超脱于现实，获得当下不能获取的知识。

### 2. 阅读拓展能力

阅读可以起到锻炼思维、发展能力的作用。通过大量阅读，不仅可以锻炼阅读技能，在单位时间内获取更多信息，还能够发展思维的能力，提高读者的专注力和创造力，以及对读物的评价和欣赏能力等。正如文学家拉法格所言："书籍是提高我们思维能力的精巧工具，是帮助我们克服智力上的惰性以及知识贫乏的发动机。"阅读能够为读者提供更加丰富和复杂的经历模型，使读者可以使用全新的视角审视自己的生活，从而获得新的认知。这种认知对于人是一种财富，因为发现问题是改变行为进而解决问题的前提。尤其是在主题阅读和研究性阅读当中，能够锻炼读者的归纳与总结能力，同时通过探寻他人研究空白，也能够激发读者的创造能力。

## （二）读以传承

### 1. 阅读体验新生

"不会读书的人只活过了一次，会读书的人，活过一千次人生。"这是美国作家威尔·施瓦尔贝的著作《为生命而阅读》封面上的一句话。《墨辩》里提到有三种知识：一是亲知，二是闻知，三是说知。"亲知"指的是亲身经历过的，类似于一次经验；"闻知"是接收他人传递的信息，类似于二次经验；而"说知"则是对已知进行思考与推论，是完全原创的。阅读就是"闻知"的过程，虽居陋室，于文章中体会世间博大，正如林语堂所言："智者阅读群书，亦阅历人生。"特别是在古代社会，"秀才不出门，能知天下事。"人们正是通过阅读先辈的记录，而获得替代性经验。而在现代社会，虽然知识和信息的传播媒介日趋多样化，真正做到"视通万里，思接千载"，阅读也还是主要的渠道。书籍是先贤思想的延伸，读者可以通过阅读来对话千古，在书籍的世界里获得新的生命体验。

#### 2. 阅读传承文明

阅读这项活动，并不仅仅是私人性的事情。阅读的价值，也不仅在于提升个体智慧。坎耶里将书籍比喻为人类的编年史，认为阅读"是将整个人类积累的无数丰富的经验，世世代代传下去。"人类文明经过几千年积累，智慧成果万千。由于个体生命的有限性与知识无限性的矛盾，人类无法完全依靠亲身经历来获取知识和经验。纵观历史，从铁器时代到蒸汽时代，人们花了千载时光，而从蒸汽到电气时代，仅用百余年。人类文明巨变的时间间隔逐渐缩短，脱离不开文字的产生与印刷术的革新。文字与书籍作为信息储存和传播的载体，为文化传承作出了巨大的贡献。从结绳记事，到笔墨纪年，人类的进步不是凭空造物，而是每每"踩在巨人的肩膀上"，在先辈的基础上创新。通过广泛而深入的阅读与学习，为当下世界乃至未来创造新的文明成果。

### （三）读以享乐

#### 1. 阅读如交益友

阅读就像是交朋友，一本书就是一个人，就如同歌德所说，"读一本好书，就是和许多高尚的人谈话"。每本书都有着自己的脾性，当我们选择了解一本书，就开始了以书为友的旅程。闲暇时，从书架上取下几本书，或是某位哲人的巧思狂想，或是某位笔耕者的匠心大作，或是某个朝代的兴衰更迭……藏书就像是在收集世界的碎片。有的书早已纸页泛黄，烂熟于心；有的书还未拆封，一派簇新。读过的书，成为我们的老朋友，我们熟悉它们每一页的内容和情感。而新书则是新朋友，等待我们的结识，期待我们的阅读。

#### 2. 阅读似赏盛宴

爱默生曾说："读书时，我愿在每一个美好思想的面前停留。"阅读追求着审美的喜悦，伴随着发现的快乐。在阅读的过程中，读者会感受到人物形象美、自然风光美以及语言文字美等。随着阅读的渐进，更加能够区分真、善、美和假、恶、丑，从而加深追求美的欲望。阅读活动的感受，是人们从事其他活动时很难得到的，清代的藏书家童铨自作诗称："亡魂愿化庄周蝶，只恋书香不恋花。"阅读之于读者，就像欣赏一场视觉盛宴，在扑面而来的美中感受书的生命力与感染力。

## （四）读以养德

### 1. 阅读培养德行

英国文学家葛劳德说过："生活最大的危险是一个空虚的心灵，正像一间空屋子一样，容易被罪恶钻进来，好的书，是最好的保障。"阅读的价值，还在于可以塑造人的品德。人在生命早期受到的教育，会产生深远的影响，韩愈说："我之获见，实自童蒙。"古代蒙学经典著作里，不仅会教授孩童识字作文之法，还会教授幼童洒扫、应对等为人处世的原则。有"兄道友，弟道恭"的兄弟相处之道，也有"孝于亲，所当执"的事亲奉老之则。好的阅读内容，既能传授知识、有效地指导实践，又能陶冶情操、提升人生境界。读者通过阅读他人的美德故事，以品德高尚之人的言行为己身楷范，并在行动中践行美德，从而获得自身道德的成长。

### 2. 阅读教化社会

阅读不仅能够培养个人的品德，阅读还将影响到民族、社会的现实精神状态和长远精神走向。朱永新说："阅读对于强化文化认同、凝聚国家民心、振奋民族精神，对于提高公民素质、淳化社会风气、建构核心价值具有十分重要的价值。"阅读能够帮助人建立正确的三观，为社会良好风气的维持提供源源不断的动力。不仅如此，阅读还可以有效提升国家文化软实力。凡是有大成就者，几乎都是终身学习者，而阅读是学习的一种重要方式，能够高效、快捷地获取前人千百年的智慧结晶。在阅读中还可以激发创造力，进行各种发明创造，除旧革新，推动社会的进步。

## （五）读以证我

### 1. 阅读明见自我

墨子说："君子不镜于水而镜于人。"阅读不仅是对阅读内容进行简单的识读、理解和吸收，还是一种以作者、文中人物等为明镜，进而观照自我的过程。在阅读书籍的时候，我们会被文中人牵动心弦，随着他们的经历时悲时喜，恨不得以身代之。我们在阅读时，也会对书籍中的观点做出自己的评判，遇到相同的观点会拍案叫绝、抚掌大笑，遇到错谬的观点会眉头紧锁、怒骂摔书。读书就像作画，看似描摹的是作者的观点，但是最终呈现的是读者自我的写照。我们与作者共鸣的部分，其实也是自我的一部分。我们认同的观点和信念，构成了我们的精神世界框架。我们也在不断的共鸣中，看见更全面的自我。

### 2. 阅读重构自我

阅读对人是一种润物无声、风化于成的塑造过程。“腹有诗书气自华。”长时间的阅读对人不仅是思想的浸润，更体现在外在的气质中。阅读就像是欣赏音乐，作者作为演奏者，为读者带来动听的乐章，而读者随着阅读的深入，也会不时跟随作者的鼓点打着节拍。有时，读者也会察觉乐曲的不和谐处，根据自己的观点和思考来修改曲谱。此时，因为读者自身感受与思考的加入，已经谱成一支全新的曲子。在不停息地阅读中，读者一次次与作者对话，伴随着反思与重构，精神框架更加完备，不断地靠近“理想自我”。

## 三、阅读的分类

根据阅读素材，阅读可以分为广义阅读和狭义阅读两种。有学者认为：“阅读的对象可以超越书面文本，阅读具有多层次性。”此观点将阅读的对象进行广泛定义，阅读不再拘泥于文本对象，亦包含了自然山川、日月星辰、生活阅历、社会实践等“无字”的阅读和阅历。比如，有的学者提出“大阅读理念”，一个人既要从书本等“有字书”中获取知识，也要从社会实践、自然山川等“无字书”中获得知识。“大阅读理念”强调将“无字书”和“有字书”学习的知识进行融会贯通，从而丰富提升自己的人生。还有学者将阅读分为三个层次：1. 广义阅读，即对周边世界的广泛的认知性阅读；2. 相对广义的阅读，即信息社会中的所有媒介的信息性阅读；3. 狭义阅读，即我们通常所说的传统阅读。我校课题组研究的阅读为狭义阅读，即阅读书籍、报刊等文字信息为主的材料。

### （一）根据阅读对象

曾祥芹、韩雪屏在其主编的《阅读学原理》中，将阅读按照阅读对象、目的、方式等维度进行了分类。按照对象可以分为白话文和文言文阅读，文章阅读和文学阅读，哲学社会科学的阅读与自然科学的阅读。

#### 1. 白话文和文言文阅读

白话文阅读指的是现代汉语书面语言的阅读，现代汉语在语法和词汇上，与我们日常生活中的语言差距不大，阅读理解难度较低。

文言文阅读是指古代汉语书面语言的阅读。古代汉语与我们时间上距离较远，语法、语义上区别较大，阅读理解难度稍高。文言文中有许多通假字、异体字，需要掌握相关知识基础，才能顺畅地理解其含义。

#### 2. 文章阅读和文学阅读

文章阅读指的是非文学作品的阅读，包括说明文、议论文、记叙文等。文章阅读较为严肃、写实，是对现实的写照。读者通过分析、判断等思维形式，通过阅读文章获得信息或知识。

文学阅读指的是文学作品的阅读，包括小说、散文、诗歌等。文学阅读充满夸张与想象，是源于现实、高于现实的作品。通过阅读文学作品，读者调动自己的想象与情感，获得美的享受。

#### 3. 哲学社会科学阅读与自然科学阅读

哲学社会科学的阅读，如哲学经典著作、美学、政治学、教育等学科的阅读，是一种充满理性思考的阅读，要求读者有很好的理性思维能力，同时要求理论联系实际。

自然科学的阅读，包括数学、物理、化学、天文等学科的阅读，因其严密的内在逻辑，强调阅读的循序渐进，同时要求读者处理好广博与专精的关系，在阅读的过程中也要注意参阅邻近学科的著作。

### （二）根据阅读方式

按照阅读方式可以分为朗读和默读、精读和略读、全读和跳读、慢读和快读、个体阅读和群体阅读，正序读与逆序读。

### 1. 朗读与默读

朗读是书面语言转化为出声语言，是眼、耳、口、脑并用的阅读活动。无论是西方还是东方，最初的阅读都是以朗读的形式完成的。因为朗读可以帮助人加深理解读物。朱熹在《训学斋规》中主张："读书有三到，谓心到、眼到、口到。"现在，眼读口诵的学习方式，一般只存在于语文课堂中。在其他社会情境中，朗读基本上作为一种表演节目。

默读则是不出声的阅读，相对于朗读，能够在单位时间内获得更多信息。因为它省去了发声器官的调用和听觉注意的集中。默读要求内部语言发展程度高，能够对词句信息进行综合分析，理解语句之间的意义和联系。默读的技能获得分三步：首先是低声阅读，出声但是音量较低，为下一阶段过渡。然后是无声阅读，在心中诵读并理解文本的含义，唇齿不动。最后是完全默读，要求在无心诵的情况下，读后理解和记忆文本的内容。

### 2. 精读与略读

精读，就是要仔细阅读，重在阅读质量与对文本理解的深度。它要求阅读者逐字逐句理解文本，心无旁骛地钻研读物。做到"字训其义，句贯其意，文循其脉，篇会其旨"[1]。深研其字、句、段、篇，熟读精思，细嚼慢咽，才能谓之"精"。

而略读是相对于精读而言的，是一种浏览性的阅读，一目十行，大概了解作者的主张与思想。注重速度和效率，而不是每一词句的理解，要通览全书，先掌握结构。对于出版物来说，一般是泛读书名、作者名、前言、目录等，然后根据目录中的标题，选择需要的或感兴趣的内容进行阅读。

略读与精读相辅相成，略读着眼于"博"，注重获取信息的广度，精读着眼于"精"，注重获取信息的深度。二者应有机结合，根据情境和需要选择阅读方式。

### 3. 慢读与快读

慢读与快读是根据阅读速度进行划分的。慢读是精细读书的一种方式，和精读类似，不受时间限制，可以逐字逐句进行阅读。而快读需要在尽可能少的时间内，获取尽可能多的信息。《梁书·简文帝纪》就有"读书十行俱下，九流百氏，经目必记"的记载。快读的奥秘在于"眼停"的效率，每次"眼停"，可以看到

1　元·程端礼《程氏家塾读书分年日程》.

3–7 个字。阅读能力强的人，眼球每次停下抓取的字符信息也相对较多。

#### 4. 全读与跳读

全读与精读、慢读概念有所交叉，是指从头到尾通览的阅读方式。跳读是指对文本进行选择性的阅读，是一种比较自由的阅读方式，常见于读书中的重点环节。如读一本小说，在看到惊险刺激、动人心弦的情节时，先看结尾再跳回正在阅读的章节。

#### 5. 正序读与逆序读

正序读，又叫作连读，是按照文本的编排顺序，从头至尾依次进行阅读的方式。正序阅读适用于专业性强、阅读价值高、阅读难度大的书目。采用正序阅读，能够全面掌握书目内容。

逆序读，是指先读篇章中的结论部分，再跳转到论证部分的阅读方式。以结论为起点，通过结论来分析原因。要求先思考，再将自己的思路与作者的思路两相对照，获得增益。

#### 6. 个体阅读与群体阅读

个体阅读，指的是单一读者进行的私人性阅读行为，而群体阅读则是通过组织多人进行有目的、有规范的阅读。不过，个体阅读也有缺陷，《学记》中的“独学而无友，则孤陋而寡闻”，说的就是这点。群体阅读一般指定主题、提供阅读指导、验收阅读成果。作为一种指导性、讨论性的阅读活动，群体阅读有很高的价值。在阅读期间和同伴进行讨论能够获得更多讯息。但是，群体阅读也有自己的局限性，相对个体阅读的无拘无束，群体阅读更加限制个人兴趣与专长的发展。

### （三）根据阅读层次

#### 1. 艾德勒：阅读的四个层级

美国学者莫提默·J. 艾德勒在其著作《如何阅读一本书》中，将阅读根据难度分为了基础阅读、检视阅读、分析阅读和主体阅读四个层级。基础阅读主要是学习文字，摆脱文盲身份。这一阶段的阅读学习，通常是在小学阶段完成。检视阅读，是一种快速阅读方法。阅读者要在很短的时间内，掌握整本书的主旨与思想。这一阶段，不再逐字逐句阅读。分析阅读则打破时间限制，在较长的阅读时间内，对文本内容细嚼慢咽，反复咀嚼其深意，直到把这本书读透读懂。而主题阅读则是阅读的最高层次，读者在众多有关联的书中，归纳总结这些书的共同点与差异性。从而提出自己的观点，架构出新的主题。通过准备观察、建立共识、厘清问题、界定议题和分析讨论等流程完成主体阅读。

### 2. 张潮：读书三境

清代文学家张潮，在其《幽梦影》中，将读书分为三重境界："年少读书，如隙中窥月；中年读书，如庭中望月；老年读书，如台上玩月。"这三个境界不仅是年龄的区别，更是读书境界的区分。隙中窥月，是指读书就像在云的缝隙中看月亮，可以看见的只是月亮的一小部分，觉得知识有趣。而庭中望月，指的是能够读全书，对于作者想要表达的思想、观点等一览无余，以获取知识为乐趣。而台上玩月，指的是能够对读物进行批判性阅读，将阅读、求知作为自己的志趣所在。

### 3. 郝明义：阅读的饮食层次

台湾有名气的出版人郝明义先生把阅读当成是给头脑的饮食，并将阅读概括为四个种类。

"主食阅读"：为了寻求人生在职业、工作、生活、生理、心理等方面，一些现实问题的直接解决之道。这一类很像是让我们有饱足感的主食。主食阅读，又可以称为"生存需求的阅读"。

"美食阅读"：这种阅读不求针对你人生的现实问题，提出直接的解决之道，然而，却可能帮助我们从一个看来间接但是却非常根本的方向，思考这些问题或现象的本质是什么，是为了提高素养、丰富思想，这种阅读是在帮助我们体会人类生命深处的共鸣，思想深处的结晶，很像是饮食分类里的"美食"。美食阅读，又可以称为"思想需求的阅读"。

"蔬果阅读"：这种阅读是为了帮助我们查证阅读过程中不了解的字义、语义、典故与出处，而进行的阅读，很像是饮食里的蔬菜、水果。蔬果阅读，又可以称为"工具需求的阅读"。

"甜食阅读"：和前面三种的不同之处，是在于这一类型的阅读没有一定的目的，不为了寻求现实问题的直接解决之道，不为了寻找思想的结晶，也不为了参考或查证。阅读就只是为了娱乐、消遣，是一种休闲活动，很像是饮食里的甜食，或零食，追求的就是口感。甜食阅读，又可以称为"休闲需求的阅读"。

## 四、阅读的准备

美国政治学家拉斯韦尔在其 1948 年发表的《传播在社会中的结构与功能》一文中，提出了“传播 5w 模式”，即：谁（who）、说什么（what）、通过什么渠道（in which channel）、对谁（to whom）说、取得什么效果（with what effect）。复旦大学顾晓鸣教授在《阅读的战略》[1]一书中，化用了拉斯韦尔的理论，对读者提出了五个问题：

Who——何人读？分析读者信息，处于什么样的年龄阶段？有着何种的知识背景等等。

What——读什么书？分析读物的情况：是文学专著还是学术论著？是近几年出版的新书还是几十年前出版的旧书？

When——在哪些时间读？指向阅读计划，计划花多久时间在这本书上，在每周的什么时候阅读？

Where——在何地读？既指宏观的社会环境，又指阅读的具体环境。是图书馆还是自家书房？

Why——为什么而读书？抱着怎样的阅读目的？

这五个问题，对于阅读准备有极大的参考价值。明晰“五何”，能够更有效率、更高效率地进行阅读。在现实生活中，读者往往是从阅读动机出发，树立阅读目标，然后明确阅读内容，准备阅读环境与阅读工具，制定阅读计划，最后进行阅读实践。

### （一）我们为什么而读？

阅读之前，我们要明晰自己为什么而读。阅读动机是基于阅读需要而产生的，阅读行为的准备与启动、阅读材料的选择，阅读过程的监控，都少不了阅读动机的参与。美国学者 Guthrie 和 Wigfield[2] 在调查儿童阅读动机时，将阅读动机分为四部分，即阅读内部动机，阅读外部动机，阅读的社会性动机和阅读的自我效能

1　顾晓鸣 . 阅读的战略 [M]. 上海：上海人民出版社，1985.

2　Wigfield, A., & Guthrie, J.T. (1995). Dimensions of Children's Motivations for Reading: An Initial Study. Reading Research Report No. 34.

感。内部动机分别为好奇心、享受性和重要性；外部动机为他人认可和学业成绩；社会性动机分为竞争性、依从性和分享性；自我效能分为对成功的预期和对挑战困难的渴望。

纵观全篇，阅读动机可以分为两大类，即内部动机和外部动机，自我效能感可归类于内部动机，社会动机可归类于外部动机。

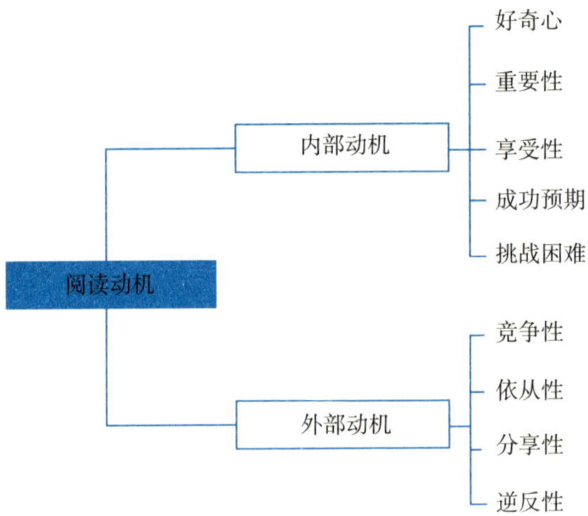


图 2-1-1 阅读动机分类

### 1. 内部动机

对未知的好奇心，让人开始阅读。好奇心是人类进步的动力，带有好奇心的阅读，往往动机强烈且持久。从一个问题出发，将未知变为已知，会让我们获得极大的愉悦感。

认可阅读的重要性，能够让人全身心投入阅读。书籍作为记录人类智慧的载体，以一种直接、简便的方式向读者传递信息和知识。西汉文学家刘向认为："书犹药也，善读之可以医愚。"阅读的作用，不言而喻。

体验阅读的享受性，则可以让阅读行为持续。英国作家毛姆有一本书叫作《阅读是一座随身携带的避难所》，认为阅读可以"使人逃离人世间几乎所有痛苦与不幸"。书本并不只是逃离苦闷现实的窗口，同时也是一种享受。在字词句章中，领略世界的风土人情，在和古今中外的作者的对话中，品味人类的渺小与宇宙的伟大。

对于阅读结果的成功预期，以及享受挑战困难的乐趣，有较高的自我效能感，能够更加顺利地完成阅读计划，并且也是阅读难度较高的读物的必要心理条件。阅读的过程中，是不可能一帆风顺的，如作家赵树理所言："读书也像开矿一样'沙里淘金'。"很可能读了几十本书，才寻觅到自己真正喜欢和需要的书目。喜爱挑战困难的读者，必定能够在阅读过程中收获更多。

**2. 外部动机**

阅读的竞争性，即个体期待通过阅读，超越他人的欲望。竞争性，是阅读者最原始的也是最强烈的动力。带着这样的目的去读书，会有极强的行动力。尤其是在群体阅读中，通过评比和分享，获得他人认可，能满足我们被他人认同的心理需要。各类阅读竞赛、知识竞赛，正是利用了这一点。

阅读的依从性和分享性息息相关。阅读的依从性是指在他人的影响下选择特定的阅读材料，即我们所说的"随大流"。阅读被大众喜爱的畅销书或者他人推荐书目，能够带来和亲朋交流的共同话题。但是，如果仅仅依靠推荐来决定阅读内容，那么大多数人的阅读能力都只能维持在一个水平，因为他们阅读的内容相差无几。

与依从性相反，有时候，人们也会有逆反心理，即人们对于来自外界的要求，采取相反的言行和态度的一种心理状态。越是要求的，越是违背。越是禁止的，越是渴求。体现在阅读上，就是对指定的、推荐的读物不屑一顾，对被禁止、被批判的作品、文章却怀有极大的兴趣。

### （二）我们的阅读目标是什么？

阅读目标与阅读动机密不可分，二者都指向"意向性"，即对一个事物产生改变其状态的心理倾向。动机产生之后，为达到目的，因而设立标的，即为目标。目标是指向成功状态的标志，动机则是走向成功的动力。阅读目标是进行阅读的出发点和归宿。所有的阅读活动，都是不断缩小读者水平与目标要求差距的活动。按照阅读目标进行分类，基本可以分为知识性目标、研究性目标、发现性目标和欣赏性目标。

**1. 知识性目标**

知识性目标以知识学习为目的。这种目标分为三个阶段，即积累、理解和发展。积累阶段，正如陶渊明在自传性短文《五柳先生传》中描述五柳先生时所言："好读书，不求甚解；每有会意，便欣然忘食。"不求甚解，不拘泥于文字词句，而是通过大量阅读进行积累。理解阶段，则是积累阶段的升华，朱熹主张"读书之法，在循序而渐进，熟读而精思。"，反复阅读之后，深入思考才能理解作者真意。发展阶段，要重点培养认读能力、理解能力、鉴赏能力、思维能力等阅读能力。

**2. 研究性目标**

以研究性目标进行的阅读，包括评价阅读，专题阅读和考证阅读。

评价阅读，要求读者在理解书的思想、观点的基础上，对读物做出评价。要求读者肯定正确的内容、批判错误的内容。在客观公正的基础上，带有自己的观点，不能一概接受他人的灌输。

专题阅读，一般是以一种主题为中心，搜寻多篇相关文献进行阅读，一般用于学术论文写作。在收集资料的时候，一方面要尽可能地客观，不能带有主观意念去做材料的取舍，同时也要注重资料的广度与综合性，这样才能全面了解该主题。

考证阅读，是专业性较强的一种阅读，通过事实的考核和例证的收集，对某一问题做出判断。很多外文书目的中译本，因译者的能力或时代所限，阅读时会存在语义不通的情况。这时，就可以进行考证，翻阅同一本书的不同版本，比较文字异同，得出结论。

**3. 创造性目标**

以创造性目标进行的阅读，带有很强的研究性质。一切读物都是读者思考的素材，通过大量阅读，以他人文字作为支点，爬向自己的认知结构高山。带着创造性目标去阅读，要求读者在阅读过程中，以自己的思考为先，试图发现作者尚未提及的研究议题，从而发现真理。

**4. 欣赏性目标**

欣赏性目标，一方面是审美性欣赏，另一方面是娱乐性欣赏。审美性欣赏，试图通过阅读，调动自己的相信与情感，从而获得美的享受，包括对作品的内容、语言及风格的鉴赏。娱乐性阅读，则是在日常生活中，利用空余时间，进行低难度、高娱乐性的阅读，包括但不限于小说、逸文、神话等文本。也有阅读者将阅读本身当作娱乐性活动，认为阅读是一种休息。英国心理学家克劳迪娅·哈蒙德，在《深度休息：在焦虑时代治愈自己的10个心理学方案》一书中，认为阅读能够让人放松。人们对于书的掌控感强于其他消遣工具，翻阅与否完全掌握在读者手中。同时，按照自己的节奏读书，也能在阅读中掌控自己的情绪，获得心理上的满足感。

### （三）我们在哪儿读？

阅读环境，是指完成阅读的客观条件，如购书费用、住所与图书馆的距离、书桌的光线情况等。阅读环境是阅读活动的基础，任何阅读活动都不能脱离环境孤立地产生和发展。阅读环境既可以指阅读主体相关的时代与社会的“阅读大环境”，也可以指阅读的具体场所的“阅读小环境”。

#### 1. 阅读大环境

阅读与时代息息相关，时代的风向直接影响人们的阅读行为。2006年，中宣部、中央文明办等部门共同倡导开展了全民阅读活动，现在，全民阅读活动已在全国各地蓬勃开展。该活动效果显著，从2010年到2014年，成年人图书阅读率由52.3%增长到58.0%，提高了5.7百分点；成年人数字化阅读率由32.8%增长到58.1%，提高了25.3百分点；成年人人均纸质图书阅读量由4.25本增长到4.56本，增加了0.31本。[1]

#### 2. 阅读小环境

读者所处的阅读地点和周围情况，会直接影响阅读活动。如某读者计划周日去市图书馆进行阅读活动，突然得知图书馆因故闭馆，于是该读者取消变更了阅读计划，改为在家中用iPad阅读书籍。营造适宜阅读的环境，保证安静整洁、光线适宜、空气畅通等。特别是桌椅的尺寸，应适宜读者使用，根据年龄与身高，需选用不同高度的桌椅组合。

1　人民网．推动全民阅读法治化常态化［EB/OL］.http://politics.people.com.cn/n/2015/1126/c70731-27857861.html ,2015-10-26/2022-04-06.

### （四）我们需要哪些工具？

孔子言："工欲善其事，必先利其器"工具书是阅读活动的常见辅助手段。工具书具有方便查阅、内容概括、资料广博等特点。早在两汉时期，我国就有了工具书的概念，出现了第一部词典《尔雅》、第一部字典《说文解字》和最早的史表《史记·十表》等。

工具书按照内容和组织形式可以分为辞书、类书、政书、百科全书、年鉴、手册、书目、索引、文摘、表谱、图录、地图、名录等。

**1. 辞书**

辞书是汇集字词读音、含义来源的工具书，包括字典和词典。字典主要解决的是认字问题，而词典则主要解决名词术语问题。

**2. 书目和索引**

书目是指按照主题收录、排列书籍关键信息的目录，如《北京图书馆善本书目》《东京大学东洋文化研究所汉籍分类目录》等。书目具有概况文献内容、提供查找线索的作用，能够方便读者快速查询到想要的书籍所在。

索引，也称引得、备检等，它是把一种或多种书籍中的内容，如文句、篇名、书名、主题等，按一定次序排列分条摘录，注明出处以便查阅的工具书。如《二十四史任务索引》《毛主席语录索引》等。

**3. 类书和政书**

类书是辑录不同古籍中的同性质材料，按类目或韵部编排，以供查检、征引、校勘古典文献的工具书，如《太平广记》《事物纪原》等。政书是记载我国某一历史时期制度的政治、经济、文化发展情况的专书。如宋代郑樵的《通志》、元代马端临的《文献通考》等。类书和政书的形式都类似资料汇编，只呈现材料，而不对材料进行评价和解释。

**4. 表谱**

表谱是将复杂的事物，用简明的编年或表格等形式表现出来，以供读者查检的工具书。表谱结构清晰、易识读与查检，信息密集，可代替大量的文字说明。表谱通常用于查检时间、历史事件、人物资料等，包括年表、历表和其他专门表谱。

年表，是概介历史事件，并将其按照发生的次序编著成表，又称"大事年表"，如《十二诸侯年表》《六国年表》等。

历表，也是按照年代顺序进行编著的纪年、记事的工具书，如《新编万年历》《中西回史日历》等。

专门表谱，包括地理沿革表、职官年表等，是一种提要钩玄的工具书。如《历代地里沿革表》《中国地震资料年表》等。

### 5. 图录

图录是按照一定规律收录相关图像，形成主题明晰、方便查阅的图像集录，包括地图、图谱和名录。

地图，是将地表事物和现象以缩影的方式，绘制在图纸上的一种工具书。如《世界地图集》《中国交通图册》等。

图谱，是以图像表示事物形象的工具书，包括历史图谱、文物图录、艺术图录、人物肖像画等众多类别，如《中国古青铜器选》《中国动物图谱》等。

名录，是为查找人物、组织机构或其他对象的概况，并以特定的顺序排列有关资料的工具书，如《国家级非物质文化遗产名录》《2020福布斯中国名人榜》等。

### 6. 年鉴和手册

年鉴是汇集上一年度重要时事、文献、学科进展与各项统计资料，并按年度进行出版的连续性出版物，如《世界知识年鉴》《庆云年鉴》等。年鉴具有年度性、现实性、连续性和史册性。

手册，是收录一般资料或专业知识的工具书，又可称为大全、指南、必备等，如《劳动教育教师指导手册》《初学者观星指南》等。

### 7. 百科全书

百科全书是一种汇集各类知识，按辞书形式编排、解说详细的大型参考工具书，如《中国国家地理百科全书》《不列颠百科全书》等。百科全书兼有各种工具书的特点，极具参考价值，被称为“没有围墙的大学”“工具书之王”。

## （五）我们如何做阅读计划？

节律性是生命的基本特征之一，漫长历史中，生物为适应外界环境的周期变化，进化出了内在的调节机制，即“生物钟”。如人类在长期进化的过程中，逐渐形成并保持了夜间安静睡眠、白天清醒活动的昼夜节律。在不同的时间段内，人体生物钟可以精准地调节自身生理机能，适应自身的不同需求。而阅读也有自己的节律，根据阅读的节律制定计划，才能获得更好的实施效果。

**1. 按照节律，选择材料**

在一天中，人的大脑活动能力一般在上午 10 点和下午 7 点最高，在下午 1 点最低。当然，这种大脑节律也存在个体差异，读者可以根据自身情况，在不同时间安排不同类型的阅读内容，如晨起时阅读难度较高的材料，午后阅读难度较低的材料。

**2. 固定时间，养成习惯**

每天在固定的时间，做固定的事情，日久天长，大脑皮质就会建立起各种条件反射，最后形成动力定型，养成长期阅读的习惯。

**3. 化整为零，长期计划**

我们可以将每天的阅读时间汇集到“月”和“年”中，先订立年度阅读目标，后细化到每月、每日的阅读计划，会更容易实施。如一年计划读 50 本书，平均差不多每周一本。

**4. 保持弹性，蓄力未来**

每个人都有自己的局限性，目标与计划也只是指向成功的一个风向标。完成计划当然更好，但是为了避免计划过于严苛，所导致的执行困难，我们在做阅读计划时，要保留一定弹性空间。如在规划月度阅读计划时，可以先计划好前三周的书籍内容，最后一周暂时空置，给自己预留休息的空间。

## 五、阅读的过程

阅读是一种复杂的心理过程。阅读的过程中，人体会调动多种器官共同参与，从眼睛到大脑，经历感知、理解、表述、评价和迁移的环节。优秀的阅读者，能够做到“认得准、懂得透、记得牢、品得出、用得上”。

### （一）感知阶段

感知是一个信息输入的过程，即意识对内外界信息的觉察、感觉、注意、知觉的一系列过程。感知可分为感觉过程和知觉过程。事物通过感觉器官作为“接收器”，在人脑中直接反映。感觉器官有视觉、听觉、嗅觉、味觉、触觉等。其中，视觉感知可以获取周围 90% 以上的信息。

阅读时，人眼运动的主要方式是注视、眼跳和扫视，使文字符号在视网膜上形成映像，为下一步人脑分析、处理信息打好基础。

**1. 注视**

注视是读者从书面文字中获取信息的必要途径。人眼在运动过程中无法识别文字，只有在停顿时才能看清“视焦点”附近的一小片文字。看清文字的范围，叫作“识别幅”，它可以通过科学锻炼进行扩大。“一目十行”指的就是人的“识别幅”很大。

**2. 眼跳**

眼跳是人眼在注视点进行跳跃的过程，人眼每次跳动的时间大约是 10 ~20 毫秒。人在阅读时，大部分时间花在了眼停上，只有小部分是眼跳的时间。眼跳分为“前跳”和“回跳”，“前跳”是发现新信息，“回跳”则是重读旧信息。阅读速度慢的人，主要就是因其每次获取和记忆的信息较短，需要多次回跳才能理解文意。

**3. 扫视**

扫视是视线从上一行的段尾，移动到下一行的段首。一些不熟悉中文句式的小学生或者阅读能力较差的人，容易读“跳行”，会频繁扫视。扫视是快速阅读的一种方法，可以通过抓取页面中的关键信息，达到短时间获得丰富信息的效果。

### （二）理解阶段

书籍是作者表达观点与态度的载体，读者从书中吸收他人经验，需要调动自己的已有经验，才能知晓读物的主旨和意义。从约定俗成的“语义代码”中解析出作者的所思所想，而这个过程就是理解的过程，理解是阅读的关键环节。理解一本书，具体地讲，就是要理解书籍的写作意义与目的、观点与事件、情感与主旨。

**1. 意义与目的**

理解一本书，读者需要探究作者写作本文的目的，了解相关背景信息与基础概念。如罗素在 1918 年出版的《逻辑原子主义哲学》一书。我们在阅读这本书之前，需要了解罗素前后期哲学思想变化的原因。罗素早期信奉新黑格尔主义，深信绝对、共相的存在，把数学视为柏拉图理念的证据，后来抛弃了绝对唯心主义，转向新实在论，而这本书是罗素的早期著作。同时，也要了解原子这一概念，古希腊哲学家德谟克利特认为原子是“内部充实且不可分割的微粒，它不生不灭，数量和种类是无限的，形状和大小各异。”罗素正是基于原子的特性，将逻辑分析方法应用于解决本体论问题，从而提出了逻辑原子主义这一学说。

**2. 观点与事件**

理解一本书，读者需要明白作者说了什么。一方面是概念与论点，另一方面是情节与事件。阅读议论文，如阅读荀子的《劝学》，可以将其分为四部分，分别为学习的重要性，正确的学习态度，学习的内容和途径，以及学习的最终归宿。阅读记叙文，则要了解时间、地点、事件等。如瑞典作家斯特林堡的小说《半张纸》，以涂满十几个电话号码的半张纸为线索，还原出主人公两年中的人生经历，主人公经历了恋爱、结婚、失业、生育小孩、家人生病和去世。

**3. 情感与主旨**

理解一本书，读者还需要明晰文章抒发了作者怎样的情感，表达了怎样的主旨。表达的情感是壮志未酬，还是思念故友。表达的方式是直抒胸臆，还是借景抒情等。例如巴尔扎克所写的《欧也妮·葛朗台》，塑造了老葛朗台这样一个吝啬、贪婪、偏执的人物形象，欧也妮的善良与老葛朗台的狡诈形成鲜明对比，更加衬托出老葛朗台的无穷贪欲和冷酷无情。同时也揭露了资本主义社会的罪恶，金钱崇拜带来的社会的丑恶和人性的沦丧。

### （三）表述阶段

读者在理解书籍内容之后，会不自觉地生发出一种表达的欲望。读者将自己的见解输出的过程，不仅可以加深理解，而且还可能在阐述的时候获得新知。

**1. 默想**

默想测读，即阅读后默想、回忆文章内容，经常用于背课文或者阅读经典文章的过程中。读完一个章节，将书合上，再回忆本章节作者讲了怎样的内容，穷尽记忆后，翻开书进行核对。如果不能完全想起，说明读得还不够，需要再次阅读并做检测。

### 2. 读写

写读，是指通过做批注、读书笔记、知识卡片、思维导图、读书摘录等方式，梳理章节中的重点内容，使注意力集中的同时，加深对阅读内容的理解。这种将文字落在纸上的过程，不仅可以锻炼记忆能力，还可以加强分析、概括能力。在做读书笔记的时候，可以写出故事框架，提炼关键词，还可以摘抄其中的优美句段，积累写作素材。

### 3. 转述

转述，即阅读后与他人畅谈本书内容。这种方法需要读者将书籍主要内容提炼、概括，并且使用自己的语言向他人转述。在和同伴对话的时候，即是对自己阅读成果的一种检测，也能够启发自己的思维。例如，在转述过程中出现回答不上来的问题，就说明阅读记忆还有缺漏。而在与他人讨论的过程中，也会创造新的观点。

## （四）评价阶段

对文章的评价，可以分为鉴赏与批评两大部分。

### 1. 鉴赏

鉴赏是在理解的基础上进行的，需要反复、仔细阅读，理想的状态是达到与作者共鸣，明晰文章传达了作者哪些观点，抒发了怎样的情感。“鉴赏”的“鉴”是面“放大镜”，需要鉴定文章是好的还是坏的，优的还是劣的。而“赏”则是“聚光灯”，将目光聚集在文章中优秀的地方。一方面，我们可以欣赏文章中优秀的地方，如立意、句式与结构等。另一方面，我们可以分析典型文章中的不足，看看哪些地方写得不好，吸取这些经验。在读的时候，假设自己为本篇文章的作者，在写作的时候要怎么排篇布局。就这样，进行长期的鉴赏训练，鉴赏与写作能力也会不断增强。

### 2. 批评

阅读书籍内容，既要进得去，也要出得来。评价时，要基于作者所处的时代背景、文化、民族等，尽可能做出客观的判断。

如社会历史角度的文学批评，会关注文学与社会生活的关系、作家作品的思想倾向以及文学的社会作用。社会历史批评的文学观认为，文学本质上是社会生活的反映，是一定社会历史条件下的产物。要将文学作品置于具体的历史环境中加以考察和判断，强调文学与社会的联系。社会历史批评的评判尺度包括：真实性、倾向性和社会效果。其中社会效果是指注重文学的认识价值和教育作用。

### （五）迁移阶段

迁移是指一种学习对另一种学习的影响。知识与知识之间，存在着广泛的联系，凡是有学习的地方就会有迁移。如果学习者在学习新知识的时候，将新知识与原有经验联系起来，则会加强对新知识的记忆与理解。随着人的经验逐渐丰富，学习新知识会越来越容易。由一般到个别，由整体到局部不断分化，由浅入深，从易到难，由已知到未知。

阅读中的迁移包括三个方面：知识的迁移、技能的迁移和写作的迁移。

#### 1. 知识的迁移

知识的迁移，即将新知识或观点与原有知识或观点联系起来。如《论语·学而篇》中记载，子贡与孔子讨论贫富与人的品质的问题，子贡解读出了孔子思想的深意，对孔子说："《诗》云：'如切如磋，如琢如磨'，其斯之谓与？"孔子听后觉得就是这样，并且表示了对子贡的认可："赐也！始可与言《诗》已矣，告诸往而知来者。"又如读者读过巴金的小说《家》，再读他的另一本小说《春》，就会减少阅读困难。不仅因为两本书是同一作者所作，还因为二者有着承续的关系，《春》是《家》的续篇，剧中人物所处的地点相同，时代相近。

#### 2. 技能的迁移

阅读中技能的迁移，是指阅读技能在之后阅读中的灵活运用。阅读技能迁移的条件有两个，分别为既有技能的概括水平，以及新旧对象的共同因素。迁移的本质是通过寻找两个对象的共同点，从而将二者连接的过程。如果既有技能概括性低，则无法进行迁移。而阅读的能力是不断加强的，随着阅读能力的加强，对新书的阅读效率会更高。例如，在阅读一本书时掌握了默想的阅读方法，那么，这种方法也可以在阅读新书的时候使用。并且随着阅读技能的重复使用，技能的熟练程度也会逐渐提高。又如写作技能的迁移，读者在阅读优秀文章之后，可以仿写文章的结构，借鉴文章中的优秀例句。

### 3. 态度的迁移

阅读态度的迁移，指的是对书籍的心理倾向，主要为喜欢、无感或者厌恶等。如果读者在阅读一本书的时候，认为其逻辑不通、粗制滥造、参考价值极低，读者则会对作者产生负面的印象。该作者所写的其他书，被读者选择其进行阅读的概率会非常低。另一方面，也会出现“爱屋及乌”的现象，如读者非常喜欢莫言的《生死疲劳》，则可能 “顺藤摸瓜”，阅读莫言的其他作品。

# 第二节　教师阅读储备及转化

阅读可以丰富我们的认识，给予我们自身能量，能够让我们更好地生存和更有质量地活着。一方面，知识丰富可以让我们能够有更敏锐的思维与更高深的见解。另一方面，阅读可以满足我们的职业需要，获得专业素养的提升。我国特级教师高万祥提出“读书拯救自我”，朱永新也提出“专业阅读造就幸福教师”。教师阅读储备，不仅是作为教师的职责，还是教师发展自身的重要途径。教师职业的特殊性，决定了教师从业者需要终身学习的特性。教师通过阅读，可以在不断接受新知识的过程中，提高自身的专业素养，提高专业技能与水平，走向专业成熟。

## 一、教师阅读储备

### （一）教师阅读

关于教师阅读，不同学者有着不同的看法。学者肖艳认为，“教师阅读即教师作为阅读主体对读物的认知、理解、吸收和应用的复杂的心智过程”[1]。学者辛慧敏认为教师阅读是“教师为丰富学科专业知识，促进自身专业成长，主动与文本进行交流学习的方式，包括书面阅读、多媒体阅读。”[2]学者周洁鸿认为教师阅读是“教师结合自身已有的知识和方法，借助书刊、网络等阅读媒介阅读文本获取知识、提高素养、实现自我建构和促进自身专业发展的过程。”[3]

我们可以看到，上述三种定义都强调在教师阅读中，教师的主体性与能动性。同时，有意识地将阅读的方式拓宽，不仅有传统的纸质阅读，还加入了多媒体、网络等电子阅读方式。随着信息化时代的到来，人们的生活方式产生了非常大的变化。其中比较典型的就是手机和电脑的普及与应用。而以手机、电脑、平板电脑为载体的电子阅读方式，也因其便捷性，从而被新一代年轻人喜欢与追捧。因

1　肖艳．教师阅读与专业发展的相关性研究 [D]. 湖北大学 ,2013:13.

2　辛慧敏．面向教师专业发展的小学语文教师阅读生活研究 [D]. 鲁东大学 ,2021.

3　周洁鸿．青州市小学教师阅读现状调查研究 [D]. 山东师范大学 ,2020.

此，在界定教师阅读概念的时候，电子阅读方式也应该加入其中。

综上所述，本书将教师阅读定义为：教师阅读是教师主动选择阅读内容，通过纸质阅读、电子阅读等方式，获取知识、提升能力、获得精神成长的活动。阅读内容不仅包含书籍、期刊等文字信息材料，也包括画册、图集等图像信息材料。

### （二）教师阅读储备

以“教师阅读储备”为篇名关键词，在中国知网进行搜索，仅获得三篇结果，且均为2010年前后的研究，年代较为久远。当前，大多数研究者并未将“教师阅读”与“教师阅读储备”概念分开，在行文中大多以前者涵盖后者。不过教师阅读储备相关比喻并不罕见，苏霍姆林斯基曾将教师阅读储备比喻为“教师的知识海洋”，并说：“时间每过去一年，学校教科书这一滴水，在教师的知识海洋里就变得越来越小。”[1]着重阐述了教师阅读储备的重要性。古德蒙兹多蒂尔和舒尔曼的研究显示：“专家教师和新手教师最显著的一个差异为前者具有更丰富的学科教学知识，使得他能够从多角度看到大局。因此，在选择适合主题的教学方法时更加灵活。”[2]教师的阅读储备以完善知识结构为主要目标，是教师专业素养的重要组成部分，它直接影响着教师的教育教学效果。

对于教师而言，教师阅读储备就如同人机体中的脂肪，是教师开展教学的知识库与储备能源。当人的身体没有足够能量的摄入时，身体就会调动我们身体中的脂肪，转化成为糖来提供能量，补充身体营养的需要。如果同样面临断糖的境况，瘦弱的人肯定比健壮的人更容易生病，因为健壮的人储备更足。有些教师虽然也会读书，但是经常会有“教什么”“怎么教”的困惑，根本在于既没有足够的阅读储备，又没有将其转化为能量的意识，更没有实践应用的能力，因此读书就落空了，难以助益于工作和生活。

1　苏霍姆林斯基．给教师的建议·全一册.2版[M].北京：教育科学出版社,2000:8.

2　邵光华．教师专业知识发展研究[M].杭州：浙江大学出版社,2011:40.

## 二、教师阅读储备转化

### （一）教师阅读储备转化案例

朱永新说："一个人的阅读史，就是他的精神成长史"。我们读过的书，都会化为精神成长的养料，滋养着我们的心灵与神魂。我们无法改变生命的长度，却可以通过阅读，来拓展生命的宽度。读过的书，终将会内化为我们的素养，并通过与外在世界的交互体现出来。

表面上看，教师似乎在教授着教材中的知识，但究其实质，教师是在将自己的人生经验，有选择地、巧妙地传递给学生，所谓"教师自身就是最好的教材"，是因为教师能够给予学生课本中没有的或者缺乏的内容和观点。而成为"教材"的必要前提就是广泛阅读。一名业务精湛的教师，必然会进行持续而深刻的专业阅读，深研教材中的每个知识点。例如：

一名高中历史教师，在广泛的史学阅读后，改变了对"人文主义"的认识。在长期的教学中，该教师一直认为"人文主义"提倡宽容的世俗文化，反对暴力与歧视，主张自由平等和自我价值，是一种与中世纪神学观念完全对立的思维体系，必然也会遭受教皇的镇压。而在广泛阅读相关史料后，该教师发现在文艺复兴时期，其实并没有"人文主义"的相关记载。实际上，"人文主义"作为一个专业术语，是 19 世纪的德国史学家，根据 14 世纪以来的学者提出的重点问题，总结归纳其思想倾向而提出的。受认知和阅读视野局限，部分教师很可能会将"人文主义"，作为一种在文艺复兴时期突然出现、即刻成形的思潮传授给学生，使学生延续这种错误的理解。这使该教师认识到：缺乏专业阅读的教师，可能会对教材中最常见的基本概念，存在固化的、偏颇的甚至错误的认识。

而经验丰富的教师，也会精选出自己或者他人的故事，在恰当的教育时机，作为教育学生的素材。例如：

一名语文教师，给学生布置了每堂课前三分钟读书分享会的任务，为了减少学生对于公开讲话的恐惧，该教师使用故事教学法，向学生介绍《国王的演讲》中患有口吃的国王通过努力，最终成功在民众面前发表演讲的故事。同时也讲述了自己第一次上课脸红、腿抖的经历，给学生留下了深刻的印象。在后续的课前演讲中，学生表现得都非常不错。

## （二）教师阅读储备转化路径

阅读储备转化率，即读者通过阅读改变思维进而产生实践效益的比率。对教师来说，阅读一段文字甚至一句话，就能把阅读内容灵活而广泛地运用到多方面的教育实践中，与读完一本书而只把一段话运用到教育实践中相比较，两者的阅读转化率是存在差异的，前者的阅读转化率显然要高于后者。

那么，对同一个教师来说，阅读同一内容，可以通过什么途径提高阅读转化率呢？从知识视角进行分析，提高教师阅读转化率主要路径有三：从理论知识走向实践知识、从他人知识走向个人知识、从显性知识走向隐性知识。

理论知识转化为实践知识——课堂教学中的生成与运用
他人知识转化为个人知识——课堂教学中的模仿与创新　｝教师阅读转化率
显性知识转化为隐性知识——课堂教学中的方法与策略

图 2-2-1　提高教师阅读转化率的三个路径

### 1. 从理论知识到实践知识

教师专业书目类型有很多，比如教育学原理、教学方法、教学评价等等。这些专著，具有编写规范、重点突出、理论性强、逻辑严密的特点。教师在阅读这些书籍的时候，可以加强自己的教育理论素养，夯实专业基础。同时，教师也可以阅读专业期刊，了解最新动态，如《课程・教材・教法》《教育研究》《教学与管理》等。

教师在不断地进行阅读与教学的实践中，逐渐可以将理论知识转化为实践知识。林崇德等人将教师的实践性知识定义为："教师的实践性知识是指教师在教学中所具有的课堂情景和与之相关的其他知识，是教师教学经验的积累"。[1]

实践知识常常具有自我意会、难以言说的特点，因此，在教学实践中，高水平教师未必是理论知识最为丰富的教师，但却常常是实践知识最为丰富的教师，尤其是在处理课堂突发事件时，所显示出的富有教学机制的做法，是一种带有教师本人独特气质，而又难以言传的操作性知识，很难被他人复制和模仿。比如：

1　辛涛，林崇德，申继亮 . 从教师的知识结构看师范教育的改革 [J]. 高等师范教育研究 ,1999(6):13.

我们的评优课、说课中有许多属于个人设计和突破难点的策略和方法，都属于实践知识，这些知识相对于那些经典的学术论著，对教师来说更具实践价值。

课堂教学，是教师基于教学规律的个性化活动，充满着实践性、生成性和创造性，其成功之处、巧妙之处和机智之处，常常使人击节赞叹，却令人难以模仿，这往往被称为教学艺术性的一面，在其背后发挥作用的正是教师储量巨大、灵活多变、充满活力的实践知识。

**2. 从他人知识到个人知识**

教师的成长，离不开汲取众多优秀教师的成功经验。对教师来说，除了需要阅读教育类名著与专业期刊之外，还需要参考他人的教学设计、教学实录、教学反思、教育感悟、教育经验总结等，这些书籍更多地体现了作者本人对教师的独特观察、体验、思考等个性化认识，对于教育教学的参考性极强。教师阅读这类书籍，通过自己的教学实践，将他人知识转化为自身的知识。在遇到类似情境的时候，选用优秀案例中的处理方法。例如：

一位一年级语文教师在讲《荷叶圆圆》时，让学生分角色进行扮演。有一位学生问："老师，我能用自己的话来表演吗？"老师微笑着问："为什么呢？""书中的原话太长了，我背不下来，举着书表演又不太好。"学生说出了原因。"你的想法很好，用自己的话来表演吧。"老师和蔼地笑着，摸了一下学生的头。最后，这个孩子表演得非常出色。

在这个案例中，该教师在学生提问之后，没有选择马上反驳，而是询问学生原因，并且根据情况，同意了学生的请求，体现出了对学生的尊重、包容与同理心。小学低年级学生身体和心理都还发育得不完善，学生之间的发展情况也不均衡，个别学生记忆能力欠佳。教师在教学的时候，就需要根据情况做出判断，尽可能尊重和满足每一个学生的需要。

**3. 从显性知识到隐性知识**

在教师阅读中，从显性知识走向隐性知识，是提高教师阅读实践转化率的一个关键环节。那么，什么是显性知识和隐性知识呢？显性知识是可以言说、清晰表述的知识，能够用语言、文字、图表、数字等信息符号表达；而隐性知识是无法言说、只可心领神会的知识，不能以语言、文字、图表、数字等信息符号进行表达。如果不作严格的区分，理论知识、书本知识可以归类为显性知识，而实践知识、经验知识可以归类为隐性知识。英国哲学家波兰尼说“我知道这些东西，尽管我无法清楚地说出或几乎无法说出我知道的是什么”，不仅如此，“我们所知道的远比我们能说出来的多得多”，隐性知识的存在量大于显性知识的存在量，显性知识只是冰山一角，水面之下的是数量浩大的隐性知识。

教师本身是一本生动的教材，每一堂课里面的隐性知识就是教师的文化底蕴，将隐性知识在课堂教学中呈现出来，补充和完善教师的显性知识，是让学生有更大的收益，让教师的教学更加具有强大的后力支撑。而正因为有了数倍于显性知识的隐性知识的支撑，教师才能真正打通理论与实践，将显性知识学以致用。

一个教师储备显性知识和隐性知识的多寡，决定着其能否成为指导别人教学和教研的专家。就同一个教师来说，一个教师自身的显性知识远远多于隐性知识，那么该教师很可能是一个并不擅长教学实践的教学理论专家；一个教师自身的隐性知识远远多于显性知识，那么该教师很可能是一个不太擅长教学理论的教学实践专家。就两个教师比较来说，一个教师的隐性知识或显性知识远远多于另一个教师的隐性知识或显性知识，那么前者可以成为后者的教学实践专家或教学理论专家。当然，一个教师同时拥有极为丰富的显性知识和隐性知识而又能实现两者的贯通，这正是提升教师阅读质量和阅读转化率，从而促进教师成为专家型教师、学者型教师乃至教育家型教师的本意所在。

# 第三节　教师阅读素养

关于阅读，毛泽东说："饭可以一日不吃，觉可以一日不睡，书不可以一日不读。"张元济也曾说："数百年旧家无非积德，第一件好事还是读书。"阅读作为一种自古传承至今的文化活动方式，对于提升个人与民族的素养有着重大的意义。

## 一、阅读素养概念辨析

### （一）阅读素养

《现代汉语词典（第六版）》将素养界定为"平日的修养"。素养是指个体为了获得发展，为了适应生活情境的需求，通过学习与实践获得的不可或缺的知识、能力、技能和态度等。而国际、国内的研究者们对阅读素养，有着不同的认识与界定。

**1. 狭义：阅读是一种技能**

1991年，国际学业成绩评估协会（IEA），在针对青少年的素养评价项目PIRLS中，首次将"阅读"与"素养"二词结合，提出了"阅读素养"的概念，将阅读素养界定为："对社会所要求的和个人所重视的书面语言形式的理解和应用能力。儿童能够从各种材料中建构意义。他们通过阅读来学习、参与阅读者群体，从中获得快乐。"[1] 2001年开始对全球四年级（9~10岁）学生进行阅读素养评测，从理解过程、阅读目的、阅读行为和态度三个方面评价学生的阅读素养。

世界经济合作组织（OECD）在另一个比较著名的国际学生评估项目——PISA测试中，将阅读素养界定为"一个人为达到个人目标、增长知识、开发潜能以及参与社会活动，而理解、运用和反思书面材料的能力。"[2]从提取信息、解释文本、反思与评价三个阅读过程进行评价。2009年和2018年，分别对概念进行了修订，增加了"投入"（engage）一词，删除了"书面"二字，解除了阅

1　许明，王晞．国际阅读素养进步研究述评[J]. 外国教育研究，2003(12):39-40.

2　王蕾．学生阅读素养的评价——解读PISA[J]. 中学语文教学，2008(01):59.

读方式的限制。

2007 年，OECD 启动了国际成人能力评估项目 PIAAC，将阅读素养定义为“理解、评价、使用书面文本参与社会，实现自我目标，培养自我知识和潜能的能力。”[1]PIAAC 与 PISA 项目中的阅读素养定义类似，PIAAC 中的阅读素养同样强调个人与社会的互动，将阅读素养解释为一种从个人目标出发，为达成目标而从书面文本中获取知识和潜能的能力。

**2. 广义：阅读体现着综合素质**

相对于国际上将阅读素养归结为一种能力，我国学者则大多持有“阅读素养是一种综合素质”的观点，认为阅读素养不仅仅包含能力。学者郑玲（2005）认为阅读素养是一个包括阅读素质和阅读修养的合成概念，阅读素养包括良好的阅读习惯和方法、语言感知能力、理解能力、审美能力等。[2]将阅读习惯和阅读方法归于阅读素养，拓宽了阅读素养的概念。但是这种定义不够清晰，需要对阅读素质和阅读修养进行再定义，才能解释清楚阅读素养的内涵。

李海林教授（2005）认为阅读素养是指“人利用自己的一般文化素养及阅读经验，与文本一起共同创造意义的素养。”[3]李海林教授的定义从建构论出发，注重阅读过程中，读者原有知识与经验的迁移，以及阅读过程中读者与文本的互动。

任辉（2019）则认为阅读素养是“个体在进行文本意义建构过程中自然流露出的一种状态。”[4]认为阅读知识、阅读能力、阅读策略和阅读情志都属于阅读素养，进一步将阅读素养的概念进行扩充。

### （二）阅读素养与阅读力

笔者在进行检索的时候，发现另一个概念与阅读素养十分接近，那就是阅读力。经过查阅大量资料，笔者发现阅读素养和阅读力的概念范围有所交叉。无独

---

1　赵晨洁，叶志锋，段梅．从“阅读”到“阅读素养”——基于 PIRLS、PISA、PIAAC 的比较研究 [J]. 图书馆建设，2019(06):104.

2　郑玲．高年级阅读素养培养 [J]. 小学教学参考，2005(10):7.

3　李海林．创造性阅读的理性思考与实践分析—再论创造性阅读 [J]. 中学语文教学，2005(4):11.

4　任辉．阅读素养视域下小学语文教科书研究 [D]. 天津师范大学，2019.8.

有偶，学界对于阅读力概念的界定，也和阅读素养一样有着广义与狭义之分。一些学者将阅读力等同于阅读能力。

如2011年刊登在《中国职工教育》杂志上的《什么是阅读力？》，将阅读力定义为国民的阅读能力，即看书学习、更新知识的自觉程度和实际能力，通常应包括提取信息能力、推断解释能力、整体感知能力、评价鉴赏能力和联接运用能力。[1]通过以国民读书的频率来衡量国民阅读力的水平。

另一部分学者，则认为阅读力的内涵不止于此。

2015年，王雁玲、任培江等人发表了《基于德尔菲法调查的阅读力概念及构成体系初探》[2]一文中对阅读力进行了解释："阅读力是阅读者在阅读活动中所表现出的态度和行为、知识与方法、理解与运用等多个面向的综合水平，集中体现为阅读者在已有经验的基础上对文本整体感知、信息提取、整合推论、阐释评鉴以及迁移运用的能力。"2020年，学者刘波也认同王雁玲等人对阅读力的界定，并在其出版的专著《教师阅读力》中，将阅读力分为"阅读动力、阅读能力、阅读毅力、阅读产出"四个维度。其中，阅读能力包括认读语言、理解语言、评价语言和应用语言的能力。阅读毅力为坚持阅读的能力，也就是对于有难度的书籍持续进行"啃读"。

为避免概念混淆与方便理解，本文在参考前人研究的基础上，将阅读素养界定为读者在准备、进行和完成阅读活动中所体现出的综合素质，包含阅读知识、阅读能力、阅读情志与阅读策略。而将阅读力等同于阅读能力使用，即读者为完成阅读行为所具备的各项技能。

## 二、教师阅读素养构成

### （一）阅读知识

阅读知识，是关于如何阅读的知识，如书籍结构、语词的感情色彩、常用意

---

1 什么是阅读力？[J]. 中国职工教育 ,2011(04):7.

2 王雁玲，任培江，王朔 . 基于德尔菲法调查的阅读力概念及构成体系初探 [J]. 基础教育研究，2015(03):27-31.

象的含义、文章构成的要素等。不同文体的文章，有着不同的阅读方法和侧重点。

### 1. 工具书阅读

如工具书阅读，要掌握字顺法、分类法、主题法、时序法和地序法的常用检索方法，同时了解工具书的结构，可以根据字典侧边栏的字母标识，迅速翻到对应字的区域。

### 2. 序跋阅读

通过阅读书前书后序跋，能够了解该书的来龙去脉。序指序文，又称为序言，前言，引。序文一般是写在著作正文之前的文章。由作者自己撰写的序，多用于说明写书的宗旨和写书的经过。由他人撰写的序，多用于介绍或评价该书内容。经常会出现多个人为一本书写序的情况。

跋指跋文。跋文则是作者或有影响力的读者，写在书籍、文章、金石拓片等后面的短文。跋的内容有评介、鉴定、考证等多种形式。后记与跋文相似，一般为作者自己撰写，是为正文做补充说明。

序文起介绍、引领的作用，而跋文起补充、拓展的作用。阅读序文如同找到一位向导，可以了解作者为什么要写这本书，这本书是写给什么人看的，以及写作的经过、本书主要的内容、特色和价值，乃至阅读时的注意之处等。读过序文之后，我们就了解了这本书的大概情况。读序可以帮助我们决定是否读下去，以及怎样读下去。阅读跋文，则可以了解作者对本书相关内容的说明，它是作者认为又不便直接写在正文里，但是却要告诉读者的东西。总之，阅读序跋是了解有关书籍来龙去脉，把握书籍全貌的重要途径。

### 3. 公文阅读

公文，又称公务文件，公务文书，是法定机关与组织，在公务活动中按照特定的体例所撰写的一种传达政策、处理公务的书面材料，包括会议纪要、命令、决议、公告、指示等。公文阅读，首先要清楚其类型与发文机关，这些信息一般可以在文头有所体现。其次，要知道采取什么样的保密范围，与处理事项的时限。最后，则要了解事由和行文目的。除此之外，也要注意查阅附件。如 2022 年教育部等八部门联合印发的《新时代基础教育强师计划》，通过阅读，我们可以知道，该公文的发文机构是教育部、中共、中央宣传部等八部门，发文对象是各省、自治区、直辖市教育厅（教委）等组织机构，目的是落实新时代基础教育强师计划。并从总体要求、具体措施和实施保障三个方面，介绍了该计划。

**4. 学术论文阅读**

学术论文在内容和形式上都有其特殊性，阅读时应根据这些特殊性把握好阅读的重点、要求和方法。一般学术论文的结构成分有标题、目录、摘要、引言、本文、结论、谢词、附录等。在选择学术论文时，首先，应选择核心期刊中的文章，这样的文章科学性和规范性更强。其次，可以查阅该领域被引量高的文章，这样的文章一般为权威或热点文章。最后，可以选择最近两年内的文章，阅读这样的文章能够掌握该领域的最新动态。

阅读学术论文时，应该先看标题和摘要再看正文，摘要是整篇文章重要观点的总结与归纳，通过阅读摘要可以了解文章的思路与结论。可先看结论，以确定是否有参考价值，确定该文章是自己需要的，再在阅读本文的基础上，认真领会结论。

**5. 散文阅读**

散文选材广泛，行文自由，具有形散神聚、意境深邃、语言优美的特点，可以分为叙事散文、抒情散文和哲理散文三类。阅读散文时，首先，要把握文章内容，概括文章主题。抓住贯穿全文的线索，理清作者想要表达的观点。其次，要理清文章脉络，把握材料的顺序。作者为了表达自己的思想情感，会精心组织，选取材料。在表达上更是精益求精，特别注意词语在表达上的顺序，层次和分寸感。散文中的顺序，一般包括：选取的段落顺序、句子顺序、词语顺序等。最后，要品味散文的语言。阅读散文，要发挥自己的想象力，分析字词含义、词语妙用、表现手法等，领会作者想要表达的意境。

鉴赏散文的时候，可以通过朗读与深思，将自己的感受和作品文字统一起来，也可以通过比较多篇散文的异同，还可以关注作者对细节的描写，发现平凡题材中的不平凡之处。

**6. 诗歌阅读**

了解诗歌体裁与类型，明确其是古代诗歌还是现代诗歌；是东方诗歌，还是西方诗歌。

首先，要反复诵读。正如张传伦所言："熟读唐诗三百首，不会作诗也会吟。"因为诗歌的押韵和分行，朗读时会有极强的节奏感和音乐美。熟读成诵，每次读的时候都有新的体验与感受，最后才能理解诗的境界。

其次，要大胆想象。在诗歌中，诗人往往会把几种风马牛不相及的事物，通过联想串联成一个统一体。因此，阅读诗歌一定要天马行空地想象，才能感受到作者所在的瑰丽精神世界。

最后，要抓住关键句。一般会有一两句特别亮眼的诗句，作为整首诗歌的“诗眼”，起到画龙点睛的作用。诗眼是理解诗歌的一把钥匙，抓住了诗眼，就能够更容易理解主旨。

#### 7. 传记阅读

传记是记叙文的一种，简称“传”。它以记叙人物的生平事迹为内容，有的记叙其完整的一生，有的记叙人生中的某个阶段。阅读传记，首先要了解该传记的性质，不同的观察视角，对人物和事件的理解有所差异。其次要联系历史背景，了解人物的全部生平，精读人物事迹。最后要评价其社会作用。如果对某一点存疑，还可以参阅相关的资料，进一步了解背景情况。

### （二）阅读能力

《中国教育大辞典》认为阅读能力是“阅读者运用已有的知识经验，顺利而有效地完成阅读活动的能力。”且将阅读分为六个要素：认读能力、理解能力、吸收能力、鉴赏能力、速读能力和自学能力。[1]学者高瑞卿的著作《阅读学概论》，将阅读能力分为理解能力、思维能力、记忆能力、想象能力、表达能力和快速阅读能力共计六种能力。[2]可以看出，传统上学习者的阅读能力主要包括三个方面：阅读信息输入、信息的理解与加工、阅读结果的输出。

#### 1. 信息输入能力

一般意义上来讲，文字是读者首先感知的视觉符号。在阅读的初始环节，光线折射在纸面，让文字信息能够被人眼识别。月光的亮度远远小于太阳光，在夜晚无辅助灯的情况下，人们很难看清文字，因此便有了匡衡凿壁偷光，车胤囊萤夜读的故事。文字信息在视网膜上形成文字影像，并转化成神经信号，传送到大

1　王余光，徐雁．中国阅读大辞典 [M]. 南京：南京大学出版社，2016:431–432.

2　高瑞卿．阅读学概论 [J]. 吉林教育出版社，1987.

脑皮质。当然，除了视觉信息输入，听觉信息输入也是一种重要的阅读方式。盲人或者视疲劳的人通过听来代替看，虽然效率降低，但是也可以获取信息。

**2. 信息理解与加工能力**

到了阅读的中心环节，大脑解析人眼发送的信号，并开始加工与处理，需要调动语言解码、识别、组织、筛选、评估、存储等多种能力，实现已有知识与文本内容有意义的联结，产生对文章内容的理解。阅读理解以文本的意义为中心，以学习者自我生活经验为背景，逐渐将加工后的信息纳入到自我认知体系。

**3. 阅读结果输出能力**

正如曾祥芹教授所言："阅读是吸收也是倾吐。"在阅读中，读者不是被动地汲取与吸收知识，而是要对读物提供的信息进行加工与处理，同时对阅读结果进行输出。如做批注、做读书笔记、画思维导图等，通过对读物的深入理解后，再对读物进行鉴赏与评价。这些关于读物的认知，又会触发读者的创新思维，从而提出自己的观点。

### （三）阅读情志

阅读情志，即阅读过程中产生的情感、品质与意志等，包括自觉性、专注性、主动性、坚持性、独立性、思考性、创造性等。

**1. 自觉性**

阅读的自觉性，指读者具有强烈的内在阅读动机，能够自发、自觉地从事阅读活动。具有自觉性的读者，通常能够认识到阅读的意义，明确阅读的目的，从而有意识地开始阅读行为。如一位教师迫于外界压力而开始阅读，将阅读当作一项痛苦的任务，每次都需要提醒与强制，那么该教师阅读效果一定不会很好，不会对书籍产生深刻的思考与理解。

**2. 专注性**

阅读的专注性，指读者在阅读时，能全神贯注、心无旁骛，长时间地保持注意力的集中，而不是常被无关事物吸引，频频中断阅读行为。随着对于阅读的投入，教师可能会产生"心流"。匈牙利心理学家米哈里·契克森米哈赖，将"心流"定义为个体注意力完全投注在某项活动上，并伴随高度的兴奋及充实感的心理体验。在心流体验下，甚至感觉不到时间的流逝。

### 3. 坚持性

阅读的坚持性，指读者能够保持长时间、坚持不懈地读书，不被意外事件打扰和中断。长此以往，阅读会成为重要的生活习惯。鲁迅先生从小热爱读书。在江南水师学堂上学时，卖掉了因学习优异获得的金质奖章，换成几本自己一直想买的书。因家中寒冷，鲁迅又买了红辣椒，夜读难熬时，他便摘下一颗辣椒咀嚼，辣得直冒汗，通过这种办法驱寒坚持读书。通过长期坚持阅读与学习，终于成为我国著名文学家、思想家。

### 4. 独立性

阅读的独立性，指读者独立自主，不依赖他人，自己选择阅读材料，自主解决阅读过程中遇到的问题。书籍的结构中，通常将他人为本书做的序放在正文前面，但是他人为书做的序或者书评等，难免不够客观。为了防止干扰读者的思维，教师可在阅读整本书之后，再阅读这些辅助材料。如果在阅读中遇到问题，也可以借助工具书进行考证研究。

### 5. 思考性

阅读的思考性，指阅读时用心思考，对阅读材料所蕴含的意义进行积极的探究求索。带着问题去读书，在读书中发现问题。朱熹说：“大抵观书，先须熟读。使其言皆若出于吾之口；继以精思，使其意皆若出于吾之心。然后可以有得尔。”熟读还需精思，才能将他人的知识与观点内化为自己的成果。

### 6. 创造性

阅读的创造性，指阅读中勤于思考，敢于批判，能够在他人的基础之上做出创新。数学家华罗庚的读书方法非常有趣，他在拿到一本书后，不是从头读起，而是根据书目进行思考，打开书读一读，如果作者的思路与自己猜想得一致，就不再读了。相对于传统的阅读方法，他的这种创造性的阅读方法，不仅能够节省大量的时间，还能够锻炼自己的思维能力和想象力。

## （四）阅读策略

阅读策略是指读者为提高阅读效果而采用的各种方法或技巧。主要有组织加工策略、理解监控策略、记忆策略等。

### 1. 组织加工策略

阅读的组织加工策略，是指通过对书中信息进行组织加工，将阅读材料中的知识进行系统的分类、整理与概括，使之结构合理化的方法与策略。如提炼关键词、进行语义联想、画书中人物关系图、列提纲、画思维导图等。提取关键词主要考查读者概括中心思想、提取关键信息的能力，在长篇大论中，抽出关键词来过滤冗余信息。关键词一般是名词、动词、形容词等实词，不会是虚词。而画人物关系图，则可以帮助读者厘清人物关系。出场人物较多的书籍，如果没有良好的记忆能力，恐怕读到最后不知道谁是谁。而西方人物姓名又长又拗口，进一步增加了读者的识记难度。通过画人物关系图，将人物信息汇总到一起，能够帮助读者理解书籍内容。

### 2. 理解监控策略

阅读的理解监控策略，是指阅读过程中，读者对于自己是否理解文本内容的评价，以及调整阅读行为的策略，包括设立阅读目标、监视理解进程、选择理解策略等。如读者为了解文章大意，会搜索文章中的关键词并在书上做出批注。根据批注的位置，可以分为眉批、旁批和尾批。眉批写在文章的开头，旁批则写在正文旁边的空白处，尾批是写在全文之后。批注可以是注释，对优美句式的仿写，联想到的文外知识，也可以是心得体会等。

### 3. 记忆策略

阅读的记忆策略，是为更好地识记书籍信息而采取的策略与方法。一些电影解说博主，经常将外国电影中的人名，替换成老百姓耳熟能详的“翠花”“铁蛋”等中式名字，搞笑之余，也是利用了人们记忆的心理机制。相对于复杂的新名字与新的人物形象，“翠花”等本土名字加新人物形象的组合，更加方便记忆。有一些读者也会为书中的人物起外号，既是对人物特点的归纳总结，也能够让脑海中的人物形象更加清晰深刻。

# 第三章 立据·教师阅读储备的理论根基

苏霍姆林斯基说："智育是从有理论思维的地方开始的。"理论是行动的先导，也是实践的指南，没有理论的实践如无源之水，不得其法。本章试图从教师阅读的研究现状、与之相关的各种理论及国家宏观的多元政策出发，深入分析教师阅读的理论根基，寻找教师阅读储备的理论依据，为本书后续的教师阅读研究提供理论支撑，奠定思想基础。

# 第一节　教师阅读储备的研究综述

阅读作为教师学习的基本途径，在教师专业发展的过程之中扮演着非常重要的角色。我国有关教师阅读储备的研究起步相对较晚，但是成果丰富，研究内容主要涵盖教师阅读的价值、教师阅读的内容、教师阅读的方式等方面。以“教师阅读”为关键词，在中国知网根据篇名进行搜索，可以获取3340条文献。经过筛选，和教师阅读紧密相关的也有千余篇。研究教师阅读相关问题，有助于提升教师专业发展水平，更好地开展教育教学活动。因此，本校研究组针对近年来我国关于教师阅读的研究成果，进行了梳理、分析和展望，以期促进相关研究的进一步深入。

## 一、教师阅读储备价值研究

明晰阅读的价值能够使教师更加自发深入地进行阅读。国内学者针对这一问题，对教师阅读价值进行了阐释。他们持有共同的观点，即教师阅读总体上能够对教师的专业发展产生积极影响。

现有研究认为，一方面，教师阅读直接影响学校教学和教师专业成长。曹厚平认为教师阅读能够推进生命的进程，并且对师生生命的课堂产生深远影响。教师阅读能够建设书香校园，构建积极向上的教师队伍，改善教师教学，促进教师专业成长。[1]

郑玮认为教师良好的阅读习惯与行为，能够有利于教师的专业发展，阅读能够为教师的专业发展提供源源不断的动力。“阅读作为一个朝向自我的过程，是教师个体学习意识的一种突出表现，它能为教师专业发展提供切实可行的出发点。”[2]

另一方面，研究者关注到了阅读对于教师的多方面价值，特别注意到了阅读对于教师的情感关怀。如高江海认为阅读可以在温暖教师情感、缓解职业倦怠、

1　曹厚平．让阅读成就教师的专业发展——谈铜陵特校教师阅读活动的价值与成效 [J]. 现代特殊教育 ,2017(09):62-63.

2　郑玮．基于阅读的教师专业发展研究 [D]. 天津师范大学 ,2012:6.

加深教师底蕴三个方面，对教师的职业生涯产生影响。[1]

此外，连中国则认为阅读和生命紧密相连，“阅读，有诸般意义，但其根本意义之一，便是建设生命，促成生命不停地出发。”并且，艰难而痛苦的阅读，能够使人挣脱藩篱，获得新生。“教师正是在一次次这样的过程中，发现自己，确认自己，进而发现课堂，确认课堂。”[2]从而使教师的灵魂亮度提升，彰显教育的魅力。

总而言之，学界对教师阅读价值的研究，大多基于教师的职业生涯，即学校的教育教学、教师的专业成长、对学生的影响等方面，对于教师自身的研究相对少见。教师阅读虽然是带有职业属性的阅读，但是在职业属性之外，教师也是完整的人，是作为独特的个体生命而存在。作为“人”的教师进行阅读，不应将其意义与价值仅放在提升教师专业素养上面，还应该意识到阅读这件事对教师自身的知识、道德、审美等方面起到的提升和促进作用。教师阅读不仅会对学生产生直接影响，而且也是一件有关国家和社会长远发展的事情。因此，研究者也需要关注阅读对于教师除专业之外的价值，全面分析教师阅读的价值。

## 二、教师阅读储备内容研究

古往今来，先辈的智慧成果都记载在书里，知识的广博性使教师阅读对内容的选择众多，而教师对于阅读内容的偏好各有不同，因此每位教师都有着个性化的阅读内容体系。我国学者基于不同的维度，对教师阅读的内容进行了划分归类。

如学者康万栋与学者康瑛，认为教师应主要阅读五方面的书籍，即：1. 马列主义；2. 毛泽东思想等“红色”经典著作；3. 学科相关的专业书籍，教育学和心理学等理论书籍；4. 励志类书籍；5. 文学、艺术等人文书籍。[3]著名教师高万祥，根据书籍体裁对教师阅读内容进行了分类，他认为教师应该读三类好书，即理

1　高江海 . 教师阅读的真正价值 [J]. 教书育人 ,2015(23):7–9.

2　连中国 . 教育的魅力源自教师灵魂的亮度——浅谈教师阅读的价值和策略 [J]. 中国教师，2017(09):9–12.

3　康万栋 , 康瑛 . 读书与教师专业发展 [J]. 天津教育，2006(7):35–36.

论著作、人物传记和文学作品。[1]

《教师博览》杂志社社长方心田，将电影视为教师的阅读内容。他在《优秀教师的成长：关键读物》一书中，将影响教师专业发展的关键书目，总结为以下六种：涵养人文精神的书、积淀教育智慧的书、培植教育理论的书、丰盈教育心灵的电影、学习班级管理的书、高品质的教育报刊。[2]

著名特级教师温儒敏，对于教师阅读也有着自己的看法。温老师将教师阅读内容按照专业性划分成三个圈层，但是这三个圈层不是孤立存在的，而是形成可以套在一起又彼此交错的圆圈集合。教师阅读内容最核心的圈层为教师所教学科的书籍，中间圈层为与教师所教学科相邻学科的书籍，而最外圈为通识书籍。[3]

此外，北京一零一中学的特级教师程翔，则根据书目内容距离中华文化原典的远近，将教师阅读的内容分为三层："外层书""中间层书"和"核心层书"[4]。这种分类方式非常有个人特色，但是对于除语文学科的学校教师来说，阅读古文的难度相对较大。

总体而言，目前学者们对教师阅读内容尚未出现系统性的研究。现有研究基本上是各位学者根据自己对于教师阅读的理解，从不同维度进行简单分类和概述，并开具相关书单。教师阅读内容研究有待细化与深入。这一问题，需要后续研究的研究者持续关注。

## 三、教师阅读储备现状研究

知晓教师阅读的现状与问题，是推广教师阅读的前提。目前，众多学者从教师的阅读内容、阅读媒介、阅读时间、阅读方法与策略等不同角度，对当下教师的阅读状况作出了调查研究。

在调查范围上，学者们大多将基础教育阶段的教师作为研究对象，针对学前教育、高等教育等阶段的教师阅读的研究较少。如安秀玲《天津市小学语文教师

---

1　高万祥 . 教育家型教师的读书之道 [J]. 河南教育 ( 教师教育 ),2021(01):47-49.

2　方心田 . 优秀教师的成长：关键读物 [M]. 北京 : 中国人民大学出版社 ,2017:5.

3　温儒敏 . 温儒敏谈读书 [M]. 北京 : 商务印书馆 , 2019:44-46.

4　程翔 . 教师阅读的"三层空间"[J]. 教育研究与评论 ,2021(04):128.

阅读现状调查》（2016），王孟的《西藏中小学教师阅读现状调查研究》（2020），陈冬梅，郑佳培的《中小学教师数字阅读行为现状调查研究》（2021）等。在对中小学教师的阅读调查中，又因研究者自身能力限制，在研究范围上呈现极强的地域性，针对全国教师阅读状况的大型研究较少，最新的全国性调查为王黎和彭一皓的《2022 年全国中小学教师阅读报告》[1]一文，通过调查发现，教师对阅读的喜爱程度与年龄成正比，阅读方式仍为纸质书阅读为主，阅读内容多为教育教学书籍，缺少阅读时间是教师们的共同痛点等等。但是这一报告并未对样本数据做出说明，仅说明了本次调查的结论，报告的科学性存在进一步验证的空间。

同时，学者也很少关注职业院校的教师阅读问题，通过检索仅发现 4 篇与职业院校教师阅读直接相关的文献，分别是王换成和任立功的《中职教师阅读现状和对策研究——以武山县职业中等专业学校为例》，徐健的《县域推进职业学校教师专业阅读的策略研究》，刘霏霏的《高职院校图书馆开展教师职业教育理论阅读学习活动的思考》，以及王庆杰的《浅论当前职业教育中教师阅读的特征及体系构建》。学者需要加强对职业院校教师的关注，多开展相关研究。

## 四、国际教师阅读储备研究

与国内的情况类似，国际上对于教师阅读储备的研究也较为有限，其中有很大一部分是关于阅读教学的，即对学生阅读能力培养的研究。而在对教师阅读的研究中，对师范生的阅读研究相对较多，对师范生的阅读能力、阅读倾向以及阅读组织对师范生的促进作用做出了相关研究。

### （一）师范生的阅读储备研究

Ali F. Arici（2008）调查了师范生的阅读倾向。该研究的测试对象为来自土耳其国立大学的 114 名女大学生和 72 名男大学生，数据收集工具是一份自我报告问卷，用于评估职前教师的阅读倾向。结果表明，学生在校外的阅读活动中，以阅读课外材料为主。学生的性别和他们最喜欢阅读的书籍类型之间的差异是很

1　王黎，彭一皓 .2022 年全国中小学教师阅读报告 [J]. 课堂内外（高中版），2022(16):58-63.

大的。总体而言，土耳其师范生的阅读时间较为不足。[1]

Andrea Felipe 和 Elvira Barrios（2015），则对师范生的阅读能力进行了研究。该研究选取 84 名西班牙籍的师范生为测试对象，进行大学生阅读能力测验（Test de Competencia Lectora para Universitarios），得出结论为这些测试对象高估了自己的阅读能力，词汇成为他们的阅读难点，其阅读水平为中等水平。[2]

而 Felicia Moore Mensah 则是研究教师读书俱乐部对师范生的影响。该研究教师通过参与读书俱乐部，来改善师范生科学教学概念化中的假设、偏见和刻板印象。[3] 文中说明了读书俱乐部的结构特性和理论基础如何促进教师批判性、反思性探究，并作为一种实现意识形态变革的方法，而这是应对城市科学教育中的多样性问题所必需的。并且讨论了科学教师教育对教学策略的相关性、多种理论视角的使用以及读书俱乐部作为教师教育和城市教育策略的影响。

## （二）国际教师阅读储备比较研究

Monica Reichenberg 和 Rune Andreassen（2018）等人，从人力资本和社会资本对教师阅读习惯的影响角度出发，对瑞典和挪威两国教师的专业发展进行了比较研究。[4] 该研究结论为，相对于年轻教师，年长教师对小说、非小说和报纸的阅读数量更多。然而，两国的年轻教师比年长教师更倾向于阅读数字文本。相比之下，教师的社会资本似乎只在瑞典很重要，而与校长的谈话在任何一个国家都没有影响。

---

1 Ali F. Arici. Pre-Service Teachers' Reading Tendencies: Implications for Promoting Reading | Science Publications[J]. American journal of applied sciences,2008,5(6)

2 Andrea Felipe,Elvira Barrios. Prospective Teachers' Reading Competence: Perceptions and Performance in a Reading Test[J]. Procedia – Social and Behavioral Sciences,2015,178(2)

3 Felicia Moore Mensah. Confronting assumptions, biases, and stereotypes in preservice teachers' conceptualizations of science teaching through the use of book club[J]. Journal of Research in Science Teaching,2009,46(9):1041–1066

4 Monica Reichenberg and Rune Andreassen. Comparing Swedish and Norwegian teachers' professional development: How human capital and social capital factor into teachers' reading habits[J]. Reading Psychology, 2018, 39(5) : 442–467.

### （三）教师阅读文化研究

教师阅读文化的研究，即对教师阅读现状的调查。Zinaida Kekeeva（2020）等人，对教育数字化背景下，教师阅读文化的发展做了相关研究。该研究讨论了在哈萨克斯坦共和国的数字教育背景下，发展职前教师的阅读文化来促进教师职业成长。问卷结果表明，大约 90% 的职前教师不将书籍视为专业工具，并指出阻碍阅读的主要因素为：互联网的影响，线性和非线性阅读困难，对阅读缺乏关注，以及经济原因。[1]

而美国教师习惯于组建成学习共同体，通过读书会的形式进行阅读分享。如在一所学前儿童学校中，一群教师自发地定期组织读书和讨论专业著作的会议，共同阅读如由 Bobbi Fisher（1998）所写的《幼儿园的愉快学习》等书籍。[2]

### （四）反思与展望

目前，国内研究者对教师阅读价值、阅读内容与阅读现状等方面进行了讨论，产生了一定数量的研究成果。但总体而言，现有研究尚存在不足之处，需要后续的研究者填补研究空白，优化研究内容与方法。

#### 1. 重视教师阅读价值的研究

在目前已有的研究中，着眼于教师阅读价值的研究成果较少，且研究视角较为有限，多为教师阅读的专业价值研究。这样的现状恰恰说明，教师阅读这个研究领域尚未得到学术界的普遍关注。

研究者不仅要关注教师阅读对教师专业发展的意义，同时也应该思考教师阅读对教师自身的生活体验、情感态度等多方面的重要价值。同时，教师身为社会中的一员，承担着自身的社会责任，教师职业的榜样作用能够对社会产生广泛而深远的影响，这也使得教师阅读推广活动具有独特的意义和价值。因此，研究者们要积极寻求教师阅读研究的突破口和创新点，重视教师阅读研究的价值意蕴，

---

1　Zinaida Kekeeva,Svetlana Darzhinova,Elmira Abdiraimova. Development of the reading culture in pre-service teachers amid digitalization of education[J]. E3S Web of Conferences,2020,210(10).

2　罗伯茨，普鲁伊特著．赵丽，刘冷馨，朱晓文译．学习型学校的专业发展——合作活动和策略 [M]. 北京：中国轻工业出版社，2004:116-117.

最大限度地发现教师阅读的价值，最终实现教师阅读专业化、个性化和日常化的发展。

### 2. 完善教师阅读内容相关理论

总体而言，当前学界针对教师阅读内容的研究尚不全面，并且大部分的研究取向都集中于几个固定的方面。例如在教师阅读内容的研究中，只是将书籍内容进行分门别类，并未联系实际；就推荐阅读书目的理论依据和现实原因进行深入调查与探究时，易出现理论与实践脱离的问题，使得教师的阅读活动缺乏一定的指导性、科学性与方向性。

在后续研究中，学界需要从教师阅读的实践出发，归纳、提炼出教师阅读的相关理论。理论研究的意义重大，而理论又是从实践中来的，就要求研究者必须结合一定的实践成果，建构出科学、系统的教师阅读理论，从而填补教师阅读研究的理论空白。就比如给教师开具书单，就一定要从教师需要的知识出发，真正给教师提供教师需要、想要、必要的书单推荐。

### 3. 拓宽教师阅读研究视角

通过梳理相关成果，我校教师发现关于教师阅读的已有研究，存在跨学科研究较少、研究方向过于集中等问题。

一方面，从目前的研究视角来看，研究视角相对单一，研究内容相对匮乏。目前，已有的教师阅读研究，很大一部分集中于对教师阅读现状的研究，单一研究往复不止，研究深度不足、研究视角狭隘，势必会造成研究结论不全面、不科学的局面。同时，大多研究基于教育学的视角进行研究，缺少借助文化学、哲学、社会学、心理学等相关学科理论对教师阅读进行的研究。学者应该开展多视角、跨学科的教师阅读整合研究，突破现有研究视角的局限，从而弥补单一学科领域研究的不足。

另一方面，研究者也要拓宽研究范围，看到职业院校、学前学校等教师以及师范生阅读的价值，针对其现状和问题进行深入研究。另外，研究者可从与教师主体相关的其他群体的角度进行探究。例如，可以针对教师家庭，探索教师在家庭中进行阅读的现状、问题和挑战，也可以从师生共读这一活动出发，探索更好的实现路径。而在推广教师阅读的策略研究上，除学校角度，也应从国家、社会、家庭等多方面进行思考，全社会合力共同营造一个利于教师阅读的环境。让教师喜爱阅读、读有所获。

综上所述，我国学界目前已经开始了对教师阅读问题的探索，但是现有研究还有很多不足之处，需要后续的研究者进行补足和拓展。

# 第二节　教师阅读储备的理论基础

经过实践验证的理论，对我们的研究具有指导性的作用，站在前人的肩膀上可以让我们看得更远。终身学习理论、文化资本理论、社会学习理论都肯定了教师阅读的必要性。教师阅读，不仅是一项教师能够获得持续成长的活动，更是一件惠及学生的事情。

## 一、终身学习理论

终身学习是指社会中的个体，为实现个体发展需要、适应社会发展进程，而进行的贯穿个体终生的持续学习过程。“活到老学到老”和“学无止境”二词是对终身学习理念的高度概括。人类通过学习来认识更广大的世界、通过与世界的交互过程，发展更加完善的自我。无论是国家、社会还是个体，都需要通过不断学习，才能在充满不确定性的乌卡时代[1]中，获得更好的发展。

由联合国教科文组织成人教育局局长法国的保罗·朗格朗（Parl Lengrand），在1965年联合国教科文组织主持召开的成人教育促进国际会议期上，正式提出了“终身教育”这一概念。并且在短时间内传播到了世界各地，得到了各国人民的认同。“终身学习”概念迅速火遍全球，是由以下几个原因共同推动的。

### （一）新社会环境带来的压力

上世纪50年代末60年代初，是社会结构发生急剧变化的时期。二战带来的影响，不仅表现在生产、消费等领域，还影响了人们的日常生活方式。当时的人们，眼前面临的是全新的、持续变化的职业、家庭和社会生活。而要适应这样的社会现状，人们就必须用新的知识、技能和观念来武装自己。终身教育强调人的一生必须不间断地接受教育和学习，以不断地更新知识，保持应变能力，其理念正好符合时代、社会及个人的需求，因此终身教育理念一经提出，就获得前所未

---

1　乌卡时代（VUCA），是 volatile，uncertain，complex，ambiguous 的缩写。四个单词分别是易变不稳定、不确定、复杂和模糊的意思。乌卡时代是一个具有现代概念的词，是指我们正处于一个具有易变性、不确定性、复杂性、模糊性的世界里。

有的重视。

### （二）人们的自我发展要求

第二次世界大战后，随着经济条件的改善，人们逐渐从贫困中解脱出来。电子器具的普及，使得人们逐渐摆脱体力劳动和家务劳动的拖累，现代人也开始拥有更充裕的自由支配时间。外部条件的改善，使人们开始注重精神生活的充实，期望通过个人努力来达到自我完善。而要实现高层次、高品质的精神追求，靠一次性的学校教育是难以达到的，因此终身学习的重要性日渐凸显。

### （三）人们对新教育样态的期待

自近代学校教育制度建立以来，学校在担负培养和塑造年轻一代的责任方面，起到了其他组织所不能替代的作用。但自 60 年代以来，学校教育的矛盾、弊病也与日俱增。如儿童大量逃学、校园暴力、考试竞争的激化，以及学校因竞争造成的差别扩大和偏重学历造成的学校与社会严重脱节等等。这种情况下，人们普遍希望能从根本上对旧有的教育制度进行改革。提倡学校教育、家庭教育和社会教育（成人教育）三者有机结合，具备开放性、持续性的终身教育必然受到人们的欢迎。

而在知识经济社会中，只有通过不断学习最新知识，才能保证自身的核心竞争力。教师职业的特性也要求教师必须成为“终身学习者”。当今时代，知识更新速度越来越快，教育目标会随着时代变革，课程标准、教材等也在不断调整，吃透一本书，教书到退休的惯性授课方式已经不能适应当前的教育样态。特别是随着 2022 版“新课标”的颁布，更是对教师专业素质提出了挑战。教师只有紧跟时代潮流，吸收国内国际最新的优秀教育理念与教学方法，不断提高自身专业素养，才能培养出国家和社会需要的人才。

## 二、文化资本理论

文化资本是法国社会学家皮埃尔·布尔迪厄，在文化社会学领域的关键概念。布迪厄将人的资本分为文化资本、经济资本和社会资本。其中，文化资本以作品、文凭、学衔为符号，以学位为制度化形态。[1]文化资本作为一种隐秘性与流通性的文化产物，是人类特有的产品。

我们可以将货币、贵金属等经济资本存在银行里，同样，文化资本也有不同的储存方式。

### （一）具身化文化资本

文化资本是隐性的、内在性的，它最常见的储存方式，就存在一个人的头脑里。布迪厄称之为具身化的文化资本（embodied cultural capital）。我们从周围人身上学到的知识，在周围环境中浸润而形成的修养，都将变成我们的一种内在的素养。

### （二）客体化文化资本

文化资本还可以储存在具体的物件中，这就是客体化的文化资本（objectified cultural capital）。比如唱片、书籍、画作等。画作只是存储了某些色块或者线条的纸张，它之所以有价值，是因为其作为文化资本的载体，承担了作者与观众的沟通桥梁。

### （三）制度化文化资本

而如果从更广阔的视角中，即社会层面看文化资本，则会看到制度化的文化资本（Institutionalized cultural capital）。如学历和学位制度、职业资格证书等被各类社会广泛认可的标志，是制度化文化资本的体现。

毋庸置疑，文化资本是一种后天形成的、可学习获取的资源，文化资本可以通过家庭代际传递的方式，经历一段漫长而困难重重的路途传递给下一代。除此之外，还可以通过学校教育系统高效地获得。文化资本以“再生产”的形式，从教师传递到学生。

因此，教师的文化资本，是一种影响教育教学活动的重要文化资源，教师的素质在一定程度上能够转化为教师文化资本。例如，教师通过大量阅读，将某一

1　朱伟珏．“资本”的一种非经济学解读——布迪厄“文化资本”概念 [J]. 社会科学 ,2005(6):117-123.

学科领域知识融会贯通，信手拈来。某日在课堂上，教师向学生展露该领域方面的知识，吸引了学生的兴趣，促进了学生开始某一领域的阅读。这就是一种文化资本的传递。教师作为学生模仿的范本，其专业素养等直接影响着学生的成长。

## 三、社会学习理论

阿尔伯特·班杜拉（Albert Bandura）是著名的美国当代心理学家，他批判继承了传统的行为主义，注重人的行为和环境的相互作用，进而提出了“社会学习理论”。[1]

班杜拉认为人的学习可以分为两种，直接经验的学习和间接经验的学习。直接经验学习，即学习者通过亲身经历获得相关经验；而间接经验的学习，则是学习者通过观察他人经历，吸收他人经验内化为自己的认知材料。在心理学中，观察学习不是简单地重复榜样的行为，而是包括对行为背后的规则的接受。在这个过程中，学习者需要调动自己旧有的知识与经验，对收集的信息进行分析、思考、比较、评价，对情境信息、榜样行为信息，以及背后的规则信息做出自己的判断。

班杜拉将学习者的观察学习分为注意、保持、复制和动机阶段。在注意阶段，学习者会收集外界环境中的信息线索，选定与自身相近的或者较为权威的对象进行观察。在保持阶段，学习者记住了前一阶段观察对象的行为，然后在复制阶段，在特定的情境中进行模仿。而动机阶段，则是机会与条件不成熟之下的一种准备阶段。因为强化程度不够或者条件不充足等原因，学习者习得了相关行为，尚未从动机转化为行为。例如小美在目睹朋友拾金不昧行为之后，认为这一行为是道德高尚的表现，在若干个月之后，捡到钱包同样如数还给了失主。

班杜拉的社会学习理论，强调了榜样行为对于学习者的影响。教师因其权威性，经常被视为学生的榜样。因此，雅思贝尔斯说“教育是一个灵魂摇动另一个灵魂。”教师职业的榜样属性，使得“学高为师，身正为范”成为教师职业的终身追求。为了更好地教育学生，教师就要不断提升自身素养，才能够成为一个好的榜样与示范，让学生在社会学习中获得好的范本。通常来说，教师阅读的广度

---

1　曾跃霞，刘运芳．学与教的心理学[M]. 2014 年 9 月第一版．天津：天津师范大学出版社，2014 :185-186.

与质量，与其教育成效紧密相连。很多特级教师，同时也是阅读爱好者，在多位优秀教师的自传中，都提到了阅读对于其教育成效的影响。因此，近年来，政府和教育部门都积极进行教师阅读推广工作。而在一线承担教学工作的教师，也应该拿起书本，积极地学习与成长。

综上所述，阅读对于教师来说，是一件必然的事情。教师阅读储备是教学的前提，也是教学的补充。无论是时代的要求，还是现实教学的需要，都意味着教师需要在汇集前人智慧的书籍中，完成专业自我的“蝶变”。

# 第四章　正本·教师阅读储备的价值意蕴

教师阅读储备的价值意蕴可以从一般价值、内在价值、专业价值、社会价值等四个角度来诠释，对教师自身发展而言，其一般价值主要体现在获取新知和开启智慧两个方面；其内在价值主要体现在树立品德、提高审美两个方面；其专业价值主要体现在完善知识结构、增强教科研能力、消除教师技术主义倾向、突破教师“高原期”、创设高效课堂等方面。除此之外，教师阅读储备还使教师群体成为广泛意义上的文化传承者与引导者，成为全民阅读的促进者，对社会发展有较高的价值。

## 第一节　教师阅读储备的研究综述

教师阅读储备与一般读者阅读储备，最根本性的区别在于阅读者的身份为教师，但不可否认的是教师阅读储备不单单指阅读储备教育类书籍，还表现在提升教师自身的生命质量的阅读上。

### 一、教师阅读储备能够获取新知

1965 年联合国教科文组织主持召开的会议中，联合国教科文组织成人教育局局长保罗·朗格朗提出了“终身教育”的理念，这一理念已经成为当代教育发展的方向。结合当今知识社会的信息化发展情况，知识的海量式增加及日益加强的迭代与扩充速度，与之前相比可谓发展迅速，人们为了与社会发展中对人所提出的高标准、严要求相适应，不断地汲取学习各方面、各层次的知识。而教师作为知识的传播者，社会对其知识储备量及质量的要求更加严格。多数教师在教学过程中主要依赖她们在生活中所接触到的程序化、碎片化的知识，这显然不能满足教师教学所需，而在如今的信息洪流中，更是会导致教师出现知识面上的断层。所以，作为教师更应时刻注重自己终身学习的能力，只有这样才能更好地适应在教育教学发展中对其提出的新的标准及要求。

如果说书是世界上最浓缩的知识形式，而读书就是让人沉淀下来、获取知识的最好办法。朱熹曾强调：“盖为学之道，莫先于穷理；穷理之要，必在于读书。”从中可以看出古代学者认为阅读最根本的价值在于“获取新知”。而教师阅读也是如此，教师只有不断地从阅读中丰富自身的知识储备，才能不断拓宽自身认知的广度与深度，从根本上丰盈自己的教育生命。为什么教师阅读储备可以拓宽教师认知的深度与广度呢？这在于书籍里记载了古人和今人的认知成果与实践成果，而读者可以突破时间与空间的限制，与这些不同时代、不同地域、不同文化的作者，通过文字进行信息的交互，从而在短时间内迅速地掌握自己想要获取的知识，而不必再次花费较长时间进行重复的认知和创造。简单地说，阅读可以借由书籍把作者眼中的世界，作者的深入思考与读者本身受限的世界联结到一起，随着时间的流逝，读者阅读储备的增加，其阅读视野与生活视野自然而然就会被拓宽。

而按照获得知识的方式不同，知识可划分为直接知识与间接知识。虽说因为传统社会的局限性，直接知识一度成为获取知识的主要来源，正如刘向在《说苑》中所说："耳闻之不如目见之，目见之不如足践之，足践之不如手辨之。"但在如今科技飞速发展的信息化社会中，间接知识无疑成为越来越普遍的获取知识的方式。阅读就是获取间接知识的主要方式，而教师阅读储备就是为了突破教师个人直接知识域围，从书籍上大范围获取有关自然科学、社会科学等领域的间接知识。这也可以看出阅读作为教师补充新知的重要途径，在终身学习型社会具有无可取代的地位。但与一般读者阅读不同的是，教师在阅读过程中并不只是进行一种积累，而是会将原有的阅读知识与阅读新获得的知识进行重新建构与补充，在吸收新知识的同时，激活头脑中的旧知识，将两种知识混合吸纳进自己的知识库中。这个过程不仅是知识的重叠，更是促进教师思维由麻木走向灵动的发展过程。这种过程从阅读心理学角度来说，就是一种"图式"的构造过程。

那什么是"图式"呢？现代认知心理学家鲁墨哈特认为，"图式理论基本上是一种关于人的知识的理论。也就是说，它是关于人的知识是怎样被表征出来的，以及关于这种对于知识的表征如何以其特有的方式有利于知识的应用的理论。按照这种理论，所有的知识都组成为一定的单元，这种单元就是图式。"[1]

在教师阅读过程中，教师首先会将脑中原有的阅读图式与新获取的知识进行对比，再快速寻找这些新知识与原有知识之间的差异性和趋同性。当新知识与原有知识保持趋同时，教师就会把新知识同化至自己脑中的老图式里；当新知识与原有知识差异性较大时，教师就会重新调整或组合脑中的图式，再次寻找趋同。这种持续思考的过程，就是教师使用阅读方法对文本内容进行主动认知的过程。

我校英语老师赵玉华就在空闲时间拜读了《小学英语自然拼读》，了解了自然拼读法是指在没有掌握和不借助国际音标的前提下，利用英语字母或字母组合的规律，直接把所学的英语单词准确地拼读和拼写出来。它把拼写和拼读当成一个整体来对待。英语词汇相当多，英语国家的孩子能轻松读写英语单词的奥妙就在于他们学习英语时，都是从学习自然拼读法开始的。自然拼读法是以英语为母

---

1　张必隐 . 阅读心理学 [M]. 北京 : 北京师范大学出版社 , 1992: 169–170 .

语的小朋友阅读时普遍使用的一种学习方法。这种学习方法比较先进，它是通过直接学习 26 个字母及字母组合在单词中的发音规则，先让学生感受到字母及字母组合与发音的关系，通过系统的训练，再让学生能够做到“见词能读，听音能写”从而快速记忆单词并进行阅读理解拼读。

古希腊哲学家苏格拉底说:“读书，是轻易把别人辛苦得来的经验吸收进来。”[1]从这里就可以看出教师是在阅读中不断丰富自身知识储备，丰满自己脑中的知识图式。这也反映了阅读对教师个人发展的重要性。

## 二、教师阅读储备能够开启智慧

教师阅读知识的储备能够为教师的智慧赋能。当教师在阅读中不断地进行思考、评价与吸收，并逐渐将新的知识与旧的知识结构进行联系，持续地进行观察力、想象力、思维力和创造力的融合发展，从而开启教师的智慧。阅读学专家莫提默・J. 艾德勒和查尔斯・范多伦在《如何阅读一本书》中提到了这样一个现象：“电视观众、收音机听众、杂志读者所面对的是一种复杂的组成——从独创的华丽辞藻到经过审慎挑选的资料与统计——目的都在让人不需要面对困难或努力，很容易就整理出‘自己’的思绪。但是这些精美包装的资讯效率实在太高了，让观众、听众或读者根本用不着自己做结论。相反地，他们直接将包装过后的观点装进自己的脑海中，就像录影机愿意接受录影带一样自然。他只要按一个‘倒带’的钮，就能找到他所需要的适当言论。”[2]

从这里我们可以明确地看出人们的智慧发展在遭受“信息化媒体”的侵入，甚至存在着某种逆向引导。面对这种现状，教师的当务之急就是开启自己的智慧，而阅读就是开启智慧的强有力帮手。

那怎样利用阅读开启教师的智慧呢？从以往的经验来看，主动阅读就是增强教师心智活动必备的好方法。而所谓的主动阅读，除了态度积极外，还在于教师是否从阅读中提出问题，带着思考去进行阅读。阅读心智活动含有三个机能群，

1 崔华芳 . 天才少年的读书方法 [M]. 哈尔滨 : 北方文艺出版社 ,2007.

2 莫提默・J. 艾德勒 , 查尔斯・范多伦 , 阿德勒 , 等 . 如何阅读一本书 [M]. 北京 : 商务印书馆 , 2004.

一是激活机能群，专事启动、强化和自发阅读的心理动力，形成专注、期待和灵感：二是操作机能群，完成猜测、确证、提纯、重组、应用、创新、表征和表述等动作：三是定向和调控机能群，朝着阅读目标，按程序有节奏地去实现阅读主体的需要。当三个机能群整个地发动起来的时候，就可以全面开发读者的智力。[1]那人的智力都包含哪些方面呢？人的智力具体包括观察力、想象力、创造力等各种能力，这些能力在一定程度上会帮助教师成长为优秀的教师。

## （一）教师阅读储备能培养教师的观察力

拥有精密的观察力是教师必备的能力之一，而阅读会在教师浏览字里行间时不断分析、捕捉有效信息，时间一久，便自然而然地受到潜移默化的影响，这种观察力就在阅读中逐渐形成。

我校一位三年级教师郭荣荣通过阅读《儿童心理学》后不仅充分了解了 9—10 岁儿童认知发展的特点，同时也加强了对儿童日常行为的关注度。书中的主要内容为解析儿童行为、与儿童正确相处的方法与技能等等。通过外在的表象，真正洞悉孩子的内心世界。帮助教师通过观察儿童日常行为习惯，分析隐藏在表面现象下的儿童深层心理机制，让教师很容易就能发现儿童存在的问题，并能迅速地找到心理学的依据，实施行之有效的解决方案。读过此书，该教师不仅在日常教学中能够敏锐地观察儿童的学习动态，揣摩捕捉儿童的心理动机，还能通过观察儿童的日常行为，精准地捕捉到儿童的情绪，及时诊断出课堂上所发生的问题，从而更好地为学生提供教学服务。

## （二）教师阅读储备能培养教师的想象力

想象力是对我们感觉不到的事物形成心理图像、语音段落、类比或叙述的能力。想象力其实包括两个方面的能力，一个是联想能力，一个是具象能力，分别对应“想象””中的“想”和“象”。而拥有天马行空的想象力也是教师的必备能力之一，只有教师的想象力丰富，才能够为学生构建充满艺术与美的课堂。阅读欣赏文章中的文本时常会触动教师的心绪产生一定的联想和想象，从而扩展想

---

1　曾祥芹，韩雪屏．阅读学原理 [M]. 河南：大象出版社，1992:300.

象的思域。

我校教师赵军就是通过阅读《未来学校》从而对互联网时代的教育变革有了更深的认识，书中主要介绍了以互联网为代表的新一代信息技术在学校各种主流业务中扩散应用，将实现信息共享、数据融合、业务协同、智能服务，推动教育服务业态转型升级，变革整个学校的运作流程，创造出新的教学方式、教育模式和教育服务新业务，从而构建灵活、开放、终身、泛在的个性化教育新生态体系。这不仅为教师打开了一扇通往未来学校的想象力大门，还让教师透过这扇门对未来学校的教育教学有了一种更加清晰的认知，更是引导和帮助教师对自我教育观念和教学方法进行了一定程度上的审视，以便教师能够更好地适应互联网时代的未来教育。

### （三）教师阅读储备能培养教师的创造力

马克思曾强调："人们是通过自己的创造实践活动来创造自己的历史的，但是人们并不是随心所欲地去进行创造的，而总是在他们直接碰到的、既定的、他们从过去承继下来的文化传统的基础上进行创造的。"[1] 教师正是利用阅读这些继承下来的文化传统，再结合目前所面临的实际教学情况而进行整合和创造，并在这一过程中完善创造力的塑造的。

在小学低年级古诗教学中，李娜老师发现古诗课堂教学中，学生无法理解故事内涵，因此，通过调用自身关于古诗的阅读储备，针对性地设计了一系列儿童化、趣味化的教学环节，在激发学生兴趣的同时，引导学生深入领会诗歌内涵。一方面，李老师基于原有的阅读储备，在课上创设游览祖国山河的情境，学生穿越时空和诗人一起游览，极大地激发了学生的兴趣，使之有代入感；另一方面，李老师通过教师阅读储备的变通转化，把学生带入诗人的故事之中。通过布置任务让学生收集资料，多方面了解诗人和古诗写作地点，让学生成为学习的主体，也让学生在对古诗的理解上有自己的独特见解。

苏联伟大的教育家苏霍姆林斯基说："30 年的经验使我深信，学生的智力发展取决于良好的阅读能力。""缺乏阅读能力，将会阻碍和抑制脑的极其细微的

1 中共中央马恩列斯著作编译局 . 马克思恩格斯选集 [M]. 北京 : 人民出版社 , 1995:585.

连接性纤维的可塑性，使它们不能顺利地保证神经元之间的联系。谁不善于阅读，谁就不善于思维。”[1]阅读是一种以语言符号为媒介，包含丰富的、超越现实生活内容的活动，会让教师的语言系统发育得更好，同时可以让教师的智力背景更为丰富，从而使得思维能力及学习新知识的能力更强。

1　苏霍姆林斯基．给教师的建议 [M]. 北京：教育科学出版社，2011:416.

# 第二节　教师阅读储备的内在价值

教师阅读的价值不仅体现在获取新知、开启智慧等一般价值上，还体现在树立品德、提高审美等内在价值上。长时间进行阅读的教师，甚至还会在一定程度上由内而外地提升内在的精神面貌。对于教师本身来说，在走进孩子心灵的同时，也不要忘记关注自己的内心成长。

## 一、教师阅读储备能够树立品德

陶行知曾说："学高为师，德高为范。"意即学问渊博才能成为教师，品德高尚才能成为典范。说出了作为一名合格教师，除了要有扎实的专业知识，较高的文化水准外，更重要的是要求教师应有良好的道德素质。而阅读对于教师的人生观、价值观和世界观都有着决定性的影响。曾国藩曾说过："静坐自我妄为，读书即是立德。"何为立德？简单而言就是树立一个良好的品德。而教师阅读就像是与一位拥有极高道德修养的人进行面对面的交流，这不仅突破了空间的限制，还突破了时间的限制。同时，教师在与这些贤人智者交流的同时，潜移默化地不断丰富自己的品格。不可否认，教师阅读在教师发展的道路上对教师的品德不断地洗礼与升华，也持续地引领教师塑造自己的职业品德。

### （一）教师阅读储备能够加强教师自身道德修养

教师的职业道德建设不是一朝一夕就能完成的，而是需要长期坚持和塑造的。当然在这一建设过程中，不仅需要社会和学校的共同努力，在根本建设上还需要教师主动加强自身的道德修养。而深入阅读《教育法》《中小学教师职业道德规范》等，把教师职业道德从外在的行为内化为自身的责任与义务，用极高的道德素质水平要求教师自身的教育行为，就是一种很好的方法。那教师能从中读出哪些道德素养要求来提升自己的道德修养呢？首先，要拥有极其高尚的教育理想。一方面，因为教师职业的特殊性，我们不能仅仅把这份职业当作谋生的手段，而是要把这一关系教育的岗位当作一项伟大的事业；另一方面，我们也要有极强的责任心，把每位学生都当作自己的孩子，在尊重学生个体差异的同时，因材施教。其次，要有坚定不移的教育意志，在遇到困难的时候，勇敢向前，耐心分析问题并解决问题。最后，还要有努力向上的心理素质，教师想要将学生培养成全面发展的人，自身就要先成为一名这样的人。而要成为这样的人，强大又稳定的心理素质是少不了的。教师不仅要控制住自己的不良情绪，还要有乐观的工作态度。

### （二）教师阅读储备能够提高教师道德自律意识

人们常常根据教师的职责和重要使命为教师赋予“太阳底下最神圣的职业”等称号。而教师为了不辱使命，就要不断地在阅读中进行自我总结和反思，在进行批判自审的同时，提高道德自律意识。那教师具体应该怎样做呢？首先，教师要积极地阅读一些叙述了优秀的传统道德文化的书籍，如《论语》《中庸》等，在这些书籍里体会道德自律意识中“内省”“慎独”的深远含义。“内省”，简单地说，就是“向内看”，也就是教师要学会对自己进行思想与行为两方面的自省与自教，在这些自我审视与自我反思中逐渐提高自己的道德水准；“慎独”，就是要教师在独处无人监督之时，更须谨慎从事，提高自己的道德认知，坚守自己的道德信念，自觉遵守各种道德准则，从而指导自己的道德行为，做到真正的言行一致。其次，教师要虚心采纳别人的合理建议。只有重视前辈的教诲、采纳朋友的合理建议、尊重家长的看法、学会倾听学生的心声，才会对自己的道德行为有清醒的认知。最后，教师要有“道德定力”，要保持自身道德思想的纯净度，不受身边不和谐声音的蛊惑，坚定自己的道德追求，保持积极向上的工作态度。

### （三）教师阅读储备能够加强教师道德辨别意识

受时代洪流的影响，社会发展的速度越来越迅速及多元，随之而来的是各职业道德指向越来越复杂，人们面临的道德选择越来越多。而教师在这里不仅对学生起到了道德指向的作用，即学生会根据教师的道德指向做出相应的道德判断，还间接影响着整个社会的道德指向，肩负着整个社会的道德取向。因此，教师更要通过阅读训练自己的道德辨别意识，树立正向的道德信仰。我们究竟怎样才能通过阅读强化自己的道德辨别意识呢？首先，教师要转变自己的德育理念，受当今社会科技飞速发展及应试教育的影响，人们更加注重“智”的发展，注重知识和技能带来的效用，忽视道德修养带来的长远作用，减弱道德辨别意识，长期使然，教师就会被错误的认知同化，只重视知识和技能的培养，不重视学生的内在道德修养。因此，我们要通过阅读《现代德育论》等书籍转变自己的德育理念，打破“重智轻德”的教育思想。其次，教师要经常阅读时事新闻，体会社会责任。要想提高道德辨别意识，就要在关注社会动态中，体会社会角色所面临的责任及感知相应道德信息的反馈，总结自己的道德行为。

我校一位新晋数学教师梁宇对此就有很深的感触。这位教师是去年新加入的教师，作为一名新入职教师，教学经验有限，教育教学中时常“不得要法”。该教师偶然间阅读了钱梦龙老师的作品合集，顿时茅塞顿开，也从钱梦龙老师对人生、对教育、对教师的认识和理解中产生了新的教育观点。钱老的书中一开头就诉说了自己是怎样“混”进教师队伍中的，其实论他自己的初中文化水平不仅不符合“学高为师”的要求，甚至是很难从事教师职业的。虽然有着这样堪称教育者缺陷的基础，但从钱老后面“教学细节、细而不小”等文章却可以看出他的师德得到了学生及家长的高度认同。并且能够看出钱老师也一直带着这样澄净的师德毕生致力于教育事业，培育桃李，做学生的楷模。这位教师自此以后就更加注重道德与品行由内而外的整体塑造。

教师的道德品质，不仅是约束自己行为规范的绳索，更要满足教育学生的需要。陶行知就曾说过：“教师职业的特殊在于育人，不仅用自己的学识育人，更要用自己的品格育人，不仅要通过自己的语言去传授知识，还要用自己的灵魂去塑造学生的灵魂。”而有师德的教师，就可以以自己灵魂的亮度化作智慧的火把，点亮学生生命的光辉，培养学生树立良好的道德情操。

## 二、教师阅读储备能够提高审美

审美能力，即指人在生活、工作等场域中对美的感受、鉴赏、评价和创造的能力。是每个人都不可缺少的重要能力，尤其是作为在教育教学活动中以美育人的教师行业。教师不仅要遵循美的规范来要求自己，还要肩负为广大学生进行美育的艰巨任务，塑造出综合素养突出的全面发展的人。因此，教师在有限的时间里利用教师阅读储备高效提升自身审美能力就变得极为重要。

### （一）教师阅读储备赋予教师感知美的能力

教师感知美的能力是指教师对审美对象的感知，即审美感知。审美感知包括审美感觉和审美知觉。审美感觉，是指审美主体通过人的感官及大脑对客观事物产生的主观印象；审美知觉，则是当审美对象与审美主体通过感官直接遭遇时，审美主体对审美对象所进行的综合且整体的把握，它为审美活动奠定了基础。而这一能力则是教师审美能力提升的出发点，只有具备极其敏锐的审美感知，教师才能够从工作及生活中的细微之处感知美。因此，教师通过阅读提升自己感知美的能力刻不容缓。

我校一位英语教师李悦在阅读《慢下来——走向当代审美》这一书籍后，就以其中的“慢速美学”重塑了自己的审美感知。该位教师在阅读前常常因为自己处于一个“速度为王”的工作中而感到焦虑，一方面，这种加速的生活确实为自己带来了很多的便利，另一方面，这种加速生活带来的却是不能放慢的生活与永不停歇且无法慢感知的脚步。这种“加速”把他的审美感知撕碎为一片片看似丰富，实则凌乱的碎片。偶然的一次，这位教师在图书馆里找到了《慢下来——走向当代审美》这本书。从书中他了解到了能让他暂时停下来，重塑自己审美感知的契合点。书中的慢速美学将审美感觉从日常生活中解放出来，它有序地将感觉的过程放慢，慢慢将感觉融入审美体验中。从迈克尔·韦斯利的长曝光火车站摄影，延伸到该位教师的某堂英语课中，班级窗子透射出来的一抹阳光、讲台上被孩子们擦到光亮如新的黑板、一尘不染的洁净的地面、一张张兴趣盎然全神贯注听课时的认真的脸，每个细节都浸润了恰到好处的温柔与美感。这也令这位教师从慢速美学的视角重新观察了世界与教育，重塑了自己的审美感知。

所以，能够感知美是一切审美活动最基本的获得方法。而教师也要通过阅读储备不断地提高感知美的能力，这样才能发现美、创造美。

### （二）教师阅读储备赋予教师创造美的能力

教师创造美的能力是指教师的审美想象能力。审美想象是在记忆表象的基础上，经过有目的地组织和改造，创造新的艺术形象或意境的过程。人类的一切审美活动都离不开想象。而审美的趣味性也更多地体现在想象之中。如果说审美感知为教师进入美学世界叩响了大门，那么审美想象就是为教师插上了翅膀。而阅读就是教师发现美的钥匙，也是创造美的源泉之水。因此，教师扩充审美想象空间，理解审美想象的意义，离不开阅读对教师的帮助。

我校一位语文教师韩可欣就在叶圣陶、丰子恺所著的民国教材《开明国语课本》中，找到了审美想象的意义——安放自己不能沉静的教育之心。尤其是《不用翅膀上天飞》这篇文章，无论是教材的排版，还是图画的勾勒，文字的撰写，都在利用审美想象的力量，向我们娓娓道来这一“文中有画、画中有文”的“风筝放飞图”。该教师在阅读这本教材时，跟随这本教材，回到了一个可能存在过的、充满着人文关怀的民国，感受这本书中所带来的勃勃生机与希望，唤醒了沉睡许久的心灵，也自此反思现在所生存的环境，从环境中感受到想象的沉寂。自此，这位教师在教学中逐渐重视审美想象的力量；在课堂中逐渐引导学生在观察中扩延想象的维度，在讲解贴近生活的名篇时逐渐利用学生曾经的知识建构进行审美想象的展开；或在进行作文练习时打破作文常见思路的桎梏，通过心中的改造再次完成想象的延伸。

图 4-2-1 “开明国语课本·不用翅膀上天飞”插图

而教师也正是通过这一切的审美想象突破了时间与空间的限制，完成了管中窥豹、一叶知秋的思想突破，实现了最大化的思维自由。

### （三）教师阅读储备赋予教师表达美的能力

教师表达美的能力是指教师在生活、工作或是鉴赏艺术作品中深受心灵触动，从而在现实中将美再现和表达的能力，这也是教师所必须提升的能力。从最微观的教学活动来说，它不仅有助于教师本身对教材美的理解，同时，也是教师诠释对教材美的理解，通过更加准确与生动的审美叙述，让学生获得更具美感的知识。

我校一位数学教师张楠，在阅读《小学数学图解公式定理大全》后，理解了表达美的重要性。因为数学学科的逻辑性很强，内部结构严谨并有着极强的系统性。如果单纯孤立讲某一学科的概念、公式和法则，不仅枯燥无味还会使学生不能建立系统的数学知识。该教师很苦恼怎样进行有趣味性又容易记住的知识结构图表。这时该教师阅读了《小学数学图解公式定理大全》后建立了表达美的能力，在教授平面解析几何“直线单元”的时候，就设计出了阶梯式的结构图表，不仅美观，还激发了学生进行数学探索的兴趣。帮助学生领略到了数学结构的协调美。

## 第三节 教师阅读储备的专业价值

苏霍姆林斯基在他的作品《给教师的建议》中就曾指出："读书，读书，再读书——教师的教育素养的这个方面正是取决于此。[1]

如果说一位教师的教育素养主要体现着这位教师的教育策略，那这位教师的专业素养则体现着这位教师学科功底的深浅，学识见解的高低，学术能力的强弱等。由此可见，增强教师阅读储备对于教师的专业发展，有极其重要的专业价值。而从某种意义上来看，进行教师阅读储备与其说是一种生活习惯，不如说是一种职业态度。教师专业发展的方法有很多种，教师或即将成为教师的人们不仅可以从正规师范学校接受师范教育，还可以参加任职学校或在线教育提供的各种培训课程进行自我提升，当然，除了这些外作用力，自身的学习也是不可或缺的一部分，并且自身学习是教师专业成长的关键点，也是教师个体最直接的专业发展方式，而进行大量教师阅读储备就是教师自身学习的主要方式。

不过，虽然教师同样是以读者的身份来进行阅读储备的，但因其带有极其鲜明的职业特点，这也导致教师不能像一般读者那样根据自己的喜好来选择阅读书籍进行储备，而教师们会在一定程度上选择带有职业偏向的书籍来进行阅读储备，所以在这一方面，我们有必要把教师阅读和一般读者阅读进行区分。

### 一、阅读促进教师完善知识结构

无论是教师教育教学实践，还是随着新时代发展对教师提出的新要求来说，教师都不能只学习阅读自己所教学科的知识，而是要建立多层面、多角度的知识结构体系。即形成精专的教育专业知识、广阔的人文素养、深厚的教育理论。

#### （一）教师阅读储备形成精专的教育专业知识

教师的教育专业知识结构分为三个方面，包括本体性知识、条件性知识、实践性知识。而教师进行阅读储备的目的就是深入本体性知识、扩展条件性知识、掌握实践性知识。

1 苏霍姆林斯基 . 给教师的建议 [M]. 北京 : 教育科学出版社 ,2011:416.

### 1. 教师阅读储备能深入本体性知识

本体性知识即特定学科及相关知识，是教学活动的基础。它能最大限度地确定教师教学的正确性。同时，因为受学习过程中学习个体知识的限度和信息化时代知识更新速度增长的限制，如果教师还不尽早进行阅读储备，更新自身本体性知识资源库，教师的本体性知识不仅不能再满足学生的汲取速度，也不能满足日常教学的需要，还有可能因其不能紧随时代性而产生知识性错误，导致误人子弟，造成极其严重且难以挽回的后果。

特级教师华应龙老师曾说过："一个教师不读自己专业以外的书，是不会把这个学科教得很好；但是，如果他不经常阅读自己专业的书，那么也是教不好这个学科的。"[1]他在早期工作时就通过阅读学会了很多教育专业知识，在阅读《小学数学教学指导书》中他学会了有关于小学数学知识的学科脉络和基本教学教法；在阅读《小学数学教学失误分析 100 例》中明白了，数学教学也不能马虎大意、掉以轻心；在阅读《小学数学疑难问题研究》中提升了对小学数学学科知识疑难点的讲解能力。从华应龙老师的阅读经历可以看出教师阅读能够让教师更加深入地了解本体性知识。

再如语文教师石秋分老师在教授《我和祖父的园子》这篇课文的时候，提前阅读了《呼兰河传》，才发现如果教师只单独地从课文文本内容上进行分析只能单薄地体会到"我"对自由和快乐的童年生活的留恋之情，以及对祖父的深深眷恋之情。但在细读整个《呼兰河传》后，我们会发现，该作品以"我"的童年生活为线索，把"我"孤独的童年故事串起来，反映出呼兰这座小城当年的社会风貌、人情百态，从而无情地揭露和鞭挞中国几千年的封建陋习在社会形成的毒瘤，以及这毒瘤溃烂漫浸所造成的瘟疫般的灾难。整个作品的基调是阴郁、压抑的。掩盖在作者童年快乐之下的，是祖父园子的枯败和童年时期只能围绕在祖父身后的悲哀。从这里我们可以发现，教师深入阅读本体性知识后可以更好地引导学生进行文章的分析。

### 2. 教师阅读储备能扩展条件性知识

条件性知识指的是个体在什么时候、为什么及在何种条件下才能更好地运用

1 华应龙 . 我就是数学——华应龙教育随笔 [M]. 上海 : 华东师范大学出版社 ,2009.

陈述性知识和程序性知识的一种知识类型。[1]苏霍姆林斯基曾说过："不掌握教育学、心理学知识，在教育工作中就会像在黑暗中走路一样。[2]近年来，教育学科知识持续深入发展，教育观念日新月异，不断向教师提出了新标准和新要求，时刻提醒教师跟紧时代发展的脚步。而教师作为教育教学活动的引导者，没有教育学理论和心理学理论引导，就如"盲人摸象"般盲目探索，是不可能达到想要的教学效果的。学校针对这种现状，也经常会选择这一部分的知识进行教师职业培训。不过，想要提升丰富条件性知识仅仅通过教师培训是不够的，还需要教师自身的学习，即进行相应的阅读储备。一位有持续阅读习惯，有大量阅读储备的教师，才会根据更科学的学生的身心发展规律指导学生"如何学"，解决"怎么教"的问题。

### 3. 教师阅读储备能增加实践性知识

实践性知识即教师在面临实现有目的的行为中所具有的课堂情景知识以及与之相关的知识，也就是教师解决日常生活中所遇到的教育教学的知识。虽然，从浅层来看增加实践性知识的途径是利用日常教学后的反思，但是，我们应知道的是，能够促进教学反思的前置条件还是在于教师自身的阅读储备量。只有通过持续性的专业阅读，教师才能在日积月累下提升对教育的理解力和判断力，从而产生"质变"，即教学反思提升，教师实践性知识才得以强化。

我校一位语文老师徐颖在上《难忘的泼水节》一课时，学生提出了一个问题：火红的凤凰花为什么会铺成鲜红的地毯？该教师在备课期间并没有发现到这个问题，不过该教师灵机一动，随即就这个问题展开了讨论，有的同学说："是因为花瓣儿少，所以看不出火红的颜色。"有的同学分析："是因为'鲜红'带有革命的色彩。"还有的同学认为："'鲜红'是因为对周总理表示欢迎。"同学们各抒己见都表达了自己的看法，课堂氛围异常活跃。该教师能有这样的教学表现，是因为其在日常生活中总会阅读一些关于教学实践反思类型的书籍，在这样日积月累地坚持阅读之下，逐渐增加了自己对实践性知识的阅读储备。

---

1　赵曼璐．辽西地区小学教师条件性知识掌握存在的问题与提升对策研究 [D]. 锦州：渤海大学，2016.

2　苏霍姆林斯基．给教师的建议 [M]. 北京：教育科学出版社，2011：416.

虽然，目前大多数能担任教师职业的人大都是教育专业背景出身，但这并不意味着可以停止自己对本专业知识的深入挖掘。况且，当我们担任教师职位后，就会清楚地知道在大学所学到的专业知识，有时与真正教育教学实践所需要的专业知识可以说是两种完全不同的形式。怎样快速改变这种局面并迅速加强自己教育教学所需要的专业知识呢？教师可以增加教育教学实践所需要的专业知识储备。而这样的阅读储备因为极其贴近于教师的教育教学实践，对于正在进行教育的教师来说，不仅阅读效果会事半功倍，其储备速度也极为迅速。但需要注意的是，这样进行专业知识的阅读储备，其效果在一开始是非常缓慢的，但是却会持续向上。所以，我们可以多给予教师阅读储备一些时间，从而通过阅读储备对学科专业知识进行深入探讨与学习，从根本上促进教师从教育职业工作者向教育深入学习者角色转变。

### （二）教师阅读储备能形成深厚的人文素养

一位优秀的教师，一定是位文化底蕴深厚的教师。要想成为这样的教师就要有广阔的文化视野，不断加强自身的文化修养，而增加教师阅读储备是教师形成深厚人文素养、独立人文精神的必备条件。

#### 1. 阅读储备哲学书籍对教师的好处

（1）阅读储备哲学书籍可以让教师认清内心，引导学生发展

任何职业都要找到其安身立命的根本，找到自己内心深处的认同感。而阅读哲学书籍可以让我们明确人生的根本问题，也会使原本朦胧不清的内心逐渐清明。而教育者只有能做到自己认清自己，自己引导自己，才有能力和智慧引导学生发展。

（2）阅读储备哲学书籍可以拓宽教师视野，解决教育问题

其实教育本身就是解决问题的过程，每个孩子都有独立的问题存在，这些孩子还会因群体组成范围式的问题。而身为教师，就是要不断地解决这些问题。阅读哲学书籍不仅可以拓宽解决问题的视野，还会帮助我们梳理思路，明确解决问题的方向。使我们从更上位的角度去审视问题，以更灵活的思考解决问题。让我们的教学教育实践发展得更加顺畅。

我对《哲学的故事》这本书的序言节选就深有感触：“在这样一个时期，教师的责任尤为重大，即在“职业学者”与普通民众之间架起一座沟通的桥梁。如

同‘职业学者’学习大自然的语言，教师应该学习术语，从而将这些职业领域内的知识转化为普通民众熟知的语言和表达形式，打破知识与需求间的隔阂。知识若庞杂到无法在民众中普及，则极易沦为经院哲学，甚至演化为民众对权威的盲目迷信；人类也将因此进入对‘职业学者’这个新兴牧师群体无限崇拜的新信仰时代，而人类文明借助教育之普及升华自身的希望行将破灭；同时，作为人类文明垄断者的学术阶层，在日新月异的术语、词汇的重重包围下，也将蒙上一层神秘莫测的面纱，彻底与世人隔离，在无形中侵蚀、动摇文明原本坚实的根基。正因为如此，我们便不难理解詹姆斯·哈维·罗宾逊‘拆除壁垒，还知识于民众’的号召为什么会得到全世界的赞赏和响应。”[1]

不管是什么样的课程，老师的职责在于打破知识与需求之间的壁垒，建起知识和现实世界沟通的桥梁，那么知识将不再是割裂的，老师成为引导者、沟通者，而不是表演者和绝对的权威。知识相对每一个人的需求也是不同的，如果一个热爱生活的人，喜欢家里有鲜花，那么种花养护的知识对她来说就是需求；如果一个人对花粉过敏，那么他的需求就不是养花，而是怎样既能欣赏花的美还能避免过敏。随着壁垒的拆除，今天我们在很多地方都能学到知识，因材施教、因需施教，已经成为学习的一种新的方式。但是讲到这里，我们会发现教师的责任尤为重大，重大之处就在于我们要承担的是修路搭桥的工作，同时也要学会不去灌输，而是引导学生去思考，当学生提出问题的时候，指引方向，当学生找到答案的时候，帮助巩固和理解。

教师的教育教学，只有拥有哲学思想般高屋建瓴的观念，才能培育思想通达、心灵自由、精神高蹈的“真人”，而这也是教育的最高境界。只有具有哲学素养的教师才能明白课堂教学背后的深刻含义，才不会总是进行机械式训练。每个孩童都比成人更加具有“哲学韵味”，教师在阅读哲学的过程中，努力探索学生的内心，与学生的心灵产生共鸣。

### 2. 阅读储备历史书籍对教师的好处

（1）可以使教师“化点为面”

教师只有将已知的学科知识在历史的大背景下展开，才能使原来的单独式、

1 威尔·杜兰特. 哲学的故事 [M]. 北京：新星出版社, 2013.

散点式、多发性知识转化为线性的、串联的、立体的系统性知识。也才能在历史的范畴下，传递出一定的学科感触与人生感悟。

我校一位英语教师张莉云在阅读了一部分英语史的书籍后，就认识到阅读英语史的价值，并总结为以下六点。

1. 英语史可以让我们了解英语学家的生平及贡献。

2. 英语史可以让我们明确英语教育等方面的问题。

3. 英语史可以让我们了解从英语发展与社会发展各方面的关系，包含政治、经济、科技、军事、贸易、宗教、文化、体育以及社会变迁等多个方面对英语的发展和演变问题。

4. 阅读英语史可以让教师对英语发展史上的“外来词的争论”以及“元音巨变”和“语音变化理论”等宏观问题的分析有自己独特的见解。

5. 通过阅读英语史明确英式英语与美式英语的演变流程及差异性，向学生展示两者差别，调动学生兴趣。

6. 从英语史中了解古英语与现代英语的区别，掌握古英语方言的特点后，阅读古英语作品。

（2）促进教师进行多学科融合教学

历史是一座无比丰富的宝库。教师阅读历史书籍不仅能够博古通今，还能在更加深入地了解历史文化并从中汲取丰富营养的同时，从自身学科出发融合历史知识进行教学。

我校一位英语老师张尚祺发现，在英语教学中，存在很多适合引入跨文化交际知识的内容，如在教授“Why do you like pandas？”的时候，就引入了中西文化在历史中对动物的不同认知。从为何北京冬奥会吉祥物没有选择龙来进行探讨。Dragon 在中国代表着吉祥如意，同时也是龙的传人、炎黄子孙的象征，但是在西方文化的历史中，龙却是邪恶的象征。因此，选择可能被“误解”的龙为吉祥物，就不太妥当了。

（3）帮助教师在教学中增强学生的民族自尊心与自信心

阅读历史书籍不仅能使教师自身更加了解历史文化和中国精神，还能在牵引学生在对比中西文化中，培养学生的民族文化自尊心与自信心，让学生不仅为我们拥有勤劳智慧的祖先而感到骄傲，还对自己能创造更辉煌灿烂的明天充满信心。

（4）教师可以帮助学生理清背景思路

学生是在有限的阅读时间和阅读范围内进行成长的，因此，由于阅读眼界的狭窄，在考虑问题时只能凭借现代社会的眼光来进行评判，不能站在宏观的历史角度去思考，这就需要老师做出适当的引导。例如，我校五年级学生在观看《白毛女》后，写了一篇随笔：

今天，我和爸爸妈妈一起观看了《白毛女》。但是有一个问题我却很不理解，为什么杨白劳欠债不还，大家还认为他很可怜呢？借别人钱不是应该讲信用吗？妈妈和我说黄世仁是放高利贷者，在现在也是不受法律保护的，所以杨白劳可以不还这笔钱。可是，在借钱之前杨白劳不就知道借的高利贷吗？如果因为黄世仁家里有钱就要免费把钱借给贫穷的杨白劳，那穷人不就都可以借钱不还了。像杨白劳隔壁的邻居不也是很穷，可是人家也没有借呀！真是奇怪！

对于这样的观点，作为教师肯定不能直接批评或干脆认同，而是要结合《白毛女》故事当时的历史背景下的阶级对立引导学生完成观念上的转变。只有这样，才能在不扼杀学生思考天性的同时，帮助学生正确认识这一故事行为背后的意义。当然，这一引导行为的前提需要教师自身通过阅读懂得该故事背后的意义，才能用丰富的历史内含，引导学生完成思考。

**3. 阅读储备文学书籍对教师的好处**

（1）帮助学生完成文化启蒙

绝大多数学生所接受的文学熏陶是来源于教师，因此教师要尽可能在教学与日常相处中帮助学生逐步养成正确的阅读观并培养其对文学作品的审美判断能力，而这种能力的养成来源于教师孜孜不倦地对文学作品的阅读。

（2）引导教师丰润学生精神世界

学生需要在目前紧张的校园与学习生活中，受到文学的洗礼和浸润，从而丰富自己的精神世界。而教师所阅读的文学书籍，就是帮助学生达成这一目的的最好推手。

我校一位语文教师张一萌在假期阅读了《张晓风自选集》，在被里面的文章深深吸引的同时，也被这字里行间充溢着的文学气息带入一个温情又感性的文学天地，唤醒了他久违地对文学的亲近。尤其是其中的《春之怀古》：

春天必然曾经是这样的：满塘叶黯花残的枯梗抵死苦守一截老根，北地里千宅万户的屋梁受尽风欺云压，犹自温柔地抱着一团小小的空虚的燕巢。然后，忽然有一天，桃花把所有的山村水廓都攻陷了。柳树把皇室的御沟和民间的江头都控制住了——春天有如旌旗鲜明的王师，因为长期虔诚的企盼祝祷而美丽起来。

开学后，这位语文教师在语文课中就把这篇文章读给了学生听，想要借助文学的力量展开这带有中国味道的汉字文化。效果显而易见，这些文字不仅丰富了学生的精神世界，也软化了他们被衍生于课本中成堆的考题磨砺粗糙的心。

教师首先应该是个杂家，然后才是专家，提升教师人文素养，是教育发展的必然，也是教育革新的基础。要实现教师内在知识储备的最大化，就要求教师，除了有目的地研究专业知识外，还要博采众长，阅读各种非专业类书籍，也只有这样才能更多地对学生人生的成长与发展构成正向的帮扶与引导。

## （三）教师阅读储备能够形成深厚的教育理论

教师的终身学习，离不开阅读专业书籍，尤其是进行教育教学理论的阅读储备。好的教师不是照本宣科给学生讲清教科书上的知识，而是要以教科书中的知识为基点，借助阅读储备的力量，引发出无数的思维锚点，结合教育理论，引导学生自我学习。但要注意的是教师在阅读时，要搭建理论与实践之间的桥梁，用理论指导实践，以实践印证理论。

### 1. 阅读储备教育理论书籍有助于教师对教育世界的认识

教师是教育的引导者，而作为目的明确的引导者，从根本上要弄明白“教育是什么”等教育本质问题，而这些问题的答案就在教育理论书籍中。只有阅读这些教育理论书籍才能快速掌握教育的本质，且增加教师对教育整体的理解、对各个教育要素之间关联的把握，并有助于日后对未来教育世界发展所产生的变化做出科学有效的判断和推测。当然，教师阅读教育理论书籍不仅仅能够对教育世界有整体的认识与理解，还能够在这种理解下找到自我理想教育的方向。

### 2. 阅读储备教育理论书籍有助于教师对职业身份的认同

所谓教师职业认同，通俗来讲，就是指教师对所从事的职业从内心对它的价值与意义的认定，并能够从中体验到乐趣与幸福。职业认同是中小学教师能否实现自我成长的内在动力，是能否切实提高教师整体素质的根本原因。因此，教师只有尽早认清自己的专业身份，才能真正地实现专业上的自主发展，而阅读教育理论书籍则是提高教师职业身份认同度的主要方法之一。教育理论书籍中不仅包含教育的本质问题还会明确教育的价值，而这正是帮助教师理解自身定位的重要理论。有助于教师思考自己的职业在社会中的定位，思考自己今后的职业规划及职业发展，思考需要努力的职业方向。因此，只有通过阅读教育理论书籍，才能确定教师的专业身份，才不会因为卷入课程改革的洪流中而无所适从。

我校一位体育老师王飞就在阅读了帕克·帕尔默编著的《教学勇气：漫步教师心灵》后，不仅解开了困扰其多年的困惑，还加深了其对自身职业的认同感，帮助其将教学生活与真实的自己相结合，让其真正从更高层面审视自己的曾经与生活脱轨且僵硬的教育行为，督促自己寻找更好，更完整的教育途径。虽然有时也会对书中所提到的教育认知产生疑问或困惑，也会对这种教育未知产生恐惧心理，认为书本上的东西只是作为理论基础，而不能作为直接的教育解决方案来执行，但却还是克服这种恐惧与未知，选择读更多更有用的书籍，从更多的理论书籍中汲取一定的教育知识，帮助自己从书籍中找到更加优秀的自己，获得更清醒的自我认知。

**3. 阅读储备教育理论书籍能促进教育信念的形成**

教育信念是指教师个体关于某些教育命题的主观看法，并且这种看法是确信为真的先验性假设，具有引导思想和行为的功能，从而使主体在从事与客体相关的活动时具有方向性、坚定性和原则性。[1] 教师的教育信念是教师专业发展的领航灯，切实地影响着教师主体的教育活动，也从源头感染着教师专业发展的轨迹。那阅读教育理论书籍为什么能够促进教育信念的形成呢？这里我们不得不谈论到教育理论与教育实践的关系。教育理论作用于教育实践这点是毋庸置疑的。但教育理论并不是直接指导教育实践，而是上升到思想的高度，迫使教师从更高点审视教育实践并改善教育实践中出现的问题，也就是说，教育理论是通过教育信念来作用于教育实践的。而教师在阅读教育理论知识后理解了教育本质及价值等方面教育理论知识，这些教育理论知识就潜伏在教师思想中，潜移默化教师的教育行为。同时，因为新的教育理论知识的渗入并与旧的教育理论知识融合，就会形成新的教育信念从而影响教师的教育生涯。

1　冯塔纳著 . 王新超译 . 教师心理学 [M]. 北京 : 北京大学出版社 :2004.

我校一位英语教师张欣然就曾在阅读《给教师的建议》后，对自己的教学进行了反思，认识到每位学生都是不同的个体，要因材施教施行全方位的“个性教育”，也只有这种以人为本，关注生命的教育，才能散发出教育的真正魅力。就像孔子之所以能成为“大儒”和“万圣师表”，就在于其能针对自己门下的弟子，找出众弟子所长后因材施教，才能最终使弟子们成才。其实，我们所说的“个性教育”，就是一种根本的教育理念，而只有认识到这一层面，才能真正去关注班级内各个层次的学生，也才能真正做到“因材施教”。

**4. 阅读储备教育理论书籍能促进教师的实践反思**

教师的专业发展源于教师对教育问题的关切，以及对教育实践现状改变的希望。从这里可以看出，教师的专业发展不只离不开教学实践的发生，还要求教师一定要在实践中学习。从目前的情况可知，实践反思已经成为教师专业发展的必备策略之一。而实践反思必须要求教师具有一定的教育理论基础，借助这些基本的理论来描述、分析各种实践情境中所发生的现象和问题，以呈现自己实践经验的方式来开展更有效的教学实践活动。由此可知，在教师实践反思的过程中是不能缺少阅读教育理论书籍增加教育理论储备的。

我校一位班主任教师李思雨就曾经因为阅读了卢梭的《爱弥儿》受到启发，茅塞顿开，教学问题也迎刃而解。起因是因为这位教师刚刚接管一个问题班级担任班主任，常常为这个班级与年级其他班级的差距而感到焦虑。这天午后，该教师通过阅读《爱弥儿》了解到卢梭提倡的自然主义教育思想，即对儿童童真的呵护，就是对人成长需求的尊重。明白了卢梭的自然教育中，尊重儿童身心自然发展的需要并不是要放任儿童的行为，从而“尊重自然”，而是要尊重儿童的内心状态、完整的人格和迫切的精神需要。而之前对班级学生的焦虑，就是被同年级别班同学的标准挟持，才失去了对学生们的同理心。他们只是一群八九岁的孩子，之前自己被一叶障目，只看到了与他们的学习成绩同年级同学颇有距离，却没注重培养孩子良好的习惯、认真的态度和规则意识。而这些才是应该着重培养的地方。正如卢梭所说：“要做到这一点，只要养成习惯就行了，因为习惯可以变成第二天性。”

**5. 阅读储备教育理论书籍能帮助教师获得教育技术指导**

单纯地阅读教育技术书籍，是不能科学地指导教师进行教学实践活动的。为了满足教师教学方法成长的需求，我们应该将教育技术书籍与教育理论书籍一起进行合并阅读。当然，这里是要以阅读教育理论书籍为引导，以阅读教育理论书籍为阅读教育技术书籍提供一定的思考与评价标尺。这样不仅能丰富教师的技术方法，还能为其提供前行的方向，可谓一举数得。

比如，对于正在成长中的新教师来说，像《班主任兵法》这类书籍，虽然能够传递一些应对班级工作问题的具体实施方法，但这些方法一旦脱离了学生的发展及心理，就很容易演变成丧失德育的大型驭人现场，教育的本质将变得不再纯粹。所以，在阅读此类作品前，我们有必要读一读《爱的教育》等既有教育理论高度，又不是特别晦涩难懂的教育理论作品。有了这样良好的师德师爱做基础后，再借鉴具体教学技术时，就自然而然地多了分辨能力，了解什么类型的教学方法可以运用到学生教育发展中，什么样的教育方法有违学生发展，不能用到实际教学中。

总之，在教师的专业发展道路上，整体知识结构的建构完善是教师成长的关键。而教师知识结构建立的主要措施就是教师的自我学习及成长，这离不开阅读。

## 二、阅读增强教师教科研能力

在当今这个飞速变换的时代，教师已经不能依靠原有的教学经验去解决遇到的教育问题，而是要跟随时代的脚步深入教科研，通过不断探索和发现教育的规律，以教育研究者的身份，在教育实践中不断反思自己的教学，才能在研究中解决问题，而其中最简单的方法就是扩充教师自身的阅读储备。只有自身阅读储备丰富，阅读视野广阔，才能帮助教师取得真正有价值的教科研成果。

### （一）教师阅读储备有助于转变教师对教科研的认识

随着我国基础教育的发展，中小学教师虽然在教科研认识的方面与之前相比有了很大的提高，但仍有一部分教师认为只要帮助学生掌握了所教授的知识，提高了成绩，完成了教学任务，就尽到了教师应尽的职责。但事实真的如此吗？实则不然。首先，作为一名教师不仅需要负责“传道、授业、解惑”这些基本的职能，还需要不断地通过教育教学实践进行总结和反思，从而提高自己的教学能力，而这种能力就是要通过教科研将教育教学实践中遇到的问题进行分析、解决，然后再将解决的成果反哺到教育教学实践中。

还有一部分教师认为教科研应该是由专家学者来进行研究的，自己做教科研只会浪费时间和精力，从而影响教育实践能力的提升。其实不然，中小学教师需要充分认识到，教师进行的教育科研工作，虽不同于教师一般的教学经验总结，但更不同于专家学者进行的教育教学研究。而是应该在已有的育教学理论上做出基于教育教学实践的创新与发展，使教育理论结合时代发展更加“落地”。

不仅如此，教科研还是提高教师教育教学质量的动力源泉。经验表明，多数实验学校比一般学校教学质量更加良好的重要原因，就是这些实验学校都承担了许多教改课题，把教育教学中紧迫需要解决的矛盾和问题作为教改实验课题加以研究，然后又用教改实验成果去解决教育教学中问题，如此反复形成良性循环。学校良好教科研氛围的形成促进了教师教科研能力的发展，教师教科研水平的提升拉动了学校教育教学的发展。而教师转变对教科研认识的根本办法，就是紧密结合教师自己的教育实践，通过阅读相应的教育科学理论，不断提高对教科研的认识，总结教育经验，改进教学方法，进行专题研究，不断探索教育教学规律，指导新的实践，才能有效贯彻教育方针，提高教育教学质量。

### （二）教师阅读储备有助于教师找到极具研究价值的选题

在实际教育教学实践中，每位教师都会遇见一些有关于教育教学的问题，而这些问题通常才是真正值得教师研究的教科研选题。我们一直强调教科研的选题一定要来自于真实的教育教学实践，而教科研的成果也一定要用于教育教学实践。但是，我们却不能保证教育教学实践中的每一个问题都值得我们深入探究。其中有两个原因，原因之一就是有的教学问题已经有比较深入且成熟的研究成果，并不需要我们再做重复性的研究工作；另一个原因是有些教学问题本身就比较简单，只需要我们用以往的教学经验就可以应对，完全不到需要研究的程度。说来简单，但是有很大一部分教师却不能够判断有哪些教学问题是必须进行研究的，而哪些问题是没有必要进行研究的。也正因为这样，所以不仅有很多教师并没有找到值得进行教科研的选题，甚至还有一部分教师直到确定了研究选题，研究了一部分不妨去认真阅读吧，在阅读中思考。其实教师的阅读过程，本身就是一个思考的过程，它适时地提升教师的判断力，让我们知道哪些是可以研究的真教学问题，哪些是已有成熟研究成果或不值得研究的伪教学问题。

### （三）教师阅读储备有助于教师梳理研究内容结构

当然，即便我们确定好有研究意义的课题后，却不围绕这一课题进一步梳理出值得研究的内容，确定有价值选题的意义也就荡然无存了。研究内容需要以所选研究课题为基准点，围绕这一核心来进行研究。而需要注意的是，这时的研究内容虽中心点一致，彼此交织，但却是呈散点无逻辑状态。这就需要我们进行一定的筛选，选出最有价值的研究内容深入研究。研究内容是研究思路的具体化，要想明晰研究内容的结构，一方面要对自己的选题有深入的理解，另一方面要利用缜密的思维逻辑，找出研究内容之间与选题之间的紧密逻辑。而整合研究内容的能力，并不是依靠先天的智慧，而是要依靠平时所进行的阅读积累。因为阅读是一种持续性的对思维的锻炼，阅读越多，思维能力就愈加提升，梳理出逻辑缜密的研究内容结构自然也不在话下。

### （四）教师阅读储备有助于教师设计恰当的研究方法

在确定好选题，筛选出逻辑通顺的研究内容后，选用恰当的研究方法也是很重要的。研究方法要根据选题性质，采取更加科学实用的方法来探讨教育学问题，不同的选题所选用的研究方法是不一样的。但很多教师在进行教科研研究时，却无视选题的特殊性，选择的研究方法都大同小异。这些教师一方面是不明白教育教学研究方法都有哪些，这些研究方法又有哪些优缺点，另一方面则是不知道根据自己的选题应该选择哪些合适的研究方法。而阅读有关教育教学研究方法的书籍，充分了解这些研究方法的特性，选择合适的研究方法，这样，不仅深化了教育科研的领悟，还提高了课题研究的过程和成果的可信度。

### （五）教师阅读储备有助于撰写教科研成果

在教师进行教育科研的过程中，教科研成果的撰写更是重中之重。一份优质教育科研成果的撰写，不仅是专家鉴定科研成果的主要依据，还是研究教师与其他学者进行交流的重要凭证。但不少教师对于撰写教科研成果却抱着畏惧不前的心理，他们不怕进行教育科研，但却极其害怕将经验总结成理论，甚至因自己撰写水平的缺失，不能恰当表达出自己的研究成果，导致其影响研究成果进一步推广应用。但是，教师教科研撰写水平却不是一朝一夕地努力就能提升的，它需要经历一个不断积累、不断撰写、不断反思的漫长过程。而阅读并记录随笔就是一个日积月累提升科研成果撰写水平的好办法。

我校为了提升教师教科研成果撰写水平就专门实行了“阅读教育书籍，撰写教育随笔”制度，通过阅读制度的方式促进教师进行阅读，并引导教师进行撰写，使阅读、研究、反思成为教师的一种自觉行为。

### “阅读教育书籍，撰写教育随笔”制度

制定目的：

通过建立“阅读教育书籍，撰写教育随笔”制度，充分激发教师教科研的热情，提高其对教育实践研究的能力，引导教师由简单的知识传授型教师向立足于教学实践和教学理论的反思研究型教师转变。

适用范围：

全体教师（包括在职任课教师，行政教师和二线兼课教师）

相关要求：

1. 关于阅读

阅读形式：线上、线下相结合的形式。

阅读内容：教育理论、教学管理、学校专著、教师随笔等均可。

阅读要求：

需找较为经典的书籍进行阅读。

每两周一本。

每月一次参加阅读交流会。

2. 关于撰写

撰写形式：教学笔记，人手一本。

撰写内容：教育理论感想、教学方面的反思等均可。

撰写要求：

（1）要撰写属于自己思想的真实感受，如引用须标注清楚；非自己撰写的随笔，丧失考核资格。

（2）一月一篇，如有重要事项不能写需提前申请。按时上交。

3. 关于审阅

评审考核依据：（见附表）

评审考核结果：

（1）及时反馈。

（2）作为每月考核的一部分。

（3）作为教师教育科研考评的重要依据。

附表：

表 2：北部新区实验学校阅读教育随笔考核记录

任教年级：　　　教师：　　　　任教学科：　　　　考核日期：

<table>
<tr><th rowspan="2">编号</th><th rowspan="2" colspan="2">考核内容</th><th colspan="4">等级</th><th>得分</th></tr>
<tr><th>A（10-9）</th><th>B（8-7）</th><th>C（6-5）</th><th>D（4-0）</th><th></th></tr>
<tr><td>1</td><td colspan="2">按照要求进行阅读<br>（每周一本）</td><td></td><td></td><td></td><td></td><td></td></tr>
<tr><td>2</td><td colspan="2">按时参加阅读交流<br>（每月一次）</td><td></td><td></td><td></td><td></td><td></td></tr>
<tr><td>3</td><td colspan="2">在阅读交流中能发表自己的看法和见解<br>（积极表达观点、表述言之有理）</td><td></td><td></td><td></td><td></td><td></td></tr>
<tr><td>4</td><td colspan="2">书写格式正确<br>（标题＋时间）</td><td></td><td></td><td></td><td></td><td></td></tr>
<tr><td>5</td><td colspan="2">书面及内容规范<br>（册面整洁、题文一致）</td><td></td><td></td><td></td><td></td><td></td></tr>
<tr><td rowspan="4">6</td><td rowspan="4">教育随笔质量</td><td>由本人撰写</td><td></td><td></td><td></td><td></td><td></td></tr>
<tr><td>内容属教育教学范畴</td><td></td><td></td><td></td><td></td><td></td></tr>
<tr><td>实践与理论相结合</td><td></td><td></td><td></td><td></td><td></td></tr>
<tr><td>内容深刻，给人启发，能向课题或论文迁移</td><td></td><td></td><td></td><td></td><td></td></tr>
<tr><td>7</td><td colspan="2">按时上交</td><td></td><td></td><td></td><td></td><td></td></tr>
<tr><td rowspan="2">简要评述</td><td rowspan="2" colspan="5"></td><td>总分</td><td></td></tr>
<tr><td>评价人</td><td></td></tr>
</table>

教师要想成为极具教育智慧，能够进行教育创新，不断提升自身教育教学水平和专业素养的研究型教师，就要将自身的职业工作与教育研究相结合，这样不仅会拉近教学实践活动与教学研究理论的距离，还能在日常教学工作中不断研究、发现、分析教育实践与教育理论中的问题，从而取其精华，去其糟粕。从这里可以看出，想要加深教师自身教育理论的积淀，就需要持续地学习阅读经典，同时接触新式的教育教学理念，做好教育教学理念的阅读储备。也就是说，只有教师阅读储备达到一定的厚度，教师才更加有可能成为一名合格的教育研究者。

## 三、阅读改变教师教育观念

技术主义是指处理社会生物现象的一种非主体化的，只强调技术的理论形式或思想。当这种思想倾向占领了教育领域，其最直接的后果就是，一方面导致教育完全成为一种模块化、程序化的活动，知识成为被打包出售的商品，教师完全丧失了自己的主观能动性；另一方面，程序化的教师培养出的学生也会成为程序化的人，当学生被当成加工品用“技术”批量生产时，也就只会形成教育者预设中的“完美学生”，而在这一过程中，学生也会丧失自己的主观能动性及自我发展的多方面渠道，丢失在生命发展中所应形成的批判精神，形成完全一致的模块化生命。在技术主义倾向思维影响下的教师观会发生严重扭曲，认为深入化的教师专业发展只是为了增加教师技术的熟练度，从而设计了花样迭出的公开课，各种步骤式学习方法，把教育教学方法更加“工具化”，忽视了教师的职业特点及个性化发展，使教师成为技术的奴隶。但教育真的需要“唯技术是从”吗？不是的。教育虽然本身是具有一定客观规律的，但“教育有法，却无定法”，尤其是当前社会更加注重学生个体生命生长的发展，培养学生适应终身发展和社会发展所需要的必备品格和关键能力，成为一个全面发展的人，而这些远远不是技术主义教育所能带给学生的。

为了消除教育层面的唯技术主义倾向，就需要根据教师的职业特点，转变教师思想和认识，重新明确教师专业发展的方向。叶澜等研究者认为“把教师专业发展理解为教师的专业成长或教师内在专业结构不断更新、演进和丰富的过程。”[1]

1 叶澜等．教师角色与教师发展新探 [M]. 北京：教育科学出版社 ,2001:226.

陈永明认为:“教师专业发展是一个终身教育过程:是一个教师素质内化的过程;是教师专业自我形成的过程。”[1]从这里可以看出,让教师真正认识到“教师的专业发展不是取决于教学技术的熟练等外在因素,而是通过专业理想的建立、专业知识的拓展、专业能力的提升、专业自我的认定这些内在来进行提升”就变得尤为重要。而阅读则是一种非常贴合教师职业特点及职业习惯的提升专业能力的方式。它不仅能增长教师的专业知识,丰富教师的知识结构,还能使教师从根本上转变教育理念,使教师从定式标准化思维转变为更加开放更加注重学生生命发展的思维,从而改变程序化的教学方式,使教学方式更加多样化、个性化。

总的来说,通过阅读的方式,教师可以实现专业发展上的“再创造”,也就是说教师可以在树立更加个性化、开放化的教育理念,塑造新式知识结构的同时,根据新课标的要求,改掉标准化流程式的教学模式,通过不断更新迭代,吸纳、创新,并保持更加不带有技术主义倾向的正确的教学方式。

我校安乐老师就深刻地认识到了这一点。这位教师觉醒的契机在于毕业班的学生返回学校时偶然的对话,这几位学生感慨于自己升入初中后语文素养较为薄弱,不仅没有海淀其他名校的孩子能说会写,思路活跃,甚至于还没有其他学生阅读的书籍多……为了找寻这些问题的真相,这位教师先阅读了魏书生、钱梦龙、窦桂梅等特级教师的案例和著作,并把其教学技巧和思想运用到了课堂上,让学生逐渐爱上他的课,在没有增加课堂时间的情况下,学生的考试成绩有所提升。但他知道仅有教育技巧的课堂远远不能称为好的课堂。于是,他又通读了叶圣陶等大家的著作,试图弄明白“教育的本质”。甚至找到了很多有关于教育理论的书籍,直到阅读了苏霍姆林斯基的《给教师的建议》后,这位教师才如醍醐灌顶,从那时起,他才察觉到他之前所认为、所进行的教育教学都只是在条条框框之下的“应试教学”,而不是真正意义上的“教育”。虽然深感自己知识结构的不完整和阅读底蕴的不深厚,使其无力于对当前中国式教育进行拆解和重建,但自那以后,这位教师的教育理念产生了翻天覆地的变化,至少不再拘泥于“课堂教学目标”“课堂控制”等固定模式了。

从这位教师以阅读改变自己的教育模式及理念的案例可以看出,阅读充分调

1　陈永明 . 现代教师论 [M]. 上海 : 华东师范大学出版社 ,1999.

动了他在汲取新型教育知识及教育理念上的主观能动性，使其不断改变自身教育方面的缺陷，无论是阅读特级教师的教学案例，还是阅读教学理论书籍都使他从中收获了教育相关知识，并从根本上提高了教育思考能力，促进其专业发展。

## 四、阅读帮助教师突破“高原期”

“高原期”来源于“高原现象”，它是教育心理学中的一个概念，即在技能学习过程或技能形成过程中，在一定时期内出现的进步状态停滞不前甚至下降的现象。而对于许多教师来说，有时会遇到这样一种情况：在某一特定时间段，会觉得很迷茫，找不到前进的方向，工作效率也变得非常低，甚至个人发展停滞不前。这种现象就是教师发展的“高原现象”，这段时期则被称为“高原期”。

虽然说“高原期”是大多数教师在专业发展过程中所要经历的必然过程，但同时也是教师专业发展走向阶段性成熟的表现。如果顺利度过这种教师专业发展的“瓶颈”，那么其以后的职业生涯将迎来一片坦途。怎样才能更好、更快地进行调节，以度过“高原期”呢？其中最重要的调节方法就是帮助教师寻找自身成长的新的动力和增长点，即进行“异质介入”。所谓“异质介入”，是指用有异于以往重点关注内容的介入来激发教师的动力以获得专业持续发展的过程。从发生“高原期”的教师群体来看，这些教师一般已经都步入中年，此时的他们，经过多年的教育教学实践，已经有了较高的教育水平，甚至有很多教师对其所教的学科内容已经“倒背如流”。因此，长期教授同质性内容不仅无法对其专业发展起到推动作用，而且经常重复性地陷入同质内容里，还会导致其视野受限、思维固化，对教师职业兴趣点的吸引也会越来越弱，使教师的专业发展受限。

这时我们就需要“异质”内容的介入，给教师原有的已经固化的知识系统，注入新的血脉和力量，使其在受到冲击后做出必要的自我调整，从而快速度过教师专业发展的“高原期”。而获取“异质”内容的主要途径就是增加教师的阅读储备。通过开展教师阅读，增加阅读储备量，来了解学习一些有关于教学更深层次或更广维度的知识。这些知识既可以是与专业内容有关的新式教学理论，也可以是所教学科以外的知识。这样不断地汲取更新，不仅可以为教师提供新的教学角度，还可以时刻让教师的思想与灵魂与时俱进，摆脱自身专业领域的束缚，为教师的专业发展提供源源不断的想法与内容，从而找到新的教育教学突破口，让教师职业生涯焕发新的活力。

我校语文教师李娜就有过这样的经历，这位教师在刚刚进入教师职业时就对小学语文教学中的神话教学颇有兴趣，在经过一段时间的教育实践及研究后，她就在诸多语文教学报刊中发表了多篇关于小学语文神话教学的文章。按理来说，这位教师已经取得了一些成绩，但经过她的调查却发现，这些文章带给一线小学语文教师的启发却微乎其微。于是，在神话研究方面，她感觉到更加迷茫甚至陷入了研究困境。她再次将自己的研究成果重新审视了一遍，才发现原来自己对于神话教学的研究，只停留在了表层，即“如何进行神话教学”上，却对神话教学缺少系统而深入的有关历史背景方面的研究。而想要加强这一方面的研究，不仅要了解与神话相关的语文知识,还需要历史、美学等多方面不同的知识体系。于是，她就找到这些相关知识的书籍，通过阅读，持续性地弥补自己在这一方面的知识缺口。她逐渐从阅读中了解到神话教学的本质并不是把教材中的神话文本进行细致的分析，而是要根据神话背后所涉及到的历史文化来进行教学。就像各国流传下来的“创世神话”，其本质就是反映原始人的宇宙观，用此解释天地是如何形成的，人类万物是如何产生的。在对这些神话有了一定的了解和认知后，她还在课堂上与学生一起讨论，以这种方式来深化同学们对神话的认知。而在这一过程，她就自然而然地通过阅读加深原本的研究深度，向神话研究得更深更开阔领域挖掘。而帮助她完成语文教学中神话研究“高原期”突破的，就是持续的阅读储备。

利用阅读突破“高原期”更有助于激发教学热情。有些教师陷入“高原期”的原因不在于专业发展，而在于不清楚自己在接下来的职业生涯中的目标。没有目标就更不用谈及生涯的方向。这些教师往往因长时间的职业生涯，得到了令自己满意的回报，从而丧失了继续奋斗的精神状态。而想要找到切断教学热情的根源及恢复教学热情，阅读就是比较有效果的方法之一。部分教师失去教学热情的原因，从阅读《教学勇气：漫步教师心灵》中就可以知道：

“教师们常常遭受解体的痛苦。表面上，这种痛苦是因为那些加入学术群体的人发现自己与同事和学生处于疏远、竞争和冷漠的关系。在更深层次，这种痛苦更多的是精神层面的，而不是社会学层面的：这种痛苦来源于切断了与我们自身真实的联系，切断了与我们投身教学热情的联系，也切断了与心灵的联系，而心灵才是干好所有工作的源泉。”

从帕克·帕尔默这里我们可以得知，切断教学热情的就是教师群体在教学中对自身认同的缺失。这也是大部分教师长期处于“高原期”的原因。了解了根源，我们就可以用通过阅读相关书籍，帮助自己快速地走出“高原期”。

总而言之，突破“高原期”的关键不仅在于教师要时刻阅读进行专业上的成长，还要通过阅读重新激发自己的教育热情，也只有这样才能打破教师职业生涯的屏障，有效解决教师道路上停滞不前的状态，使教师生命得到新的升华。

## 五、阅读辅助教师创设高效课堂

教师的阅读不仅使自身得到专业发展，还通过课堂作用于学生。受职业影响教师对教材的深入研究必不可少，但教师也要明白如果阅读视野仅仅局限于教材，未免过于狭窄。教师的阅读视野要变得非常广阔，既要阅读教育理论书籍，也要阅读教学实践类书籍，紧跟教育洪流；既要关注成人视野下能够润泽生命、启迪心灵的读物，也要阅读符合儿童视野充满童趣童真的儿童读物；既要倾心研究经典著作，也要跟随时代的脚步拥抱不同风格的作品。而广阔的阅读视野也是创设高效课堂的前提条件。

### （一）精读新课标，确定课程新思路

《义务教育语文课程标准（2022 年版）》中提到了很多关于学生阅读与鉴赏方面的要求及标准（详见下表），但回顾以往的阅读教学，却会发现教师们远远没有达到要求标准，甚至因为受课时的限制，教师往往使学生的阅读止步于课内，重点的整本书阅读也只做了简单的指导阅读，没有发挥出教师在阅读课堂内应有的引导作用，而这也是出现阅读“无效”课程的根本原因。

表 3《义务教育语文课程标准（2022 年版）》阅读与鉴赏方面标准

| 学段 | 要求 |
|---|---|
| 第一学段（1–2 年级） | 1. 喜欢阅读，感受阅读的乐趣。学习用普通话正确、流利、有感情地朗读课文。学习默读。 |
| | 2. 结合上下文和生活实际了解课文中词句的意思，在阅读中积累词语。认识课文中出现的常用标点符号，在阅读中体会句号、问号、感叹号所表达的不同语气。借助读物中的图画阅读。 |
| | 3. 阅读浅近的童话、寓言、故事，向往美好的情境，关心自然和生命，对感兴趣的人物和事件有自己的感受和想法，并乐于与他人交流。诵读儿歌、儿童诗和浅近的古诗，展开想象，获得初步的情感体验，感受语言的优美。 |
| | 4. 尝试阅读整本书，用自己喜欢的方式向他人介绍读过的书。养成爱护图书的习惯。 |
| | 5. 积累自己喜欢的成语和格言警句。背诵优秀诗文 50 篇（段）。课外阅读总量不少于 5 万字。 |
| 第二学段（3–4 年级） | 1. 用普通话正确、流利、有感情地朗读课文。初步学会默读，做到不出声，不指读。学习略读，粗知文章大意。 |
| | 2. 能联系上下文，理解词句的意思，体会课文中关键词句表达情意的作用。能借助字典、词典和生活积累，理解生词的意义。在理解语句的过程中，体会句号与逗号的不同用法，了解冒号、引号的一般用法。 |
| | 3. 能初步把握文章的主要内容，体会文章表达的思想感情。学习圈点、批注等阅读方法。能对课文中不理解的地方提出疑问，乐于与他人讨论交流。 |
| | 4. 能复述叙事性作品的大意，初步感受作品中生动的形象和优美的语言，关心作品中人物的命运和喜怒哀乐，与他人交流自己的阅读感受。诵读优秀诗文，注意在诵读过程中体验情感，展开想象，领悟诗文大意。 |
| | 5. 阅读整本书，初步理解主要内容，主动和同学分享自己的阅读感受。 |
| | 6. 积累课文中的优美词语、精彩句段，以及在课外阅读和生活中获得的语言材料。背诵优秀诗文 50 篇（段）。养成读书看报的习惯，收藏图书资料，乐于与同学交流。课外阅读总量不少于 40 万字。 |

续表

| 学段 | 要求 |
| --- | --- |
| 第三学段（5-6 年级） | 1. 熟练地用普通话正确、流利、有感情地朗读课文。默读有一定的速度，默读一般读物每分钟不少于 300 字。学习浏览，扩大知识面，根据需要搜集信息。 |
| | 2. 能联系上下文和自己的积累，推想课文中有关词句的意思，辨别词语的感情色彩，体会其表达效果。在理解课文的过程中体会顿号与逗号、分号与句号的不同用法。 |
| | 3. 在阅读中了解文章的表达顺序，体会作者的思想感情，初步领悟文章的基本表达方法。在交流和讨论中，敢于提出看法，作出自己的判断 |
| | 4. 阅读叙事性作品，了解事件梗概，能简单描述印象最深的场景、人物、细节，说出自己的喜爱、憎恶、崇敬、向往、同情等感受；阅读诗歌，大体把握诗意，想象诗歌描述的情境，体会作品的情感。受到优秀作品的感染和激励，向往和追求美好的理想。 |
| | 5. 阅读说明性文章，能抓住要点，了解文章的基本说明方法。阅读简单的非连续性文本，能从图文等组合材料中找出有价值的信息。尝试使用多种媒介阅读。 |
| | 7. 背诵优秀诗文 60 篇（段），注意通过语调、韵律、节奏等体味作品的内容和情感。扩展阅读面，课外阅读总量不少于 100 万字。 |

从新课标提出对学生阅读与鉴赏中的新标准中，我们可以发现，不仅仅在阅读方法方面与时俱进，在阅读面方面也进行了大幅度的扩展。显然，在以往的传统阅读教学的课堂，也就是研究教材中的单篇课文，已经不能满足全面提升学生阅读素养的新要求了。因此，我们应该利用“1+X”群文阅读或整本书阅读等综合阅读方式全面提升学生的阅读素养。

如在教授部编版六年级下教材中《鲁滨孙漂流记（节选）》一文时，我们就可以结合与单篇文章相应的整本书阅读，重新进行教学规划，以整本书阅读与单篇阅读相结合的方式，分时期拓宽学生的阅读视野。

| | |
|---|---|
| 第一时期 · 导读 | 教师带领学生导读《鲁滨孙漂流记》，通过作者背景探索、重点角色介绍等激发学生的阅读兴趣。 |
| 第二时期 · 自读 | 利用学校阅读课与自习课，自由阅读《鲁滨孙漂流记》，教师在此期间可以引导学生利用思维导图等方式，自由梳理书中人物关系、情节等。 |
| 第三时期 · 精读 | 在课堂上带领学生精读课文《鲁滨孙漂流记（节选）》。教师需引导学生利用多种方法将课文内容与整本书内容进行对接与渗透。 |
| 第四时期 · 选读 | 精读课文后，再次进行《鲁滨孙漂流记》的整本书阅读。让学生利用课上所学的方法，选择一篇或几篇节选文章进行精读。 |
| 第五时期 · 研读 | 这是一节阅读分享交流课，学生们围绕《鲁滨孙漂流记》整本书进行交流与分享，可以交流自己的阅读感受、学到的阅读策略、遇到的阅读问题、受到的心灵洗涤等。 |

图 4-3-1 《鲁滨孙漂流记》整本书阅读课程模型

## （二）阅读新理论，自主开发新框架

除了课程思路上的创新，教师还可以阅读一些理论的书籍，像《小学适性阅读策略的学与教》《教师如何教学生阅读》《如何培养孩子的阅读力？》等书籍，帮助教师对阅读教学有更新的认识的同时，还对教师的自身发展及学生的阅读策略有极强的指导意义。为此该名教师自主开发基于理论基础的微课阅读策略课程框架，帮助学生进行阅读策略的补充与学习。

整本书阅读策略

联动策略　体验策略　预测策略　统整策略　提问策略　对比策略　批注策略　推论策略　图像化策略

图 4-3-2 整本书阅读策略框架

别看这些小小的微课，时长较短，但却极有针对性地帮助了学生进行阅读策略的学习，同时，因其独特的线上模式，配合课件的展示，帮助学生随时查漏补缺，便于学生的日常学习。

### （三）汲取新经验，加强实践新方法

当然，从教育理论到教学实践，除了基本的教学标准，还需要一定的实用策略，而这也正是打造高效课堂的又一捷径。教师可以阅读相应的教育实践书籍，根据这些前人的教学经验开展更加深入的教学实践。同时，在面对不断更迭的教育改革时，这些前人也是教育道路的先行者，给予了后人课程实践与改革的勇气。

我校教师方子怡在阅读《群文阅读的基本课型及其结构》时，就受到了其中“审美体验式”课型的启发，在教授《山居秋暝》时，就围绕“王维诗中画”为主题，选择了《竹里馆》《鸟鸣涧》《辛夷坞》等诗为组诗进行诵读和学习，意在帮助学生体会王维“诗中有画，画中有诗”的美学特征，并从中理解诗人的空灵心境。

## 第四节 教师阅读储备的社会价值

### 一、教师阅读储备引导全民阅读

阅读不仅是教育者的大事，更是一件与国家未来紧密相关的大事。我国不仅仅在党的十八大报告中提出要“开展全民阅读活动”，还大力推动全民阅读的具体实施举措，由此可见，全民阅读的重要性。

教师阅读储备是推动全民阅读的关键节点，也是全民阅读的重要引领者。九年义务教育时期不只是学生知识奠基的最重要时期，还是学生在日常生活中塑造世界观、人生观、价值观的重要时期。由此可知，对中小学教师提出的素质要求必不可少。而阅读则是提高教师思想品德、审美情趣、知识容量等方面的最好方法，并且九年义务教育时期是提升学生全面素质的最好时期。因为，教师阅读储备不仅可以提升教师本身的素养，还能依靠阅读媒介带动学生进行全面阅读，推动家长进行全民阅读，从而推动整个社会面上的全民阅读。如果说教育是社会不可撼动的基石，那九年义务教育就是民族未来的希望。随着我国社会和经济的发展，虽然已全面普及了义务教育，让学生能够坐在课堂里接受基础教育，但基础教育的质量提升问题仍旧至关重要。而提升这一基础教育质量的方法，仍旧是阅读。只有教师热爱阅读，才能促使学生热爱阅读，而在这样书香氛围的熏陶下，才能上至校长、下至教职工都能在精神面貌等方面受到阅读书籍的影响。也只有这样，才能培育出德、智、体、美、劳全面发展的人。未来社会的竞争，已经不单单指人与人之间的学历竞争、工作经历竞争，更多的是人与人之间本身的素质竞争。而一个民族想要站在竞争的顶尖位置，凭借的就是大量具有竞争力的高素质人才，而这更加凸显了阅读的重要地位。

我们经常能看到媒体上有很多小学生接受小记者采访的视频，其中有一些小学生在接受采访时表现得非常出色，不仅表达自信且从容，甚至能引经据典表达自己的观点，同时从回答的字里行间还体现了对社会的责任感。在仔细提问之后发现这样的学生，都有坚持阅读的习惯。从这里也可以间接看出保持阅读习惯对于推动全民素质提升的重要性。教师阅读储备是教师素质提升的必由之路，只有真心热爱阅读的教师，才能不断地以自身的阅读知识储备引导学生发展，以优质的德行塑造品行高尚的学生。也只有热爱阅读的老师，才能培养出热爱读书的学生，也只有热爱读书的学生，才能推动家长热爱阅读，从而改变家庭、学校、社会，从而通过全民阅读推动全民素养的提升。从这里来看，教师阅读储备可以说是全民阅读推动工作的源头，也是构建“家校社”阅读图谱的入口，更是深入推动全民阅读的有力引擎。同时，教师阅读储备还是一种担负在教师肩头沉甸甸的责任，是每个家庭的希望，也是国家的未来。

## 二、教师阅读储备推动文化传承

英国学者塞缪尔·斯迈尔斯说：“神像巨塑、神庙终归要腐朽、剥落，而书却与世长存。伟大的思想不会因为时间流逝而衰老。时间的流逝淘汰了糟粕之类，只有那些真正的精华才能流芳千古。……书籍是一种活的声音，它是我们永远尊重的代表。我们至今仍受着古代先哲的影响。”[1]一个国家、一个民族的文化最基本的特征就是传承，而文化也会在传承中得到持续的发展。这不仅因为中华民族是一个崇尚阅读的民族，还在于阅读本身能够在传播科学、人文等知识的同时，可以开阔人们的阅读视野，培养人们的创新精神，在促进人们德、智、体、美、劳全面发展的同时，促进社会生产层面与社会精神层面共同发展，从而使得中华民族优秀文化得以传承。

教师阅读储备是文化传承的推手。随着社会信息化程度高速发展，文化的传承正在遭受着不同程度的冲击。一些传统文化与经典文化被恶搞、歪曲，甚至造成一种文化的衍生甚至停滞。这也极度可能导致文化的消亡，即赫胥黎所说的“无人想读书，无人想知道真理，文化成为滑稽戏”。面对这种情况，教师阅读储备在文化传承中的选择推动作用就逐渐显露出来。一位能推动文化传承的教师，一定事先阅读了很多经典作品。这些凝聚民族精华、时代精神的经典作品被教师阅读后，产生了一种文化传承的助推力。教师可以借助这种力量，在庞大的信息库中，筛选出真正值得传承的文化内容与文化精神，让这些作品以不同的方式和角度出现在学生的生命中，渐渐融入学生的血和肉中，冥冥之中，影响并伴随学生的一生。

1 张印三. 名家读书箴言 [M]. 青岛：青岛出版社 ,1993.

教育家许嘉璐就曾指出："一方面我们要发展，不发展中华民族无以立足；另一方面发展太快又带来很多问题，怎么办？我们需要沉静，要从浮躁、浮夸、浮肿中落到地面上来。第一是好学，要多读书。第二要深思，只有深思才能产生智慧。深思就要反思传统，从祖先的智慧中汲取营养。我们要从中华文化中汲取智慧，把古人的智慧拿来创造出适合今天、适合未来的'智'。这就需要我们读书。我相信通过读书，中国会再次产生出像孔子、老子一样的大思想家，贡献出社会发展和人类前进所需要的智慧。"[1]

而一个阅读了大量经典作品的教师，就像一位优秀的引领者，他不仅会将学生引领到智慧之海上，还会将学生引领到传承之路上。而文化绝对不是仅仅因在经典中存在才得以传承，而是要在阅读经典的过程中不断地理解、融合、创新，让文化传承在我们的手中创造新生。

我校语文老师相里晚彗就在教学过程中有过这样的经历。她平时在学校中非常严肃，有位学生向她请教 "君子食无求饱，居无求安，敏于事而慎于言，就有道而正焉。"的意思。她没有给予解答，反而是给学生推荐了《论语译注》这本书。开始学生很不理解，甚至有些埋怨这位老师没有及时给予指导。但在艰难地阅读完此书后，学生才发现，不仅解决了当初困扰自己许久的问题，还在书中获得了很多中国传统文化的知识和智慧，不知不觉就成为中国文化的小小传承人。

## 三、教师阅读储备促进社会和谐

在物欲横流的当今社会，人们心浮气躁。一方面，人们的精神世界更加空虚，这也会导致人们严重的精神危机、情感危机甚至道德危机；另一方面，现代工业技术和科学技术越来越先进，人们的能动性越来越提高，但人们心里也越来越压抑，甚至时常感到迷失，找不到自己的价值，人的自我和谐成为空中楼阁，社会和谐更是任重道远。

教师阅读储备就是促进社会和谐的最好方法。教师阅读储备不仅能净化教师心灵，让教师远离浮躁，还能通过书籍中高屋建瓴的视野、优美的文字叙述、经典的人物形象，帮助学生分辨生命中的丑恶，揭示人生的真理，以一种潜移默化

---

1　许嘉璐 . 阅读对当今中国具有紧迫的现实意义 [J]. 中国出版 ,2007(05):13-16.

的方式影响着学生的思想。引导学生通过阅读更好地分辨美丑和善恶，使学生的心灵变得更加宽广和辽阔，同时，也为学生心灵提供一片温暖宁静的港湾，以便其更有针对性地对抗世界的喧哗。

“从终极目的上说，读书是建造一个完全属于自己心灵的世界的过程。人读书越多，越不会被外在的环境所困扰，越不会被寂寞孤独这样可怖的东西所折服，因为书籍逐渐在人的心灵里建造了一个完全独立于外界的力量的王国，这个王国是被心灵完全拥有的，在这个世界里栖居着令人神往的古今中外丰富而伟大的灵魂。当一个人的心灵完全拥有这样一个王国的时候，他灵魂的承受能力会有多么坚强！因为他完全不需要依靠任何外力来支撑他的生命。”[1]

而利用教师阅读储备引导学生完成阅读，实现自我的和谐，也就是促进人与人之间，人与社会之间，人与自然之间的多重和谐。

1 王强 . 人生最大的捷径就是读一流的书 [J]. 中学时代 ,2019(08):18.

# 第五章　循因·教师阅读储备的现状透视

当代教师的阅读储备现状，不仅与教师职业生涯、自身的发展密切相关，还关乎学生的健康发展与茁壮成长。教师不仅是教学过程的组织者、指导者，意义建构的帮助者、促进者，还是促使学生走向社会、走向世界的培养者。教师自身素养的发展不仅影响着学生的受教育水平，更是从根本上决定了学生今后的世界观、人生观和价值观。因此，对教师阅读储备的现状进行透视，分析目前我国教师阅读储备存在的问题，梳理问题下教师阅读储备探索与示范的经验，以及对我校教师阅读储备的调查结果与分析都具有重要意义。

# 第一节 我国教师阅读储备存在的问题

关于我国教师阅读储备存在的问题，除了理论或经验式的研究之外，更多的学者是从实际出发，通过访谈、调查问卷等方法对教师的阅读储备现状进行调查研究，发现我国大部分教师的阅读储备情况并不理想，仍存在诸多问题。

## 一、教师阅读动机存在的问题

### （一）教师职业认同感不强

教师职业是传承人类文化发展及科学发展的纽带，在很多历史时期通常具有极其崇高的社会地位。但近年来，随着社会的发展，教师的职业认同感却持续走低。那教师的职业认同感是什么呢？教师的职业认同感是指教师内心接受教师职业，对教师职业积极认知和正面评价，并且愿意长期从事教师职业的主观感受。教师的职业认同感是促进教师专业成长的内在动力，是教师职业幸福的重要源泉，也是干好教师工作的重要前提，还是影响学生发展、学校发展乃至社会发展的重要因素。只有职业认同感较强的教师，才能因为对自己的工作满意而会更想要增强自身的职业素养，深入发展教师阅读储备。当然，教师的职业认同感降低不仅在于教师工资水平较低、教师工作量大、责任重大等客观因素，更在于教师在入职前心怀教育之梦，对该职位期待值很高等主观因素。这里分别列举了两位学者对城市和乡村的教师职业认同感的调查：

谢凤丽通过调查发现，教师在被问及“如果有机会选择其他行业（也是稳定的），你会离开教师岗位吗？”这一问题时，76.19% 的教师表示愿意离开教师岗位；14.29% 的教师表示无所谓，只要是稳定的都可以；只有 9.52% 的教师选择仍然坚持选择做老师。[1] 从数据上可以看出，大部分教师对于自身的教师职业认同感略低，如果有机会选择，很大一部分人不会再从事教师这一职业。这在于年轻教师没从事这一职业前，往往被这一行业的寒暑假期福利、经济稳定、对待女性友好等职业标签所吸引，但却又经常被职业现实所打击，手忙脚乱地完成自己

1 谢凤丽 . 小学教师阅读现状调查研究 [D]. 湖南师范大学 ,2016.

的教学任务，自然也就无心阅读。而老教师则是因为工作时间长进入了职业的“高原期”，对于职业不仅丧失了热情，还有了“得过且过”的工作态度，认为与其把时间花费到阅读上，还不如把目标放在紧抓学生们的分数上。

刘新则是把目光放在了对乡村小学教师的调查中，他发现乡村教师的职业认同感普遍较低。因为，在义务教育阶段的乡村学校虽然会对教师阅读提出一定的要求，但是迫于乡村教师工资普遍较低、教师生活琐碎、农忙时期较为繁忙等情况，教师更愿意在课余时间兼职其他工作赚取金钱，而不愿意花费更多的时间阅读，提高自身的阅读素养。[1]

### （二）教师专业发展意识淡薄

教师专业发展是指教师作为专业人员，在专业态度、专业理念、专业知识与能力等方面不断发展和完善的过程。[2]

因为教师职业的相对稳定这一因素，大部分教师都没有清晰的专业发展路线，也没有明确的专业发展方向，甚至一度对专业发展感到迷茫。而教师专业发展意识淡薄导致的后果是在实际教学中有相当大一部分教师不重视自己专业方面的发展与成长，阅读的内容面更加偏向娱乐化，忽视了对专业书籍的阅读和向专业学习方面的研究，也错失了凭借专业阅读实现自我成长的机会。当然，这也可能和义务教育阶段教师的教学内容比较简单有关，作为接受过优质教育的教师群体，他们在日常教育教学中可能不需要花费大量的时间进行专业上的深入研究，只需要凭借以往的教学经验及教育教参就可以承担教学任务，没有遇到过多的教育教学压力，自然专业发展意识就比较淡薄。这里列举了两位学者的调查：

某学者在进行访谈调查中谈到教师的未来，发现教师们大多认为“教师职业就是拿到了公家的饭碗，只要按部就班教好学生就可以”“反正自己也没有成为名家的心”。在被问及有没有阅读有关教育理论书籍，是否形成自己的教育体系问题，教师们大多认为“阅读教育理论书籍肯定是有帮助，但因为生活没时间去阅读”“教学体系的形成是在日常教学过程中形成的”。面对学校偶尔组织的教

1　刘新 . 农村小学教师阅读现状的调查研究 [D]. 山东师范大学 ,2013.

2　李志军 . 阅读 : 赋能教师专业发展 [J]. 华人时刊 ( 校长 ),2021(05):43-44.

师培训，教师们也大多认为“没有帮助到实际教学”。

曾佳柔在针对小学语文教师专业阅读的调查中发现，被调查的小学语文教师们“因自身兴趣爱好进行专业阅读”这个选项勾选为“不太符合”和“非常不符合”的人数较多。由数据可知，小学语文教师缺少足够的内在动机进行教师专业发展。在访谈过程中则发现只有极少数教师会进行专业发展方面的阅读，并且多数进行专业发展方面阅读的教师也是由领导下达阅读任务，或是真的在日常教学中遇到了一定的教育问题或需要理论支撑论文发表，才会进行专业发展方面的教育阅读。[1]

### （三）教师阅读功利化问题

洛克早在《教育漫话》中就提道：“决不可把读书当作一种任务，也不可把读书看成一种工作。”[2]而随着社会的发展，社会功利化日渐加重，导致了教师阅读的动机也不再那么纯粹。除了占有很大比例的放松型消遣阅读外，更多的教师是具有一定功利性的目的进行阅读的。如为论文寻找足够的文献材料，解决教学问题，甚至出于“升职加薪”的考虑等。当然，带有功利性的教师阅读也并不全然都是缺点，毕竟它促使教师阅读行为的发生与保持，并且可以直接解决教师在日常教学过程中所碰见的教学问题。但是，我们也要明确这种功利性教师阅读所带来的问题。当阅读行为不是发自教师内心所促成的直接行为，而是由于某些硬性问题导致其强制性发生时，教师阅读的动机也会在这种缺失主动性的阅读行为下持续减弱，教师也会时刻保持只能看见面前的短时效利益而忽略了以后教学生涯的长远发展。那我国当下教师阅读功利化现状究竟是怎样的呢？这里列举了两位学者对教师阅读功利化问题的调查：

钱爱芙学者在调查江苏省常州市湖塘桥中心小学教育集团全体语文教师时发现教师在阅读动机上存在过于功利化的问题。表现在很多教师在文学面的阅读范围仅仅体现在考试常考的四大名著中，而对于现当代名作和外国佳作却较少涉及到。而能帮助教师进行教学备课的参考书和教育教学杂志在教师阅读选择的范畴

1　曾佳柔 . 学语文教师专业阅读现状调查研究 [D]. 上海师范大学 ,2020.

2　约翰·洛克．教育漫话 [M]. 北京：教育科学出版社 .1999.

内更是名列前茅，这一方面说明了这些书籍的阅读确实帮助了教师的教学工作，但另一方面，一部分教师也确实过于依赖教参提供的教学思路，导致课堂缺乏一定的创新；同时，还有一部分教师只有在进行教科研或者课题撰写的情况下，才会主动进行教师阅读储备。[1]

张秀明学者在调查江苏省阜宁县初中语文教师阅读内容时发现，教师阅读动机的功利性非常严重。学校和家长看中学生的成绩，教师在阅读中就会选择针对教学考试的内容进行教辅。并且，在评定职称时的硬性条件是研究型论文的发表，教师因此在阅读中就会倾向与论文研究方向相关的大量文献资料，甚至当自己身体出现问题时，也会读一些有关医学方面的书籍。总而言之，就是需求的提出，需要什么读什么，而这就会使读书越来越功利化。[2]

## 二、教师阅读内容存在的问题

### （一）教师阅读“偏食化”问题

在分析教师阅读“偏食化”问题前，我们需要先知道什么是教师阅读的“偏食化”。顾名思义，如果以人吃饭为比喻，一个人在吃饭时只挑自己喜欢的，而不考虑营养的均衡，那么，就很容易出现身体上的营养不良。教师阅读储备也是如此，如果一位教师只阅读那些轻松的、娱乐的读物，虽然读起来愉悦不费事，但收益却不大，或者只阅读人文素养书籍而不阅读教育理论书籍，也就是说只阅读一类单一类型的书籍，那么，就很容易出现教师阅读储备上的“营养不良”。而这，都可以被称为教师阅读储备的“偏食化”问题。而教师阅读“偏食化”问题的出现不仅会导致教师只能获得浅层及短时间内的心理愉悦和心理满足，还会缩小教师的阅读广度，使教师在阅读后没有实质性的阅读进展，从而导致身心越加浮躁和焦灼，综合阅读素养不能得到全方位的提高，造成知识面狭窄的情况。那我们现在的学者对教师阅读“偏食化”问题做了怎样的调查呢？这里列举了两位学者对教师阅读“偏食化”问题的调查：

毕素清学者就佛山市小学教师的阅读率和专著阅读率分别做了一系列的调

1　钱爱芙．语文教师阅读现状的调查与思考 [J]. 教育研究与评论（小学教育教学版）,2013(5):33-36.

2　张秀明．初中语文教师阅读现状调查研究 [D]. 苏州大学 ,2014.

查，其中发现小学教师的阅读率可以达到近乎 100%，几乎没有小学教师不进行阅读，只不过其使用的媒介不太相同，其中纸质阅读率达到 70.1%，互联网阅读率达到 100% 。但最近一年对于专著类阅读，即对自己专业相关的专业类图书，包括小学教师阅读的教育类专著，不包括期刊，小说等文艺类作品，却降低到 24.1%，足以看出教师阅读存在严重的“偏食化”问题。[1]

潘威学者在调查湖北荆门市京山县某中学时发现，虽然绝大部分的教师都会进行教师阅读。作为教师，他们在潜意识里也会认为阅读多种类型的书籍很有必要，按照频次大小依次为教育参考类 (19)、教育心理类 (17)、文学类 (14)、时政类 (11)、休闲类 (9)、科普类 (9)、和励志类 (5)。但在实际生活中，教师最喜欢阅读的书籍依次是休闲类 (17)、时政类 (15)、文学类 (10)、科普类 (6)、传记类 (5) 以及教育理论类 (4)。从与教师们的谈话中我们能清楚地知道，她们并不否认教育理论对教师专业成长的必要性，但从实际阅读书籍上来看，教师们还是更加偏向于休闲类、时政类和科普类书籍，很少阅读教育理论书籍，足以看出这地区的教师存在一定的“偏食化”问题。[2]

### （二）教师阅读量低

阅读是国家和民族文明传承、精神塑造的主要方式。而当今，全民阅读不仅是拉动民族阅读的主要引擎，在当今社会大形势下，已经化身为中华文化、社会主义核心价值观的传承主渠道。教师阅读群体就更加引人瞩目，古人曰：“士大夫三日不读书则面目可憎。”对于以“教书育人”为第一己任的教师而言，阅读不只是兴趣，更是责任。可随着时代的发展，教师的阅读量却持续走低。“教师阅读量低”的问题逐渐成为教师阅读储备的一大痛点。诚然，造成这一后果的原因很多，但我们却仍要有面对这一现状的勇气。这里列举了不同学者对教师阅读量低问题的调查：

康书豪等学者在调查河南省平顶山市某区教师的阅读情况时发现从阅读专业

1　毕素清 . 佛山市教师阅读现状调查 [J]. 佛山科学技术学院学报（社会科学版）,2011,29(3):89-93.

2　潘威 . 农村初中教师阅读现状调查研究——以湖北省荆门市京山县某中学为例 [J]. 内蒙古师范大学学报（教育科学版）,2012(2):58-62.

书籍的数量来看，一年中接近一半的教师阅读过 1~3 本专业书籍，阅读了 4 本以上的教师仅有三分之一，仅有十分之一的教师阅读了 7~10 本，甚至还有超过 12.7% 的教师没有阅读过专业书籍。[1]

王孟学者在对西藏中小学教师阅读数量的调查中发现：当地大部分的中小学教师的每年阅读量一般不超过 3 本，且大多数为教材或参考书。中小学教师本应在全民阅读中发挥引领作用，但根据调查当年（即 2018）年我国第十六次全国国民阅读的调查显示，成年人人均阅读纸质图书 4.67 本，阅读电子书 3.32 本，而教师阅读量却远远低于此水平。[2]

## 三、教师阅读习惯存在的问题

### （一）缺乏阅读计划

教师可以通过阅读去构建和完善自己的知识结构，即吸纳教育理论，补充专业知识，拓宽人文视野。但我们要明确的是，每位教师所阅读的书籍和接受过的教育经历都各不相同，所形成的个人教育理论和专业知识的深度，人文视野的广度也各不相同。所以每位教师就需要根据自己的知识结构需求，了解自身的知识结构现状，利用阅读计划，也就是阅读活动前的具体安排，从阅读计划的三要素，阅读计划制定、阅读计划执行、阅读计划检查来考查自身知识结构中所存在的问题，查缺补漏，通过有目标的阅读计划来完善自己的知识结构，杜绝出现盲目性、随意性阅读的问题，从根本上通过阅读补充自己在知识结构上所需要的缺口知识。我国教师在阅读前设置阅读计划的现状是怎样的呢？这里列举了两位学者的详细调查：

王卫国等学者在对河北省唐山市中小学教师阅读规划调查中发现，有 33% 的教师从来没有短期或长期的读书规划，想读就读；有 29% 的教师有时候有读书规划，但几乎没怎么按照读书规划执行过；有 22% 的教师有非常详细的读书规划，但却都因种种原因，没有坚持下来；只有 16% 的教师有非常详细的读书

1　康书豪，康宏伟，曾雪莲，等．农村中小学教师阅读现状的调查与思考——以河南省平顶山市某区为例 [J]. 钦州学院学报，2014,29(5):66-69.

2　王孟．西藏中小学教师阅读现状调查研究 [J]. 现代交际，2020(6):31,30.

规划并按照读书规划读书。由数据看出，中小学教师的阅读规划不仅缺失严重，其阅读规划的完成率也很低，真正能按照自己设计阅读规划且严格执行的教师比较少。[1]

周洁鸿学者在对山东青州市小学教师的阅读计划做调查中发现，有 55.36% 的教师是没有制定过阅读计划的，有 28.5% 的教师不能坚持自己的阅读计划，只有 16.14% 的教师有制定过阅读计划。虽然很多教师已经认识到了阅读计划的重要性，即能够协助其搭建自己的知识体系，扩充知识内容，使知识建构更加丰富充实。但因为没有形成良好的阅读习惯，也就谈不上按时按质完成阅读计划了。[2]

### （二）不做读书笔记

教师阅读的过程就是进行信息的提取和加工，从而获得新知识的过程。想要在阅读之后有所收获并利用收获提升自己的素养，就少不了阅读过程中的整理与思考。而且也只有这样，才能够使阅读行为真正发生。对于普通教师而言，在阅读过一定内容之后，没有进行一定的思考、分析与研究，就会逐渐淡忘阅读的内容与自身对阅读内容的看法与收获。被淡忘的阅读也就是无效阅读。而想要进行有效阅读，除了反复重温经典之外，我们还应在阅读过程中发自内心地对阅读内容进行分析与思考，不仅可以在书上利用符号和颜色做各种标记，还可以将精华部分摘录下来，加上自己的见解与看法。而撰写出这样的读书笔记，不仅可以加深我们对阅读内容的记忆，还会加深我们对阅读内容的思考，可谓一举数得。既然撰写读书笔记有这么多的好处，我国教师在阅读过程中撰写读书笔记的现状是怎样的呢？这里列举了两位学者的调查数据：

熊焰青学者在对某市小学语文教师的阅读过程做详细的调查中发现：有 37.9% 的小学语文教师在阅读时不做任何的摘抄、批注等形式的读书笔记；57.9% 的小学语文教师在阅读书籍时会偶尔画一画、写一写；仅有 4.1% 的小学语文教师会在阅读时及时撰写读书笔记，摘录重要内容。由此可见，大部分教师

1　王卫国，郑学来，郭靖华．中小学教师阅读现状的调查——以唐山市为例 [J]. 河北教育（综合版），2019,57(04):28-31.

2　周洁鸿．青州市小学教师阅读现状调查研究 [D]. 山东师范大学，2020.

并没有及时做读书笔记的习惯。[1]

袁春香学者在对南昌市小学语文教师的阅读过程的调查中发现，24.6% 的教师会在阅读过程中撰写阅读心得或批注或提纲，29.8% 的教师会摘抄词句，这一点表明该地区教师过半的教师都会进行阅读过程的记录。但仍有 33.9% 的教师在阅读过程中只通过浏览的手段进行阅读，从数据可知，这一地区的教师在进行阅读过程时仍旧有超过三成的教师不撰写读书笔记。[2]

## 四、教师阅读媒介存在的问题

### （一）纸质阅读的问题

人们长期以来一直与纸质书籍相伴，纸质书籍的生产和利用已形成一个相当完善和稳固的体系。而教师更是使用纸质书籍阅读的重要群体。2022 年，《成长教育周报》特别发起教师阅读现状调研活动，发现在教师阅读资源媒介的选择方面，总体来看，教师的性别、年龄、城乡的差异对阅读媒介的选择没有太多影响。其中，教师群体对于纸质图书呈现出较强的倾向性，比例高达 80.97%。纸质书在青年教师中的受喜好度目前还是相当高的。

相对于数字化阅读，纸质化阅读虽然阅读体验更加好，但是也有一些缺点，比如纸质书籍因其出版流程烦琐，教育理念也不能及时更新，而且成本高、不利于环保，再者，纸质阅读受纸质书籍的体积限制，有时会使教师难以携带进行阅读。

### （二）数字化阅读的问题

固然教师进行数字化阅读在一定程度上不受经济、地点等条件的制约。但过度依赖图像信息丰富的数字化阅读，不仅会使教师降低对纸质阅读的阅读兴趣，还可能导致教师思维过于平面化、碎片化，进一步降低教师的反思、创新能力。受数字化媒体阅读快速更新的影响，大多数教师在进行数字化阅读时都是浅尝即止，流于表面的“浅层阅读”，这不仅使教师的阅读质量大大降低，还会因为教师没有及时地进行阅读思考与沉淀而无法真正化为教师的教育素养。同时，数字

1　熊焰青．小学语文教师阅读素养现状与提升 [J]. 江西教育 ,2020(18):31–32.

2　袁春香．南昌市小学语文教师专业阅读现状研究 [D]. 江西师范大学 ,2015.

化阅读还具有庞大的阅读展开面，教师在选择阅读书籍时，不仅需要仔细甄别教育信息的真伪，还需要对阅读的知识具有一定的判断力。

郑芳学者在对小学教师认为数字化媒体的不足之处的调查中发现，有 76.6% 的教师认为数字化媒体所用的电子媒介对眼睛会产生伤害，还有一些较多的教师认为数字化新媒体阅读有“内容可靠性待考证”“内容太多较难找”“导致人们减少理性思考”等缺点，个别教师还提出了“信息碎片化”“言语不讲究”“占用空闲时间多”等不足。从数据可以看出，教师认为数字化媒体对于视力的伤害是影响教师选择数字化阅读的主要因素。[1]

## 五、教师阅读方式存在的问题

### （一）教师阅读“粗食化”的问题

在分析教师阅读“粗食化”问题前我们先需要知道什么是教师阅读的“粗食化”。就像人在进食时，每个人都有不同的吃饭方法，有的人喜欢细嚼慢咽，品尝食物的香甜，有的人则喜欢囫囵吞枣，得过且过地“粗嚼”食物，这很容易导致食物的营养不能充分被消化。教师阅读也是如此，如果教师在阅读中都只流连于跳跃式阅读、标题式阅读、浏览式阅读等浅层阅读、粗略阅读，不对文本内容的细节进行深化的思考与分析，不去进行在理解作品意思的基础之上的思考和感悟。就会造成教师在阅读的过程中，因为信息量的压缩带来思维活跃度减少的问题。不仅使其在阅读过程中会忽略一些精彩的片段，丧失一些深入的思考，还会在阅读过程中难以形成自己的理论思维。

钮玉如学者在对无锡 YH 小学教师阅读方法的调查中发现，有 70.48% 的教师选择大概理解书面含义的基础阅读，39.05% 的教师选择带着问题阅读的目标性略读，28.57% 的教师选择读一系列书籍进行主题架构的主题性略读，仅仅只有 8.57% 的教师选择进行多次阅读同一本书的分析阅读。但要知道流于浅层阅读能力我们在幼年时期就能够掌握，而大部分教师却还在用这种阅读方法进行阅读，

1　郑芳 . 新媒体时代小学教师阅读行为调查研究 [D]. 福建师范大学 ,2017.

是典型的“粗食化”问题。[1]

赵静学者在大连市四区部分中小学教师阅读方法的调查中发现，有 45.2% 的教师在进行日常阅读行为时，只采用“泛读”即对作品的整体理解以及阅读速度，而不注重一些字句的翻译，也不会逐字逐句地理解文章的方法。38% 的教师会采用“精读、泛读、略读”相结合的阅读方法。从这里可以看出，大部分教师还不能掌握正确的阅读方法，仍存在严重的“粗食化”问题。[2]

### （二）教师阅读“碎片化”的问题

碎片化阅读利用零散时间进行的断断续续、阅读模式不完整、随意性的阅读。碎片化阅读极具新媒体时代特色，除了传统的纸质媒介，任何能接入移动互联网的电子屏幕介质都可以成为碎片化阅读的阅读载体。常见的手机、平板电脑、笔记本电脑都是碎片化阅读的主要媒介。这一方面为教师阅读提供了方便，另一方面却也造成了“浅阅读”的发生。“碎片化”阅读的“碎片”主要指两方面：一是阅读内容的碎片化，碎片化阅读文本大多以经过信息加工拣选的，内容简略的文章或时间简短的视频为内容，呈现给终端载体一侧的受众，这种阅读内容在抓人眼球的同时却较为分散，没有内在的文本逻辑，呈现给大众的是碎片化的讯息；二是阅读时间的碎片化，在阅读这类讯息时，人们往往会利用坐车、午休的时间间隙来进行阅读，而这种阅读行为随时可能因为其他事情被打断。而教师则是这一行为的重要群体，因为教师的工作往往繁琐复杂、面面俱到，这代表教师不仅在学校有着大量的工作，回家后也会涉及到一些备课、批改作业的工作，空闲时间极少，没有过多的时间进行整体阅读，只能借助零碎时间进行阅读。这里列举了两位学者对教师阅读碎片化问题的调查：

周伟学者在对江苏南京的英语教师进行阅读调查后发现，随着时代的发展与数字阅读的普遍使用，我们接触到的碎片化信息越来越多，大到微信上的文章发表，小到各类 APP 的新闻推送，甚至可视化阅读也越来越流行，教师们逐渐更

---

1　钮玉如．小学教师阅读现状、困境与改进策略研究 -- 基于无锡 YH 小学的调查 [D]. 江苏：苏州大学，2018.

2　赵静．中小学教师阅读现状调查及对策研究——以大连市四区为例 [D]. 辽宁：辽宁师范大学，2012.

加习惯碎片化阅读，而这类呈片段式的碎片化阅读，不仅会使我们的心日益浮躁，还会促使各位教师难以静下心来进行长篇精读，甚至还会产生畏难、排斥等情绪。[1]

郑芳学者在对小学教师阅读时间进行调查时发现，有超过 50% 的教师的阅读时间比较零碎，最多的是有空闲时间就开始阅读的老师，其次，有 24.8% 的教师选择“每天早上或晚上”进行阅读，再次，有 16.6% 的老师是选择在“空余课堂”的时间来进行阅读，只有极少数的教师会选择在“周末和假期”进行阅读。由数据可知，大部分的教师选择的阅读时间都分散在相对空闲的零散时间内，而会拿出专门时间进行阅读的教师数量则很少，体现出教师阅读存在碎片化的问题。[2]

## 六、教师阅读时间存在的问题

### （一）教师阅读时间少的问题

随着社会的不断发展，教师担在肩上的责任越来越重，社会对教师提出的要求也越来越高。教师开始不仅要教授课本上过于局限的内容，更要打破课本桎梏，结合课本内容向更深的知识海洋进发。而这依靠的无非是教师本身知识内容的容量与深度。这就要求教师要在有限的时间内进行阅读，也只有当教师拥有一定的阅读时间，才能通过这样的阅读不断补充新的知识，拓宽自己的教育思想，为教学注入新的思想与活力。当然，教师进行阅读也并不全是为了教学，对于自身知识方面与精神方面的成长也是至关重要的，而这也说明教师保证一定的阅读时间是至关重要的。那我国教师在阅读时间分配的现状是怎样的呢？这里列举了两位学者对教师阅读时间的调查：

赵鑫学者在进行对重庆市多区小学教师阅读时间的调查中发现，超过一半的教师每天在阅读上花费的时间为 10~20 分钟，有 20.3% 的教师每天在阅读上花费的时间为 20~30 分钟，只有极少数的教师每天会花费 30 分钟以上来进行阅读。究其原因，是因为教师日常工作的负担太重，没有足够的阅读时间。正常的一位教师的工作时间每周为 5 个工作日，每天为 8 小时，整周的工作时间为 40 个小时。如果按照主科教师带两个班，每天按照 4 节课的排课量来算，整周的上课时

1 周伟 . 专业阅读：教师专业发展的困境与突围 [J]. 中小学外语教学 ( 中学篇 ),2020,43(12):18-23.

2 郑芳 . 新媒体时代小学教师阅读行为调查研究 [D]. 福建师范大学 ,2017.

间为 13.4 小时左右；按照每节课最低备课 1 小时来算，整周的备课时间为 10 小时；按照每天批改习题最低 1 小时，批改作业最低 2 小时来算，批改时间 15 小时，教师的时间就所剩无几了，更别提教师的日常可不只有教学，还会有一些班级管理、教师培训等工作，剩下的阅读时间自然被极度压缩。[1]

王孟学者在对拉萨市小学教师阅读时间的访谈中发现，拉萨市区和拉萨的农牧区小学教师的时间都被备课、上课、批改作业、管理学生等繁重的教学任务占据着，间隙还被各种与教学无关的会议所占满。基本没有自己的阅读时间。[2]

### （二）教师阅读效率低的问题

阅读效率是指阅读书籍时的效率。普通人的阅读效率主要与阅读速度、理解率两个因素相关，光有阅读速度没有阅读理解率或阅读理解率很高而阅读速度跟不上去，都不会有高质量的阅读效率。而教师这一职业的阅读效率不仅取决于教师的内在动力，即教师的阅读动力、阅读方法、阅读习惯、阅读速度和阅读理解率等，还取决于教师进行阅读时的外在条件，即阅读时间、阅读氛围、领导对阅读的重视程度和学校图书馆的建设情况等。也只有教师保证了一定的阅读效率，才能通过持续有效地阅读，获得个人素养上的提升。所以，阅读效率对于教师的阅读是非常重要的。那我国教师阅读效率的现状是怎样的呢？这里列举了两位学者对教师阅读效率的调查：

谭小芳学者[3]在对 Y 学校的教师阅读的调查中发现：当和教师谈论到“教师的阅读效率”及“影响教师阅读效率的主要因素”时，大部分教师表示，“教师的阅读效率很一般”，而影响教师阅读效率的主要原因分别为“阅读方法及习惯”和“阅读环境和心情”，可见大部分教师的阅读效率较低，这也是导致阅读效果不佳的主要因素。

1　赵鑫 . 重庆市小学教师阅读现状研究 [D]. 重庆师范大学 ,2014.

2　王孟 . 拉萨市小学教师阅读现状调查研究 [D]. 西藏大学 ,2020.

3　谭小芳 . Y 学校教师阅读现状及优化对策研究 [D]. 湖南 : 湖南科技大学 ,2018.

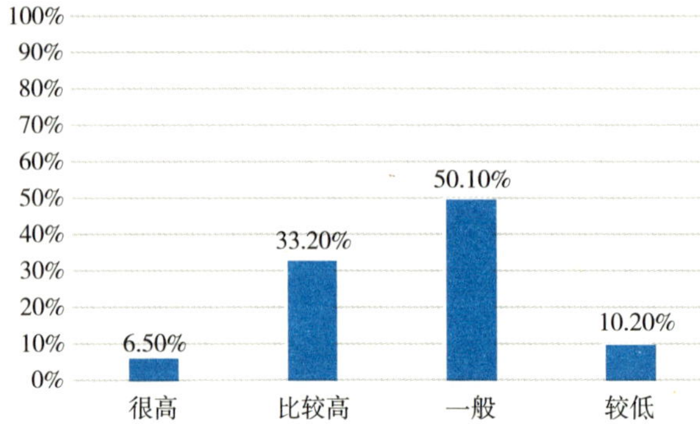


图 5-1-1 Y 学校教师阅读效率调研

张译丹学者在对唐山市丰润区农村小学语文教师阅读情况的调查中发现：教师阅读效率低的主要原因是教师在阅读后缺少直接对话的过程。从调查数据中可以发现，只有 40% 左右的教师在阅读后会和他人谈论自己的阅读内容。在访谈时，有一位教师发现，在她每次和另一位同事同时阅读一本书时，会在阅读的过程中一起交流阅读感想，这样进行阅读时不仅效率会大大提高，还会打破两人阅读时的固化思维，更有利于思维的发散，从而在阅读中能够快速提升自身的素养。其实阅读对话的意义也就是一个开放思维和另一个开放思维互相交融的过程。[1]

## 七、教师阅读环境存在的问题

### （一）阅读资源短缺

在教师阅读过程中，拥有比较丰富的阅读资源是促成教师阅读行为展开的重要前提。而教师的阅读资源，不仅体现在书籍的质量、数量和更新迭代的频次上，更体现在阅读的环境与设施上。在一个安静、舒适的阅读环境中，手捧一本自己喜欢的书籍，桌角置一杯带有余温的清茶，一缕柔光投射在书页上，斑驳的灯光交融着袅袅的茶汤热气……这样的场景足以让教师们一身的疲惫都烟消云散。但实际中教师却可能因为这些书籍背后几十、上百的价格，望而却步，那既然所有的阅读书籍依靠教师微薄的薪水购买并不现实，那么就需要借助外界的力量来获

1 张译丹 . 唐山市丰润区农村小学语文教师阅读素养现状调查与分析 [D]. 吉林 : 延边大学 ,2020.

取图书资源，学校图书馆就是一个本应给予教师阅读最大依靠的场所。但事实真的如此吗？据笔者所知有很多学校图书更新频率跟不上老师阅读的速度，多是十几二十年前的书籍，这些书不但满足不了教师的阅读需求，还可能因为时代性的原因，会给现在的教师教学带来误导。更有比较偏远的郊区或农村小学，连教师专用的图书阅览室都没有，只有学生阅览室里面少得可怜的儿童读物。这里列举了两位学者的真实调查：

毕静雯学者在针对辽宁省锦州市三所小学的语文教师阅读环境调查中发现，72% 的教师喜欢在家中阅读，63% 的教师喜欢在学校阅读，55% 的教师喜欢在图书馆阅读，27.5% 的教师喜欢在书吧阅读。不过，通过访谈发现无论是在何种环境中，教师都希望在一个安静的环境下阅读。在调查过程中也发现相较于郊区和农村的学校，市里的学校更加喜欢在学校的环境中阅读。这是因为相较于市里的学校，郊区与农村的学校在学校图书馆的建设方面都存在一定的问题，阅读设施大多供给学生进行阅读，而教师缺乏适宜阅读的环境，阅读行为自然就会减少。[1]

王立雯学者在对 Q 市 10 所小学语文教师阅读资源方面的调查中发现大部分小学不仅没有自己的图书馆，有些经济紧张的学校，甚至都没有专供教师阅读的阅览室，不仅如此，就连提供给教师的书籍种类都比较单一，大多数是各版本的教材、教参和适合学生阅读的刊物。而教师也因为工资较少，而心仪的书籍单价较贵，找不到自己喜欢且适合的书籍而无法进行阅读储备。[2]

### （二）阅读氛围不浓厚

最能致远是书香，教师阅读不仅是一种自然的生命状态，更是一种天然的人生状态。而良好的阅读氛围，则是促使教师阅读发展的重要前提。那什么是阅读氛围呢？“阅读氛围”即周围和阅读有关的气氛和情调，能够影响阅读氛围的不只是周边阅读者所发生的阅读行为，还有阅读书籍的质量和课题研究、公开课探讨等阅读集体活动的发生。都说阅读氛围可以感染阅读者的阅读行为，这种观点还是存在一定道理的。因为只有阅读氛围浓厚的家庭和学校甚至社会，才能培养

1　毕静雯 . 小学语文教师阅读现状调查及对策研究 [D]. 渤海大学 ,2019.

2　王立雯 . 新教育视域下小学语文教师专业阅读研究 [D]. 青岛大学 ,2020.

出热爱阅读的阅读者，才能使教师得到真正意义上的阅读成长。那既然阅读氛围这样重要，我国教师阅读氛围现状究竟是怎样的呢？这里列举了两位学者对教师阅读氛围的调查：

廖媛学者在针对湖南省郴州市乡村中小学教师阅读氛围的调查中发现，刚入职的新教师因经验不足天天被教学任务所困扰，所以没有时间阅读；而老教师虽然已经有了一定的教学经验，却往往承担班主任的职责，他们忙于班级事务，空闲的时间也多是阅读一些与教科研相关的书籍，所以总体的阅读氛围不浓厚。[1]

张高丽学者在针对福建省C县农村小学语文教师阅读氛围调查中发现，有超过50%的教师主观上想要进行阅读，但缺少一定的氛围。在访谈中大部分教师也表示自己周边的教师只有极个别能够主动进行阅读，整体的阅读氛围并不是很好。究其原因，一方面，学校没有良好的阅读环境，另一方面，教师没有足够的阅读时间，也害怕因为阅读耽误自己的教学任务。[2]

1 廖媛．乡村中小学教师阅读现状与对策研究——以湖南省郴州市乡村为个案[D]. 湖南：湖南大学，2017.

2 张高丽．福建省C县农村小学语文教师阅读现状调查研究[D]. 福建师范大学，2019.

# 第二节　北部新区实验学校教师的阅读现状

中共十九大报告不仅把教育作为国家优先发展的领域，还多次强调了教师在教育发展中的关键作用。北京市海淀区教育科学研究院为了全面落实《关于全面深化新时代教师队伍建设改革的意见》的要求，进一步拓宽教师的成长渠道，使教师的素养不断得到提高，特决定在全区开展第二轮教师阅读工程项目，借助对海淀区“区域推进教师阅读工程的实践研究”的群体课题研究，在解决教师遇到的实际问题的情况下，通过阅读提升教师的核心素养。而我校在积极参与相应区域研究的前提下，通过探究教师阅读储备在课堂教学中的转化及应用，并在课堂观察与实践中找到教师阅读储备与教材的契合点与融合点为契机，以达到提高课堂教学质量和教学效率，全面提升学生综合素养为目的，确立了“教师阅读储备转化及应用的实践研究——以观察本校小学课堂教学为例”的总课题，各学科教师也在总课题之下，根据教师阅读储备的特性，结合自身学科的学科特点，确立了“基于整本书阅读教学的教师阅读储备转化的策略研究”“教师阅读储备转化助推学生思维能力发展的案例研究”“英语教学中教师阅读储备转化——观察小学英语课学生综合运用能力的研究”三个子课题。

## 一、语文组教师阅读现状的调查结果与分析

### （一）问卷调研概述

本次问卷调查的对象主要是北京市海淀北部新区实验学校小学部15位语文教师。问卷通过线上（问卷星）发放。其中共回收问卷15份，有效问卷15份，问卷有效率为100%。

问卷回收后，我校第一时间对问卷的数据进行统计，并采用SPSS软件等工具对数据进行科学分析，后撰写调研报告。

## （二）教师问卷调查结果分析

### 1. 教师任职学段调查

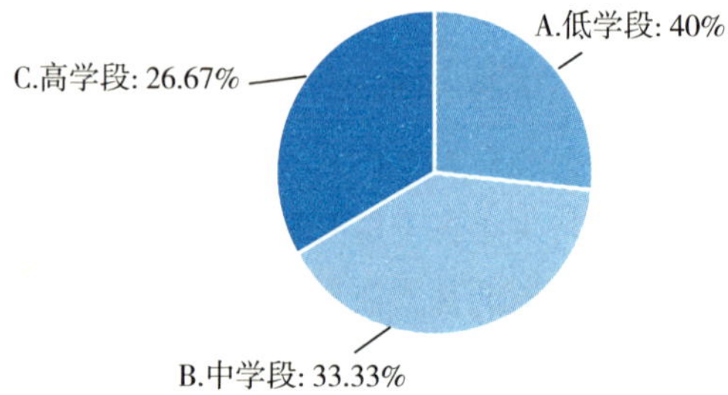


图 5-2-1 我校小学部语文教师任教学段的基本情况

本题调查的是我校小学部语文教师任教学段的基本情况。由图上数据可知，在被调查的 14 位语文教师中，有 40% 的语文教师任教低学段；有 33.33% 的语文教师任教中学段；有 26.67% 的语文教师任教高学段。

【数据分析】

可以看出，我校小学部语文教师在中学段和高学段的教师资源持平，任职低学段的语文教师较多。可能由于新一届学生的入学人数较多，语文教师资源整体比较丰富。

### 2. 教师读书意愿调查

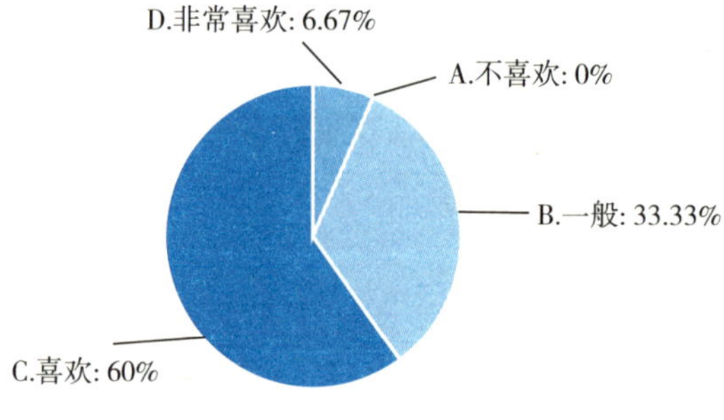


图 5-2-2 我校小学部语文教师喜欢读书的程度

本题调查的是我校小学部语文教师对阅读的喜爱程度。由图上数据可知，有60% 的语文教师喜欢读书；有 33.33% 的语文教师对读书持一般的态度；有 6.67% 的语文教师非常喜欢读书；没有语文教师不喜欢读书。

【数据分析】

可以看出，我校近七成的语文教师都喜欢读书，但有少部分语文教师对读书持一般态度。由此可见，我校小学部语文教师整体喜欢阅读。

### 3. 教师阅读内容调查

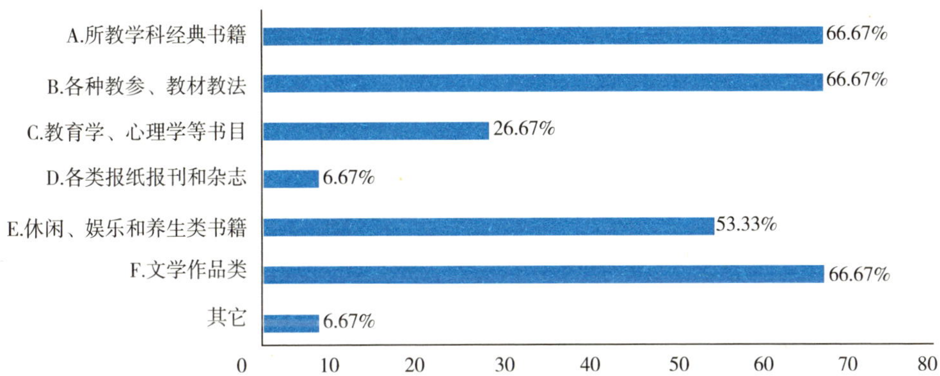


图 5-2-3　我校小学部语文教师平时读书的内容

本题调查的是我校小学部语文教师平时读书的内容。由图上数据可知，有66.67% 的语文教师平常读所教学科的经典书籍；有 66.67% 的语文教师平常读各种教参、教材教法；有 66.67% 的语文教师平常读文学作品；有 53.33% 的语文教师平常读休闲、娱乐和养生类书籍；有 26.67% 的语文教师平常读教育学、心理学等书目；有 6.67% 的语文教师平常读各类报纸报刊和杂志；有 6.67% 的语文教师平常读其他类型的读物。

【数据分析】

从我校小学部语文教师的平常阅读的内容上可以看出，教师阅读的主要内容为学科专业知识类书籍，次要内容为消遣类书籍，最后为教育理论类书籍。因此，从调查情况可以看出我校小学部语文教师具备一定的专业阅读意识，但阅读内容上仍旧存在“偏食化”的问题。

#### 4. 教师阅读动力调查

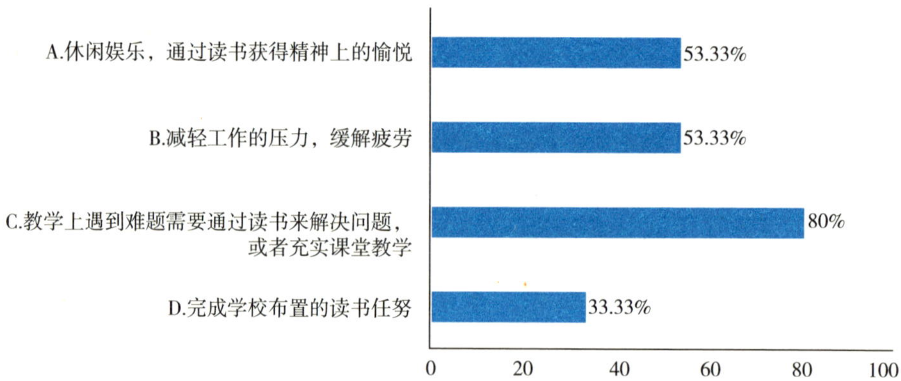


图 5-2-4 我校小学部语文教师阅读的原因

本题调查的是我校小学部语文教师阅读的原因。由图上数据可知，有 80% 的语文教师因为“教学上遇到难题需要通过读书来解决问题，或者充实课堂”而读书；有 53.33% 的语文教师因为“休闲娱乐，通过读书获得精神上的愉悦”而读书；有 53.33% 的语文教师因为“减轻工作的压力，缓解疲劳”而读书；有 33.33% 的语文教师因为“完成学校布置的读书任务”而读书。

【数据分析】

可以看出，我校小学部语文教师阅读行为发生的原因多是因为遇到了一些“教学问题”或以“休闲放松”为目的，从根本上还是具有阅读功利化倾向。

## 5. 教师个人藏书量调查

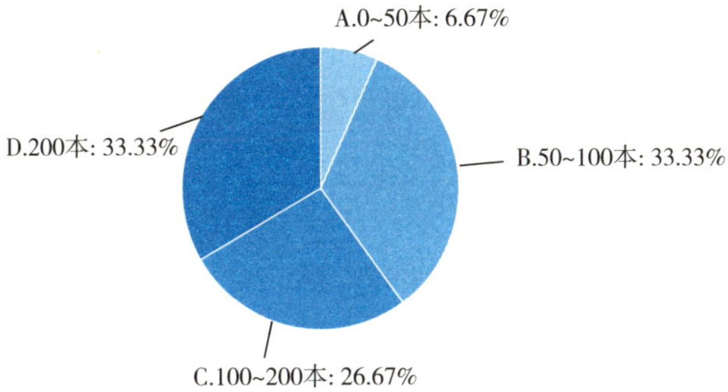


图 5-2-5　我校小学部语文教师的个人藏书量

本题调查的是我校小学部语文教师个人的藏书量。由数据可知，有 33.33% 的语文教师有 200 本以上的个人藏书；有 33.33% 的语文教师有 50~100 本的个人藏书；有 26.67% 的语文教师有 200 本以上的个人藏书；有 6.67% 语文教师有 0~50 本的个人藏书。

【数据分析】

从调查数据中我们了解到，我校有超过 60% 的语文教师有 100 本以上的个人藏书。这也从侧面反映出我校小学部语文教师的个人阅读资源比较丰富。

## 6. 教师阅读时间调查

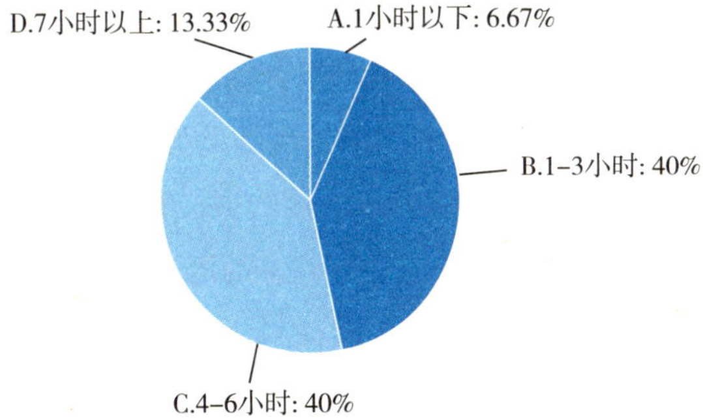


图 5-2-6　我校小学部语文教师每星期的阅读时间

本题调查的是我校小学部语文教师每星期的阅读时间。由图上数据可知，有40% 的语文教师每星期的阅读时间为 4~6 小时；有 40% 的语文教师每星期的阅读时间为 1~3 小时；有 13.33% 的语文教师每星期的阅读时间为 7 小时以上；有6.67% 的语文教师每星期的阅读时间为 1 小时以下。

【数据分析】

从调查数据中我们可以看到，我校小学部语文教师每星期的阅读时间多数在 6 小时以下，甚至有部分教师每星期的阅读时间少于 3 小时。这也反映出我校教师的阅读时间比较少，应该适当增加自己的阅读时间。

### 7. 最有价值的书调查

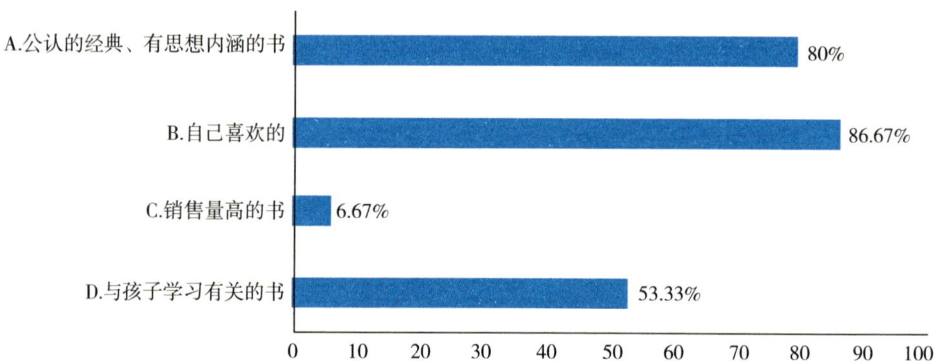


图 5-2-7　我校小学部语文教师对最有价值的书的认知

本题调查的是我校小学部语文教师对最有价值的书的认知。由图上数据可知，有 86.67% 的语文教师认为最有价值的书是自己喜欢的书；有 80% 的语文教师认为最有价值的书是公认的经典、有思想内涵的书；有 53.33% 的语文教师认为最有价值的书是与孩子学习有关的书；有 6.67% 的语文教师认为最有价值的书是销售量高的书。

【数据分析】

从调查数据中我们可以看到,我校大多数语文教师认为最有价值的书是“自己喜欢的书”“公认的经典、有思想内涵的书”。这说明我校小学部语文教师已经能够初步认识到“阅读兴趣”“经典书籍”对阅读的价值。

## 8. 教师阅读储备对于教育教学的意义调查

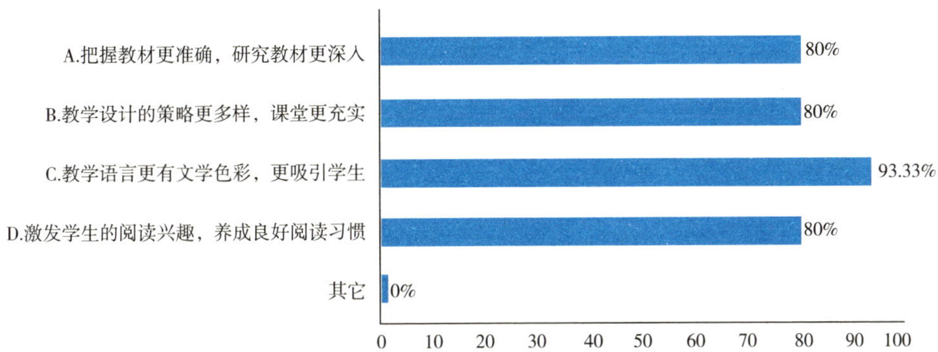


图 5-2-8 我校小学部语文教师认为阅读能够提供教学帮助的方面

本题调查的是我校小学部语文教师认为阅读能够提供教学帮助的方面。由图上数据可知，有 93.33% 的语文教师认为阅读能够使教师的教学语言更有文学色彩，更吸引学生；有 80% 的语文教师认为阅读能够使教师把握教材更准确，研究教材更深入；有 80% 的语文教师认为阅读能够激发学生的阅读兴趣，养成良好阅读习惯；有 80% 的语文教师认为阅读能够使教师的教学设计的策略更多样，课堂更充实；没有教师认为阅读能够对教学有其他帮助。

【数据分析】

从调查数据中我们可以看出，我校小学部语文教师认为阅读对教学的帮助具有双面性，其中最主要的在教师方面，即“使教学语言更加吸引学生”“教材把握更准确”“教学策略更多样”；另一方面体现在学生方面，即“激发学生的阅读兴趣”。从中可以看出教师已经能够感受到阅读对于教学的正向作用。

### 9. 教师阅读储备转化方向调查

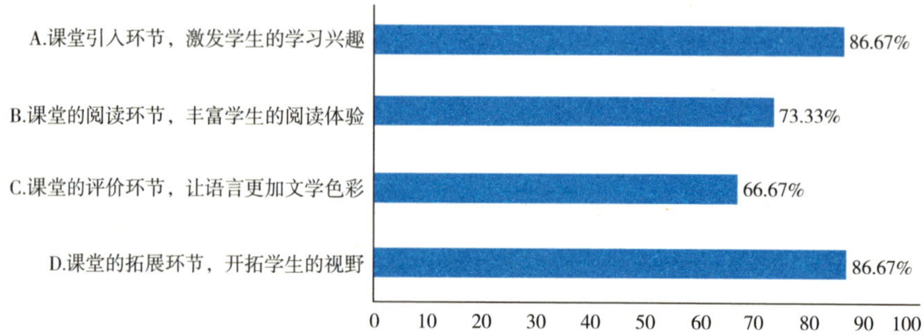


图 5-2-9 阅读能量在教学环节里的转化与应用

本题调查的是我校小学部语文教师的阅读能量在教学环节里的转化与应用。由图可知，有 86.67% 的语文教师的阅读能量是在课堂引入环节，激发学生的学习兴趣而应用的；有 86.67% 的语文教师的阅读能量是在课堂的拓展环节，开拓学生的视野而应用的；有 73.33% 的语文教师的阅读能量是在课堂的阅读环节，丰富学生的阅读体验而应用的；有 66.67% 的语文教师的阅读能量是在课堂的评价环节，让语言更加文学色彩而应用的。

【数据分析】

可以看出，我校小学部语文教师能在教学的基本环节中完成阅读能量的转化，使阅读能力真正作用于教师的实践教学中，其中在课堂的引入和拓展环节阅读转化的教师最多，这样不仅能使学生提高学习兴趣，还能拓宽学生的视野。

### 10. 教师给学生推荐的课外书调查

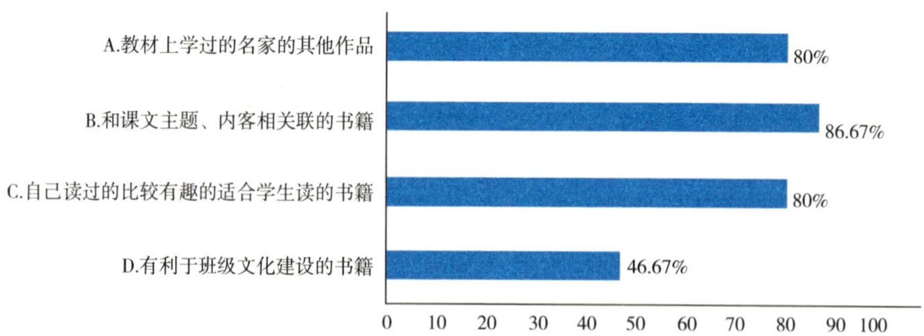


图 5-2-10 我校小学部语文教师推荐开展整本书阅读的书籍

本题调查的是我校小学部语文教师推荐开展整本书阅读的书籍。由图可知，有 86.67% 的语文教师推荐“和课文主题、内容相关联的书籍”进行整本书阅读；有 80% 的语文教师推荐“教材上学过的名家的其他作品”进行整本书阅读；有 80% 的语文教师推荐“自己读过的比较有趣的适合学生读的书籍”进行整本书阅读；有 46.67% 的语文教师推荐“有利于班级文化建设的书籍”进行整本书阅读。

【数据分析】

可以看出，我校小学部语文教师在选择整本书阅读材料时，以与课文主题、内容相关联的书籍进行整本书阅读的比例最大，其次依次是比较有趣，适合学生读的名家作品，最后为有利于班级文化建设的书籍。在筛选阅读材料中，供学生可以选择的内容及类型较多，但是在一定程度上忽略了学生自主选择的兴趣与权利。

### 11. 教师阅读储备能力转化为整本书阅读教学策略调查

表 4 教师阅读储备能力转化为整本书阅读教学策略

| 序号 | 具体内容 |
| --- | --- |
| 1 | 用阅读突破教学的难点，拓展学习内容。 |
| 2 | 对于整本书阅读教学如何更好地引导学生，激发学生的阅读兴趣和阅读的持续力，对于阅读的书目能有自己的思考，而不是走马观花地阅读。 |
| 3 | 以课文为基础，激发学生阅读兴趣。 |
| 4 | 拓展阅读。 |
| 5 | 虽然很希望把自己认为很好的书籍推荐给学生，但是由于政策规定，还是会有所保留。对于整本书阅读，还需要有足够的时间来支持。 |
| 6 | 所储备的能量，能够灵活运用到课堂上，比如课堂的拓展词语，诗句，名言等。 |
| 7 | 带领学生读，给学生做榜样。 |
| 8 | 自己多读书，阅读储备才能转化为自身的能量。 |

续表

| 序号 | 具体内容 |
| --- | --- |
| 9 | 根据自己的阅读经验，选取适合学生年龄特点和阅读兴趣的书籍，以课上相关知识为切入点进行拓展阅读。 |
| 10 | 根据阅读和课堂需要进行转化，运用知识点转化，根据语文能力转化，比如查阅资料加深对内容的深入理解，就可以运用阅读储备。 |
| 11 | 找相同主题，以课文带动读书的兴趣。 |

【数据分析】

我校参与回答的十一位语文教师都能把自身的阅读储备的能量转化到整本书阅读教学中。一方面是把自身的阅读储备应用到教学中的某一环节中，如将阅读能量应用到整本书阅读教学的引入环节，激发学生的阅读兴趣和阅读持久力，引发其对阅读的思考；在整本书阅读教学中，以课文为基础，运用自身阅读储备的能量为学生做拓展。另一方面，则是把阅读储备应用于整本书阅读教学前的工作中，如用自身的阅读储备突破整本书阅读的教学难点；用自身的阅读储备深入备课，加深对内容的理解等。

## 二、数学组教师阅读现状的调查结果与分析

### （一）问卷调研概述

本次问卷调查的对象主要是北京市海淀北部新区实验学校小学部的 13 位数学教师。问卷通过线上（问卷星）发放。其中共回收问卷 13 份，有效问卷 13 份，问卷有效率为 100%。

问卷回收后，我校第一时间对线下问卷的数据进行整理，并采用 SPSS 软件等工具对数据进行科学分析，后撰写调研报告。

## （二）教师问卷调查结果分析

### 1. 教师教龄调查

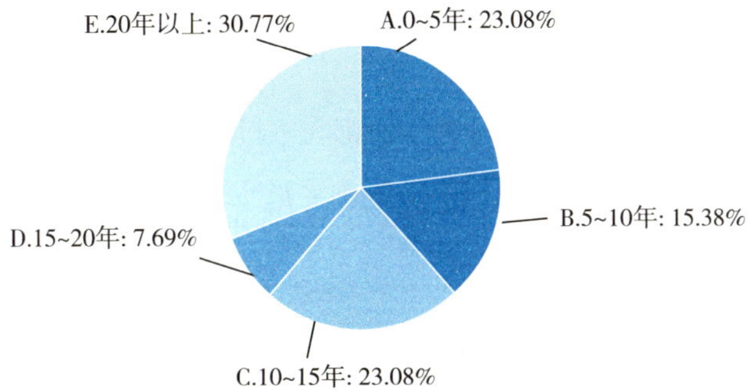


图 5-2-11　我校小学部数学教师教龄的基本情况

本题调查的是我校小学部数学教师教龄的基本情况。由图上数据可知，在被调查的数学教师中，有 30.77% 的数学教师教龄为 20 年以上；有 23.08% 的数学教师教龄为 0~5 年；有 15.38% 的数学教师教龄为 5~10 年；有 23.08% 的数学教师教龄为 10~15 年；有 7.69% 的数学教师教龄为 15~20 年。

【数据分析】

可以看出，我校超过 50% 的数学教师的教龄都在 10 年以上，这也直接说明了我校小学部数学教师的教学经验丰富。

### 2. 教师学历调查

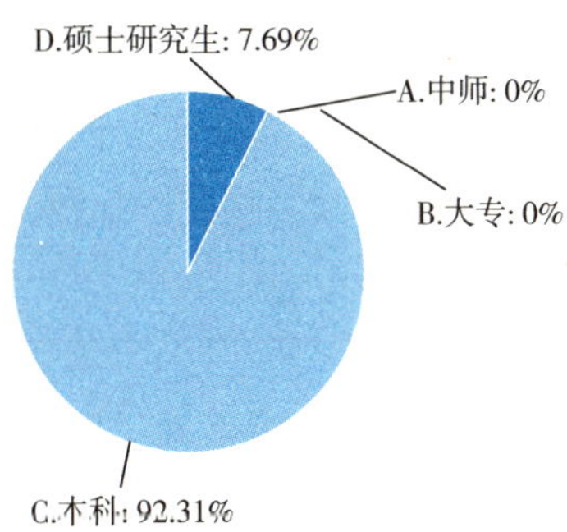


图 5-2-12　我校小学部数学教师学历的基本情况

本题调查的是我校小学部数学教师学历基本情况。由图上数据可知，在被调查的我校小学部数学教师中，有 92.31% 的数学教师学历为本科；有 7.69% 的数学教师学历为研究生；数学学科方面，我校没有中师和大专学历的教师。

【数据分析】

可以看出，我校的数学教师的学历都在本科以上，少部分数学教师的学历在研究生，这也直接说明了我校小学部数学教师的教师受教育水平较高。

### 3. 教师任教学段调查

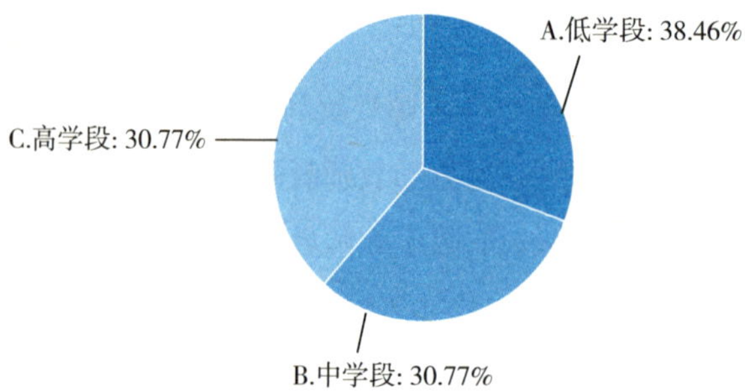


图 5-2-13 我校小学部数学教师任教学段的基本情况

本题调查的是我校小学部数学教师任教学段的基本情况。由图上数据可知，有 38.46% 的数学教师任教低学段，有 30.77% 的数学教师任教中学段；有 30.77% 的数学教师任教高学段。

【数据分析】

可以看出，我校小学部数学教师的任教在学校各学段基本持平。其中任教低学段的数学教师最多。

### 4. 教师对于阅读的重要性认知

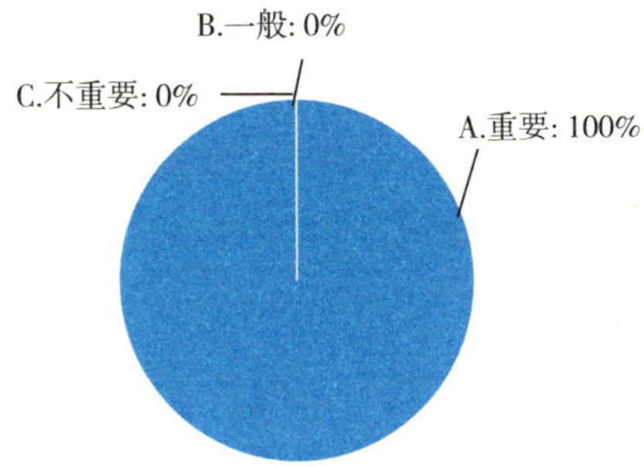


图 5-2-14　我校小学部数学教师对阅读重要性的认知

本题调查的是我校小学部数学教师对阅读重要性的认知。由图上数据可知，有 100% 的数学教师认为阅读很重要，没有数学教师认为阅读一般重要或不重要。

【数据分析】

由数据可知，我校小学部数学教师都认为阅读很重要。也从侧面反映出教师的阅读意识良好。

### 5. 教师对于阅读的作用认知

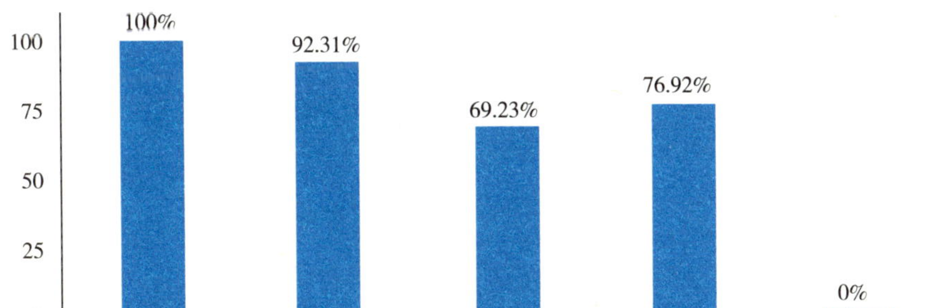


图 5-2-15　我校小学部数学教师认为阅读重要所体现的方面

本题调查的是我校小学部数学教师认为阅读重要所体现的方面。由图上数据可知，有 100% 的数学教师认为阅读在提升理解能力的方面很重要，有 92.31% 的数学教师认为阅读在拓宽知识面的方面很重要，有 76.92% 的数学教师认为阅读在自身工作需要的方面很重要，有 69.23% 的数学教师认为阅读在提高与人交际能力的方面很重要，没有数学教师选择“其他方面”这一选项。

【数据分析】

可以看出，我校小学部数学教师都能看见阅读在“提升理解能力”方面的价值，大部分教师能看到阅读在“拓宽知识面”“自身工作需要”“提高与人交际能力”等方面的价值。总的来说，我校小学部数学教师对“个人层面”的阅读价值体会比较深刻，但对于其他诸如“家庭层面”“社会层面”的阅读价值体会不深。

### 6. 教师的阅读时间分配

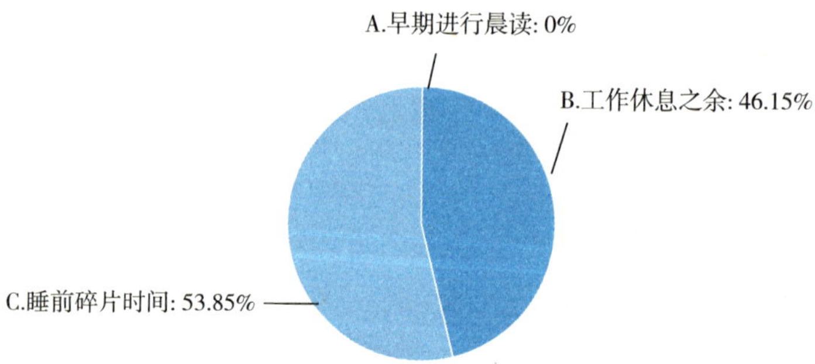


图 5-2-16 我校小学部数学教师平时的阅读时间分配

本题调查的是我校小学部数学教师平时的阅读时间分配问题。由图上数据可知，有 53.85% 的数学教师是在睡前的碎片时间进行阅读的，46.15% 的数学教师是在工作之余进行阅读的，没有教师选择“早起进行晨读”这一选项。

【数据分析】

由数据可知，我校小学部数学教师基本都是利用睡前碎片时间和工作休息之余来进行阅读的。因此，可以看出，我校小学部数学教师每天在校阅读时间非常少，且阅读时间碎片化问题较严重。

## 7. 教师阅读的图书来源

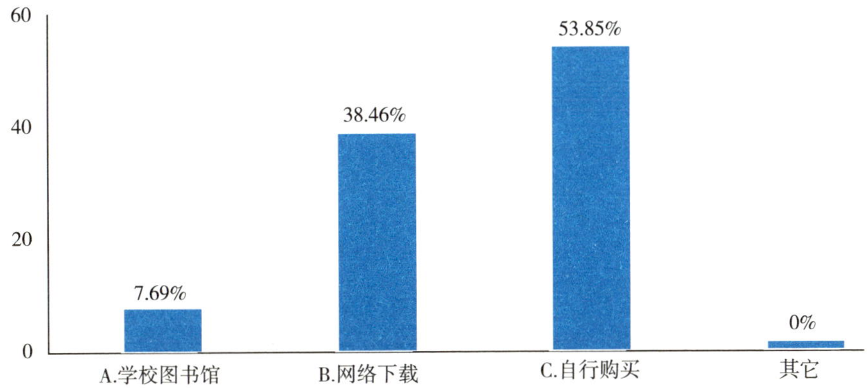


图 5-2-17　我校小学部数学教师阅读图书的主要来源

本题调查的是我校小学部数学教师阅读图书的主要来源。由图上数据可知，有 53.85% 的数学教师通过自行购买图书来阅读的，38.46% 的数学教师是通过网络下载来阅读的，7.69% 的数学教师是通过学校图书馆来阅读的。

【数据分析】

由调查数据我们可以看到，我校小学部数学教师阅读图书的主要来源基本依靠自行购买或下载，只有很少的数学教师是以学校图书馆为主要来源进行阅读的。由此可以看出学校图书馆的阅读资源不能满足大部分教师的日常需求，教师阅读资源的获取主要由教师自己承担，学校起到的作用不大。

### 8. 教师阅读时的记录方式

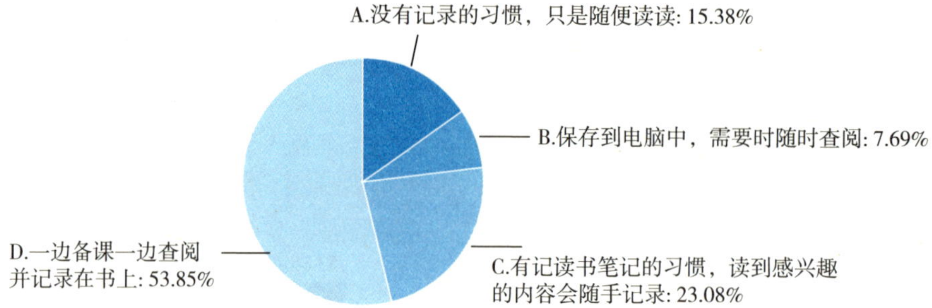


图 5-2-18 我校小学部数学教师阅读内容储备的方法

本题调查的是我校小学部数学教师阅读内容储备的方法。由图上数据可知，有 53.85% 的数学教师进行阅读储备的方法是“一边备课一边查阅并记录在书上”；有 23.08% 的数学教师进行阅读储备的方法是“有记读书笔记的习惯，读到感兴趣的内容会随手记录”；有 15.38% 的数学教师没有记录的习惯，只是随便读读；有 7.69% 的数学教师进行阅读储备的方法是“保存到电脑中，需要时随时查阅”。

【数据分析】

由调查的数据我们可以看到，我校大部分数学教师在阅读过程中都会分析、思考和记录，只有少部分数学教师会“仅仅保存”“随便读读”。因此，我校仍应该大力加强教师的阅读习惯问题，帮助每位教师养成良好的阅读储备习惯。

## 9. 教师认为对专业发展更有帮助的书籍类型

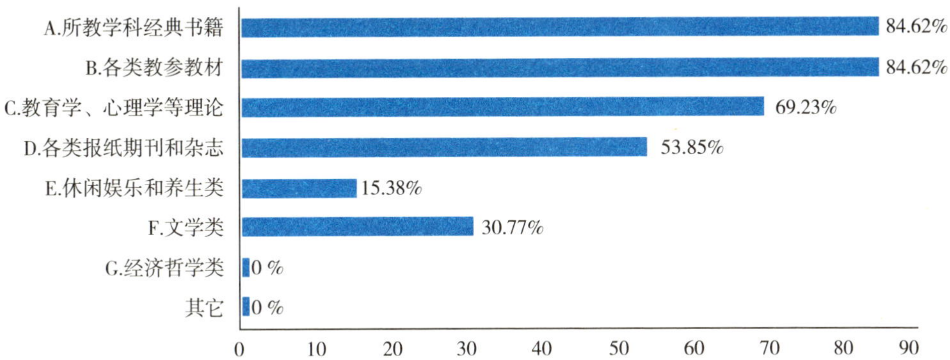


图 5-2-19　我校小学部数学教师认为对专业发展更有帮助的书籍类型

本题调查的是我校小学部数学教师认为对专业发展更有帮助的书籍类型。由图上数据可知，有 84.62% 的数学教师认为各类教参教材对专业发展更有帮助，有 84.62% 的数学教师认为所教学科经典书籍对专业发展更有帮助，有 69.23% 的数学教师认为教育学、心理学等理论书籍对专业发展更有帮助，有 53.85% 的数学教师认为各类报纸期刊和杂志对专业发展更有帮助，有 30.77% 的数学教师认为文学类书籍对专业发展更有帮助，并没有教师选择“学科哲学类和其他书籍”这一选项。

【数据分析】

由调查的数据我们可以看到，我校大部分数学教师认为对专业发展最有帮助的书籍类型依次为“教参教材”“学科经典”“理论书籍”。由此可以看出，数学教师阅读专业发展的书籍也以这三类书籍为主，但过多的阅读教参教材类书籍，虽然可以使我们的专业发展得到快速成长，但也会使我们的教学思维局限于此。

## 10. 教师的阅读目的

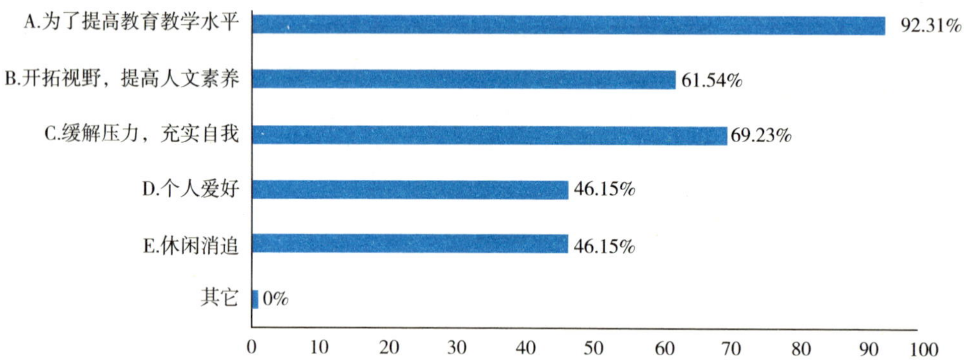


图 5-2-20 我校小学部数学教师阅读的目的

本题调查的是我校小学部数学教师阅读的目的。由图上数据可知，有92.31% 的数学教师认为阅读目的是提高教育教学水平，有 69.23% 的数学教师认为阅读目的是缓解压力，充实自我，有 61.54% 的数学教师认为阅读目的是开阔视野，提高人文素养，有 46.15% 的数学教师认为阅读的目的是个人爱好，有46.15% 的数学教师认为阅读的目的是休闲消遣，没有数学教师认为阅读有其他目的。

【数据分析】

可以看出，我校大部分数学教师认为阅读的主要目的是“为了提高教育教学水平”“缓解压力，充实自我”“开阔视野，提高人文素养”，次要目的是“个人爱好”“休闲消遣”。综上可知，我校数学老师还存在阅读目的功利化的问题。

## 11. 对教师专业成长影响最大的因素

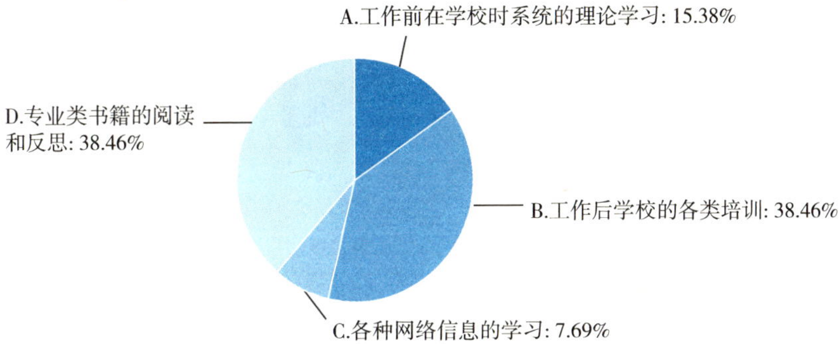


图 5-2-21 我校小学部数学教师认为对专业成长影响最大的因素

本题调查的是我校小学部数学教师认为对专业成长影响最大的因素。由图上数据可知，有 38.46% 的数学教师认为对专业成长影响最大的因素是工作后的各类培训，有 38.46% 的数学教师认为对专业成长影响最大的因素是专业类书籍的阅读和反思，有 15.38% 的数学教师认为对专业成长影响最大的因素是工作前在学校时系统的理论学习，有 7.69% 的数学教师认为对专业成长影响最大的因素是各种网络信息的学习。

【数据分析】

可以看出，我校小学部数学教师首要认为对专业成长影响最大的因素为工作后的各类培训和专业书籍的阅读和反思，次要认为对专业成长影响最大的因素为工作前在学校时系统的理论学习，这说明我校小学部数学教师还是在一定程度上肯定了阅读书籍对教师专业成长的作用。

## 12. 教师是否阅读专业类书籍

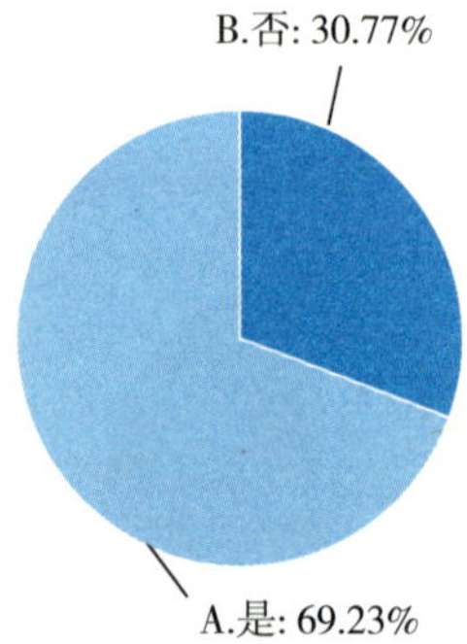


图 5-2-22　我校小学部数学教师阅读专业类书籍的情况

本题调查的是我校小学部数学教师阅读专业类书籍的情况。由图上数据可知，有 69.23% 的数学教师经常阅读专业类书籍，有 30.77% 的数学教师并不热衷于阅读专业类书籍。

【数据分析】

可以看出，我校小学部数学教师虽大部分都经常阅读专业类书籍，但仍有少部分教师缺乏对专业类书籍的阅读。因此，我校仍旧要通过各种活动促进教师进行专业阅读。

## 13. 教师阅读专业类书籍的目的

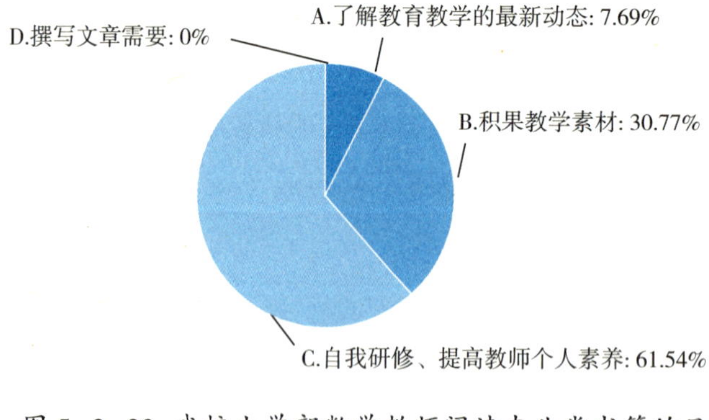


图 5-2-23　我校小学部数学教师阅读专业类书籍的目的

本题调查的是我校小学部数学教师我校小学部数学教师阅读专业类书籍的目的。由图上数据可知，有 61.54% 的数学教师阅读专业类书籍的目的是自我研修、提高教师个人素养，有 30.77% 的数学教师阅读专业类书籍的目的是积累教学素材，有 7.69% 的数学教师阅读专业类书籍的目的是了解教育教学的最新动态。数学教师并不会因为撰写文章的需要而阅读专业类书籍。

【数据分析】

我校小学部数学教师阅读专业类书籍的主要目的是“自我研修”次要目的是“积累教学素材”“了解教育教学的最新动态”。可以看出，我校小学部数学教师在阅读专业书籍时更加在乎自己的专业成长。

### 14. 教师因阅读在教学中获得的帮助

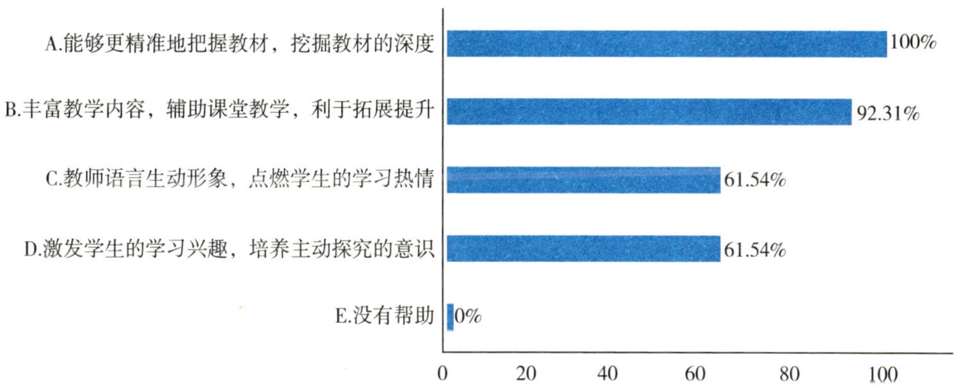


图 5-2-24　我校小学部数学教师因阅读在教学中获得的帮助的认知

本题调查的是我校小学部数学教师因阅读在教学中获得的帮助的认知。由图上数据可知：所有的数学教师均认为阅读有利于教师更精准地把握教材，挖掘教材的深度；有 92.31% 的数学教师认为阅读有利于教师丰富教学内容，辅助课堂教学，利于拓展提升；有 61.54% 的数学教师认为阅读有利于教师的语言更加生动形象，点燃学生的学习热情；有 61.54% 的数学教师认为阅读有利于激发学生的学习兴趣，培养主动探究的意识没有教师认为阅读没有帮助。

【数据分析】

我校小学部数学教师认为阅读对课堂教学的帮助有两方面，其中最重要的是对教师教学的帮助，包括“更有利于教师精确地把握教材”“帮助教师丰富教学内容”“教师语言更加生动”；次重要的是对学生学习的帮助，包括“激发学生的学习兴趣”等。这也从侧面反映出我校小学部数学教师已经意识到阅读对课堂教学的正向、积极的作用。

## 15. 教师阅读储备转化路径

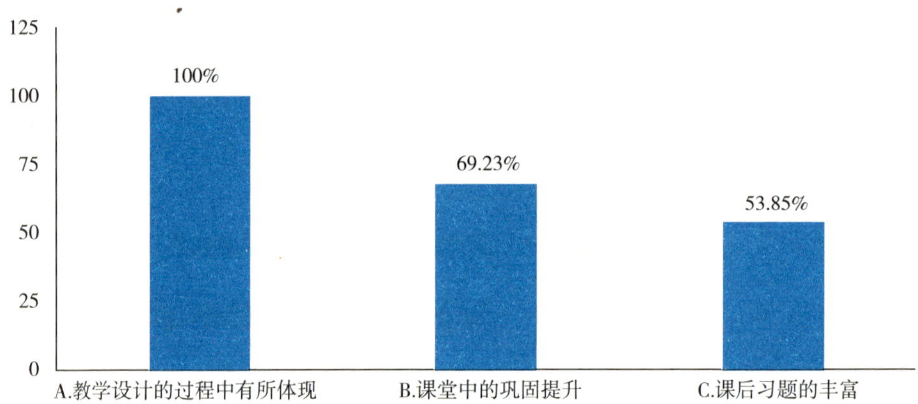


图 5-2-25　我校小学部数学教师能够将隐性阅读资源转化为显性教学资源的方面

本题调查的是我校小学部数学教师能够将隐性阅读资源转化为显性教学资源的方面。由图上数据可知，所有的数学教师都能够将阅读储备在教学设计的过程中有所体现，有 69.23% 的数学教师是在课堂中的巩固提升方面有所体现，有 53.85% 的数学教师是在课后习题的丰富中有所体现。

【数据分析】

由数据可知，我校小学部数学教师都能在教学设计的过程中将隐形阅读资源转化为显性教学资源，大部分教师也会在课堂中的巩固提升和课后习题的丰富方面有所体现，说明教师能够将阅读资源进行合理转化。

### 16. 在数学课堂教学中是否进行过实践案例

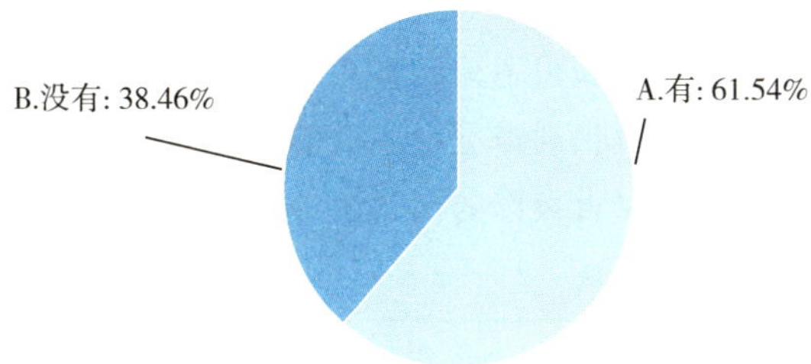


图 5-2-26　我校小学部数学教师在课堂进行实践案例研究的情况

本题调查的是我校小学部数学教师在课堂进行实践案例研究的情况。由图上数据可知，有 61.54% 的数学教师在数学课堂教学中进行过实践案例的研究，有 38.46% 的数学教师在数学课堂教学中没有进行过实践案例的研究。

【数据分析】

可以看出，我校大部分数学教师能够在课堂中进行实践案例研究，小部分教师需要提升这一方面的能力。

### 17. 教师阅读储备应用

表 5 如何借助阅读储备进行课堂教学

| 序号 | 具体内容 |
| --- | --- |
| 1 | 讲算理的时候能举例，能将知识联系起来。 |
| 2 | 教参是我备课时的主要依据，在编者意图明确后结合自己的学生实际情况进行教学设计，有的放矢，效率加倍。 |

续表

| 序号 | 具体内容 |
|---|---|
| 3 | 首先，在备课过程中，将阅读储备的内容转化到教学设计中。其次，在教学过程中通过采用不同的形式引导和辅助学生开展探究，还会随机将阅读储备转化到课堂中。最后，在课后巩固练习时作业的巧妙设计也能够体现出教师的阅读储备转化，加深学生对知识本身的理解以及相应的拓展。 |
| 4 | 主要是备课的时候，可以借助教参或者名师的经验讲解理解知识点的要点，把握每课的重难点和教法。 |
| 5 | 通过阅读储备，在备课的时候可以精准地把握本节课的教学内容，通过哪种方式学生更容易接受，理解，从而提高课堂效率。 |
| 6 | 有助于发掘教材的深度。 |
| 7 | 在备课时，会一边备课一边查阅教参及相关书籍，帮助理解教学内容，将比较好的点子用到自己的课堂教学中。在课堂教学的导入环节中，利用老师的阅读储备用讲故事等方式，吸引学生的兴趣。和学生一起解决问题时，会借助自己的阅读储备为学生举例说明，便于学生理解。 |
| 8 | 参考书籍，有助于精准备课。 |
| 9 | 我会把日常积累的素材根据学习内容和学生实际接受能力在备课的过程中有机地融入教学里。 |
| 10 | 好的素材用于课堂教学，比如情境、易错题。 |

【数据分析】

我校参与回答的八位数学教师都能借助阅读储备进行课堂教学。首先应用在教师备课的过程中，可以借助阅读储备把握每节课的重难点和教法，其次应用在教学过程中，在深入讲解的同时，激发学生的兴趣，把教学语言化繁为简，便于学生理解，最后应用在课后巩固的作业设计中，加深学生对知识本身的理解及相应的拓展。

## 三、英语组教师阅读现状的调查结果与分析

### （一）问卷调研概述

本次问卷调查的对象主要是北京市海淀北部新区实验学校小学部的6位英语教师。问卷通过线上（问卷星）发放。其中共回收问卷6份，有效问卷6份，问卷有效率为100%。

问卷回收后，学校第一时间对问卷的数据进行录入，采用SPSS软件等工具对数据进行科学分析，并撰写调研报告。

### （二）教师问卷调查结果分析

#### 1. 教师任教年级

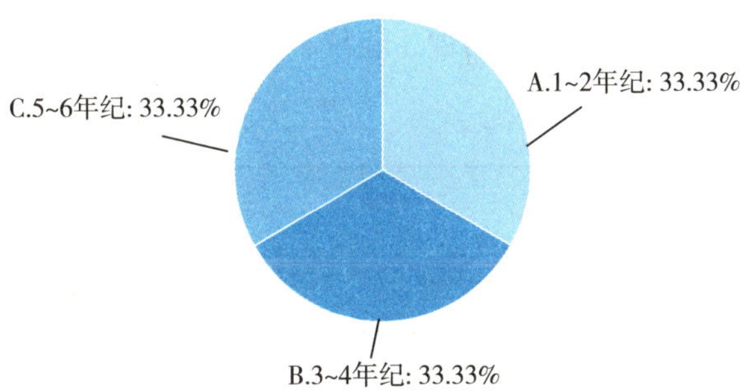


图5-2-27　我校小学部英语教师任教年级的基本情况

本题调查的是我校小学部英语教师任教年级的基本情况。由数据可知，在被调查的6位英语教师中，有33.33%的教师任教1~2年级；有33.33%的教师任教3~4年级；有33.33%的教师任教5~6年级。

【数据分析】

由数据可知，在被调查的6名英语教师中，平均每2位英语教师负责教授一学段的英语课程。因本校学生人数较少，教师资源比较丰富。

## 2. 教师备课工具

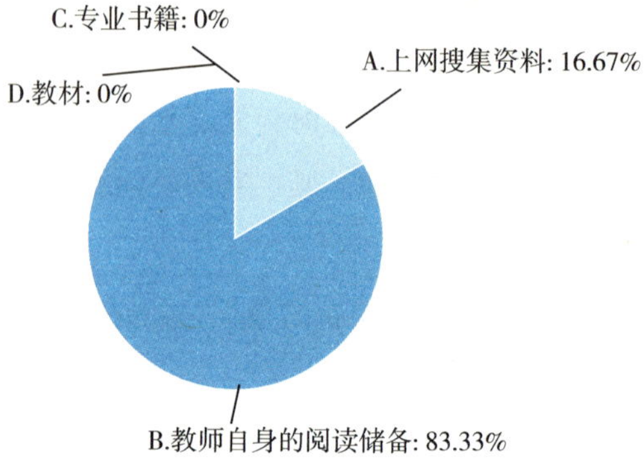


图 5-2-28　我校小学部英语教师备课工具的使用情况

本题调查的是我校小学部英语教师备课工具的使用情况。由数据可知，有 83.33% 的英语教师会使用教师自身的阅读储备进行备课，有 16.67% 的英语教师会使用上网搜集资料的方法进行备课，我校小学部英语教师在备课时几乎不会使用教材和专业书籍。

【数据分析】

从数据上可以看出，我校大部分的英语教师都习惯使用教师自身的阅读储备进行备课，少部分教师会使用上网搜集资料的方法进行备课。总的来说，英语教师能够使自身的阅读储备学以致用，但也应该结合新课标仔细研究教材，深挖教材内容。

## 3. 教师阅读储备在课堂上的应用情况

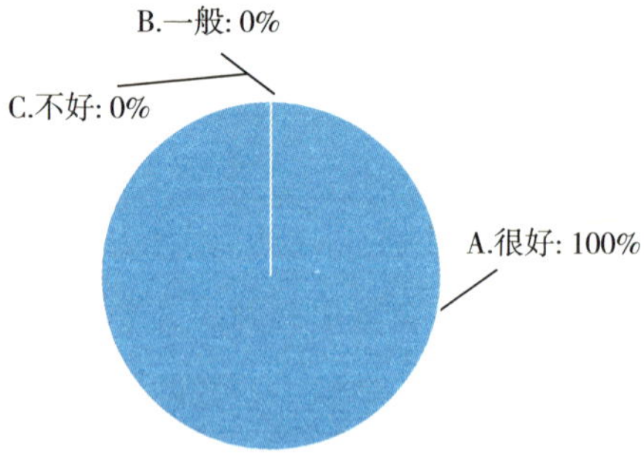


图 5-2-29　我校小学部英语教师的阅读储备在课堂中的应用效果

本题调查的是我校小学部英语教师的阅读储备在课堂中的应用效果。由数据可知，所有的英语教师都能将阅读储备良好地应用于在课堂教学。

> 【数据分析】
>
> 从数据上可以看出，我校英语组教师在教师阅读储备转化及应用上成效较好。

### 4. 对教材知识拓展目的的认知

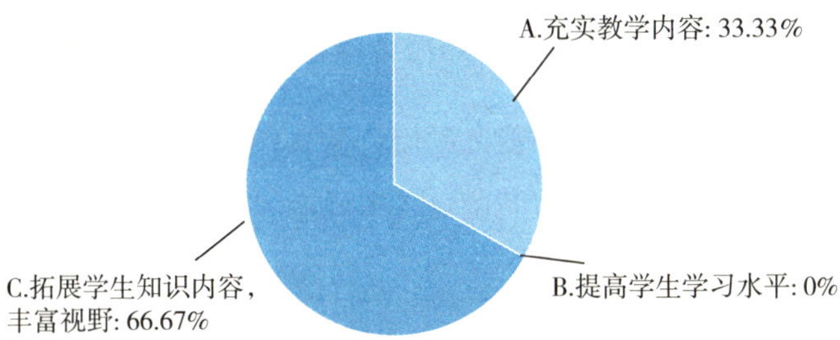


图 5-2-30　我校小学部英语教师对教材知识拓展目的的认知

本题调查的是我校小学部英语教师对教材知识拓展目的的认知。由数据可知，有 66.67% 的英语教师认为教材知识拓展的目的在于“拓展学生知识内容，丰富视野”，有 33.33% 的英语教师认为教材知识拓展的目的在于“充实教学内容”，没有英语教师选择“提高学生学习水平”这一选项。

> 【数据分析】
>
> 由数据可知，大部分的教师认为教材知识拓展的目的在于拓展学生知识内容，丰富视野，少部分的教师认为教材知识拓展的目的在于充实教学内容。可以看出，我校小学部英语教师对教材知识拓展目的的认知主要侧重于两个方面：一方面，从学生的角度肯定了教材知识拓展的重要性，另一方面，从教师的角度肯定了教材知识拓展的重要性。

## 5. 阅读储备在进行教学设计时的应用效果

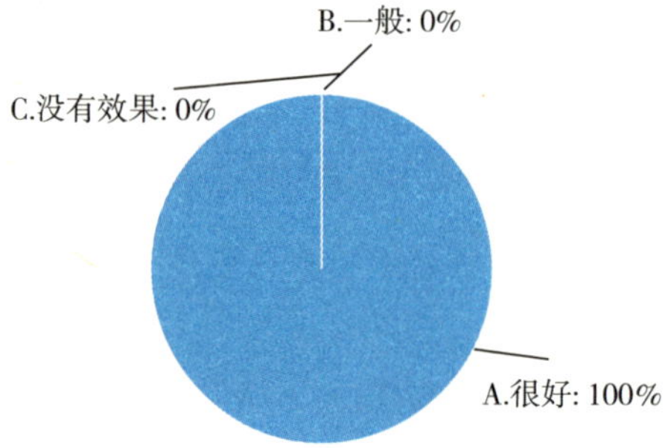


图 5-2-31 我校小学部英语教师的阅读储备在教学设计中的应用效果

本题调查的是我校小学部英语教师的阅读储备在教学设计中的应用效果。由数据可知，所有的英语教师都能将阅读储备很好地应用于课堂。

【数据分析】

从数据上可以看出，我校英语组教师们从教学设计角度都能很好地完成对教师阅读储备的转化及应用。

## 6. 教师阅读书籍的目的

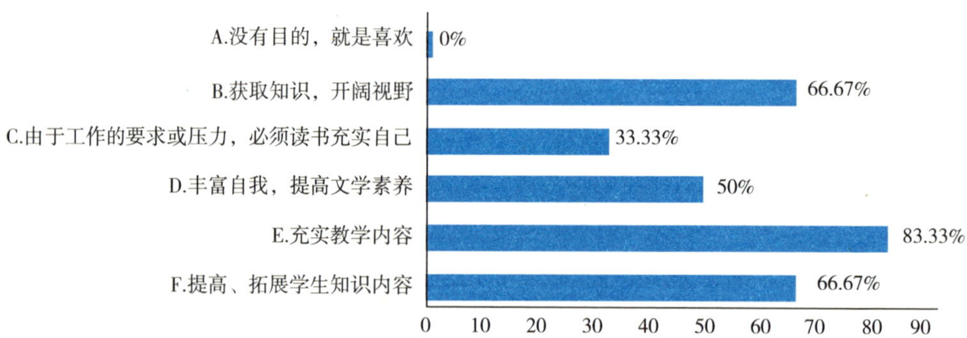


图 5-2-32 我校小学部英语教师进行阅读储备的目的

本题调查的是我校小学部英语教师进行阅读储备的目的。由数据可知，有83.33% 的英语教师进行阅读储备的目的是充实教学内容；有 66.67% 的英语教师进行阅读储备的目的是获取知识，开阔视野；有 66.67% 的英语教师进行阅读储备的目的是提高、拓展学生知识内容；有 50% 的英语教师进行阅读储备的目的是丰富自我，提高文学素养；有 33.33% 的英语教师进行阅读储备是由于工作的要求或压力，必须读书充实自己；没有英语教师选择进行阅读储备的目的“没有目的，就是喜欢”。

【数据分析】

从数据可知，英语组教师进行教师阅读储备的主要原因为“充实教学内容”“获取知识，开阔视野”“提高、拓展学生知识内容”，次要原因为“丰富自我，提高文学素养”“由于工作的要求或压力，必须充实自己”。总体来看，我校英语组教师大多是因为个人提升的需要，即“充实教学内容”“获取知识”“丰富自我”“充实自己”来选择进行阅读储备，可以看出教师阅读储备目的的功利性倾向较为明显。

## 7. 教师阅读储备应用的课型

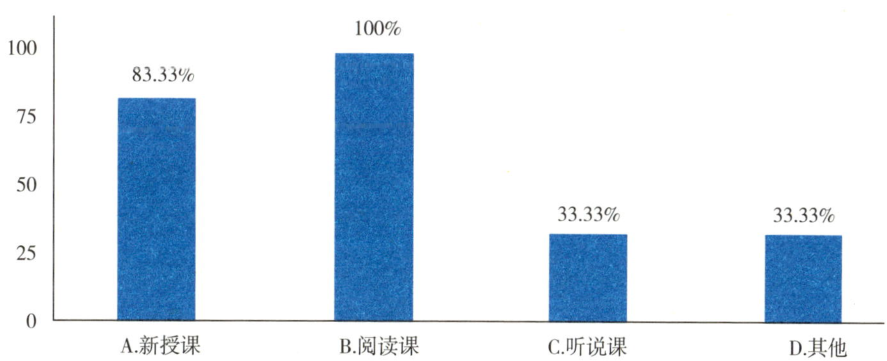


图 5-2-33　我校小学部英语教师阅读储备的应用课型

本题调查的是我校小学部英语教师阅读储备的应用课型。由数据可知，所有英语教师都会把教师阅读储备应用到阅读课课型中，有 83.33% 的英语教师把教师阅读储备应用到新授课课型中，有 33.33% 的英语教师把教师阅读储备应用到听说课课型中，还有 33.33% 的英语教师把教师阅读储备应用到其他课课型中。

【数据分析】

可以看出我校小学部英语教师主要把教师阅读储备应用到“阅读课”“新授课”中，次要把教师阅读储备应用到“听说课”“其他课”，英语教师的应用课型种类众多，灵活丰富。

### 8. 教师阅读内容

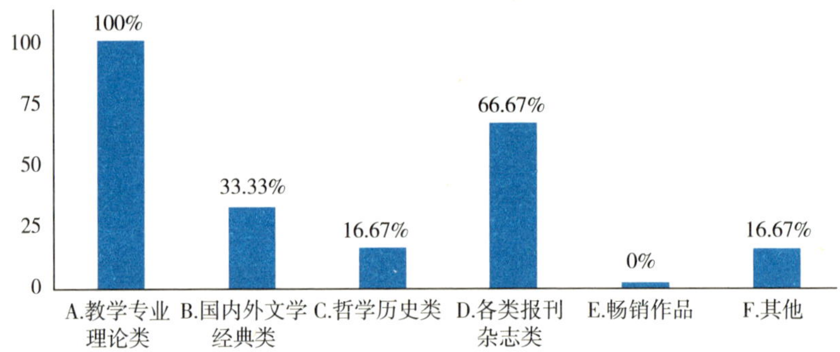


图 5-2-34　我校小学部英语教师经常阅读的书籍种类

本题调查的是我校小学部英语教师经常阅读的书籍种类。由数据可知，有 100% 的英语教师经常阅读教学专业理论类书籍，有 66.67% 的英语教师经常阅读各类报刊，有 33.33% 的英语教师经常阅读国内外文学经典类书籍，有 16.67% 的英语教师经常阅读哲学历史类书籍，有 16.67% 的英语教师经常阅读其他类书籍，英语教师们都不常阅读畅销作品。

【数据分析】

可以看到我校小学部英语教师阅读内容一般以教育教学类型的书籍居多，也会选择性地阅读有关人文类的书籍，不喜欢阅读消遣类的畅销作品，说明他们虽然具有很强的专业阅读意识，但阅读的类型仍旧较为单一。

## 9. 教师阅读储备对辅助学生学习的影响

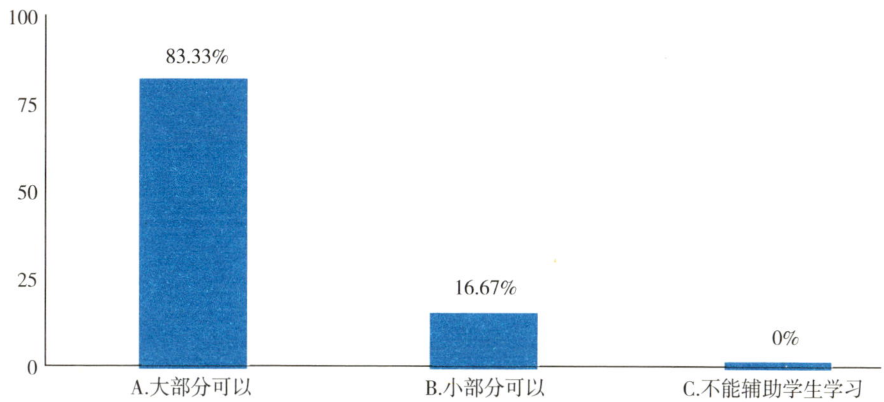


图 5-2-35　我校小学部英语教师阅读储备对辅助学生学习的影响

本题调查的是我校小学部英语教师阅读储备对辅助学生学习的影响。由数据可知，有 83.33% 的英语教师认为教师阅读储备大部分可以对辅助学生学习产生影响，有 16.67% 的英语教师认为教师阅读储备小部分可以对辅助学生学习产生影响，所有英语教师都认为教师阅读储备能辅助学生学习。

【数据分析】

我校小学部英语教师都认为阅读储备是能够对学生产生正向作用的，肯定了阅读储备的价值。

## 10. 教师对英语课堂知识拓展重要性的认知

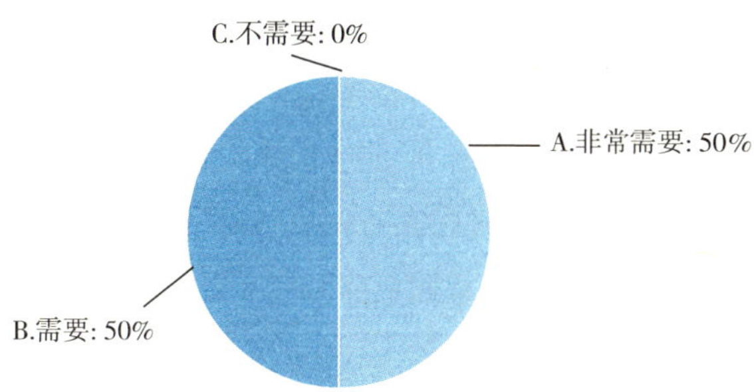


图 5-2-36　我校小学部英语教师对英语课堂知识拓展的认知

本题调查的是我校小学部英语教师对英语课堂知识拓展的认知。由数据可知，有 50% 的英语教师认为非常需要在英语课堂进行知识拓展，有 50% 的英语教师认为需要在英语课堂进行知识拓展。

【数据分析】

可以看出，我校小学部英语教师都肯定了知识拓展在英语课堂中的作用，都认为英语课堂需要知识拓展，这也从侧面反映出教师阅读储备在英语课堂中的强大作用。

### 11. 教师在知识拓展时遇到的问题

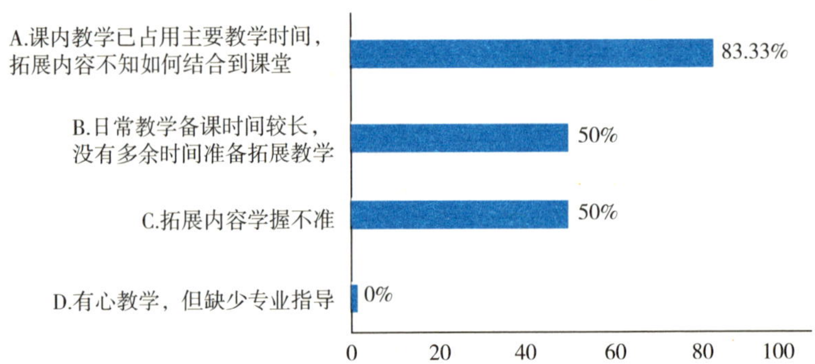


图 5-2-37　我校小学部英语教师在知识拓展时遇到的问题

本题调查的是我校小学部英语教师在知识拓展时遇到的问题。由数据可知，有 83.33% 的英语教师在进行知识拓展遇到“课内教学已占用主要教学时间，拓展内容不知如何结合到课堂”的问题；有 50% 的英语教师在进行知识拓展遇到“日常教学备课时间较长，没有多余时间准备拓展教学”的问题；有 50% 的英语教师在进行知识拓展遇到“拓展内容掌握不准”的问题。

【数据分析】

由数据可知，我校大部分英语教师在进行知识拓展遇到“课内教学已占用主要教学时间，拓展内容不知如何结合到课堂”的问题，少部分教师遇到了“日常教学备课时间较长，没有多余时间准备拓展教学”“拓展内容掌握不准”的问题。究其根本，我校小学部英语教师遇到的诸多问题主要是因为教师在阅读储备后不知道怎样进行阅读转化，这也导致备课时间的延长，加重了教师负担。

### 12. 教师在课堂使用的拓展材料

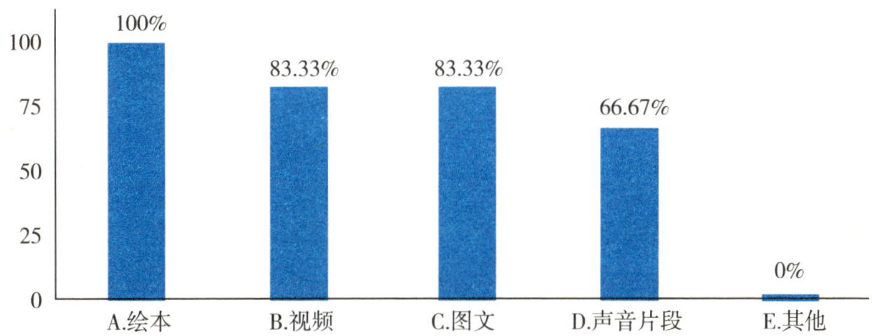


图 5-2-38 我校小学部英语教师在课堂使用的拓展材料

本题调查的是我校小学部英语教师在课堂使用的拓展材料。由数据可知，有100% 的英语教师会使用绘本作为拓展材料，有 83.33% 的英语教师会使用图文作为拓展材料，有 83.33% 的英语教师会使用视频作为拓展材料，有 66.67% 的教师会使用声音片段作为拓展材料，以上几个类型基本上涵盖了教师选用的课堂拓展材料类型。

【数据分析】

可以看出，我校小学部英语教师在课堂中使用的材料多种多样，其中纸质材料绘本更受教师青睐，而随着社会的发展，互联网应用的普及，教师也越来越多地使用阅读储备中的数字化资源，以图、文、声、视多种材料的交叉融合建立多姿多彩的新型课堂模式。

### 13. 教师专业素养提升的方向认知

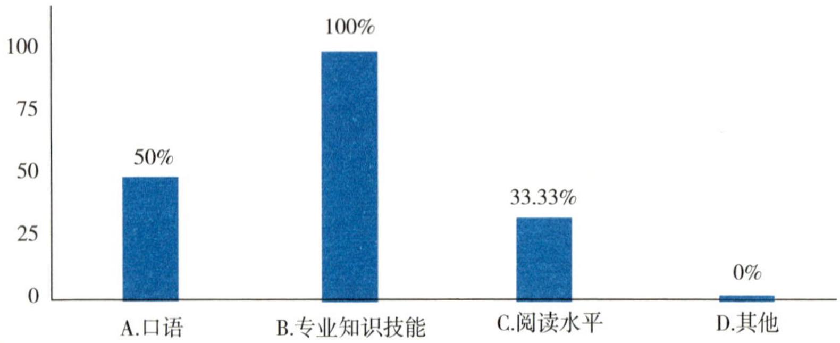


图 5-2-39 我校小学部英语教师在专业素养方面的提升认知

本题调查的是我校小学部英语教师在专业素养方面的提升认知。由数据可知，所有英语教师都认为自身需要在专业素养方面进行提升，有 50% 的英语教师认为要在口语方面进行提升，有 33.33% 的英语教师认为要在阅读水平方面进行提升。

【数据分析】

可以看出，我校小学部英语教师在提升英语知识方面更加注重在专业知识技能方面的提升和在口语方面的提升，在阅读水平方面的提升认知上略有欠缺，这不仅因为于阅读水平能力提升确实缓慢，也因为它提升的是教师的个人素养，不能像专业知识技能一样立竿见影地影响教师的教学水平，不过教师的阅读水平和教师的教学水平却是从根本上的正相关。因此，学校要引导教师更加关注阅读储备的重要性，增强阅读的动力。

### 14. 教学阅读储备与学科教学的关联关系

表 6 教学阅读储备与学科教学的关联关系

| 序号 | 具体内容 |
| --- | --- |
| 1 | 有关联，教师可以通过阅读储备丰富课堂教学内容，为学生提供更好的学习方法。 |
| 2 | 有关联，可以将阅读储备知识迁移或转化到学科教学中来。 |
| 3 | 有关联，可以使学生丰富学习内容，开阔视野。 |
| 4 | 有关联，丰富教学内容，促进教学方法多样。 |

【数据分析】

我校参与回答的四位英语教师都认为教师阅读储备与学科教学是有正关联关系的，这种关联主要集中于教师和学生两个方面：在教师方面，教师阅读储备不仅可以使教师的课堂教学内容变得更加丰富，还会使教学方法更加多样化；在学生方面，教师阅读储备可以帮助学生丰富学习的内容，开阔学生的视野，因为只有传授知识的教师阅读储备加深，阅读面变广，才能培养出阅读视野开阔的学生。

## 15. 教师阅读储备内容在课堂中的应用

表 7 教师阅读储备内容在课堂中的应用

| 序号 | 具体内容 |
|---|---|
| 1 | 绘本故事、英语学习技巧等。 |
| 2 | 和学科知识相关联的内容。 |
| 3 | 学科专业知识，教学设计思路及设计活动意图。 |
| 4 | 教学内容、方法、技巧等，提高教学质量。 |

【数据分析】

我校参与回答的四位英语教师大部分认为阅读中的学科专业知识，如教学设计、教学内容、教学方法可以应用到课堂中，确定了教师的专业知识在课堂中的价值，但忽略了教育理论知识和人文素养知识在课堂中的隐藏价值。

## 16. 教师阅读储备与教学设计的结合

表 8 教师阅读储备与教学设计的结合

| 序号 | 具体内容 |
|---|---|
| 1 | 将绘本融入课堂中，拓展词汇量。将思维导图应用到课堂中。 |
| 2 | 应用到某个教学环节。例如，思维导图在小学英语教学中的应用，这个工具可以应用到词汇、功能句、语篇教学等。 |

续表

| 序号 | 具体内容 |
| --- | --- |
| 3 | 理论联系实际。比如我读过小学自然拼读一书，在日常的教学中有意培养学生见词能读、听词能写的拼读拼写能力。 |
| 4 | 语音教学，让学生掌握读音规律，学起来更容易。 |

【数据分析】

我校参与回答的四位英语教师在实践教学中都把想要阅读的书籍与教学设计进行了结合，具体表现为把阅读的内容应用到教学中的某一环节中，如，把绘本内容融入词汇教学，拓展学生的词汇量；把思维导图内容融入语篇教学，帮助学生理清学习思路；把自然拼读融入词汇教学，帮助学生锻炼拼写能力；把语音内容融入进语音教学，帮助学生快速掌握读音规律等。这也可以看出，教师在进行阅读储备实际转化的道路上越来越深入。

## 四、调研分析总结

综合上述调查结果，发现我校教师阅读储备与转化存在五方面的问题。

### （一）教师阅读储备目的功利化

虽然阅读是一种教师的普遍行为，但我们要知道任何行为都会有一定的目的。而阅读目的不仅会影响着阅读行为的产生，还会制约着阅读行为的发展，甚至决定着阅读行为的总体方向。我校教师也大多会以"遇上教学问题时"或"娱乐消遣"为目的进行阅读，这样固然在一定程度上会促使教师产生阅读行为，并且可以解决目前所面对的教学问题，但长此以往，教师的阅读素养不仅不会得到根本性的提高，还会导致教师阅读面狭窄，只注重当前的教育问题，不重视后续的自身专业发展。究其原因，大多是因为生活节奏的加快和缺少阅读时间，导致教师阅读目的越来越功利化。

### （二）教师阅读储备内容偏食化

学高为师，想要成为一名优秀的教师，一定要博览群书。优秀的教师要有选择地进行广泛的阅读，不仅要阅读与教师教学相关的专业书籍，更要阅读教育学、心理学理论著作和人文素养类书籍，也只有教师的知识储备较为多元、丰富，才能促进学生更加全面地发展。不过现实却是教师阅读的注意力都或多或少地放在与自己专业相关的书籍上，而忽略了教育理论书籍和人文素养类书籍的作用。我校教师阅读的储备与转化也存在阅读内容偏食化问题，从我校教师平常阅读的内容上可以看出，教师阅读的主要内容为学科专业知识类书籍，次要内容为消遣类书籍，最后为教育理论类书籍。造成这种现状的主要原因，一方面是因为教师能够通过教参、教材教法的书籍加深对教材的理解，实用于日常教学中；另一方面，则是因为教师会选择自己感兴趣的书籍进行娱乐与放松。

### （三）教师阅读储备习惯缺失

教师作为人类灵魂的工程师，更需要提升自身的生命质量。也只有在不断提升自身生命质量后，才会有更多的能量影响学生。当然，想要阅读后有所收获，那么，阅读者一定要保持良好的阅读习惯。这种阅读习惯不单单包括阅读行为的持续性与连贯性，还包括阅读的计划性与有效性。通常表现为阅读前做详尽、周密的计划，阅读中用恰当的阅读方法进行深度分析与思考，阅读后进行深刻反思与回顾。而我校教师，虽然大部分都能对阅读过的内容进行一定的思考与分析，但仍有少部分教师仍旧保持着“仅仅保存电子版书籍”且“随便读读不求甚解”的浅层阅读习惯，这种浅层阅读习惯不仅会使教师对阅读内容没有深刻的记忆，同时对自身阅读素养的提升也没有好处。造成这种现状的原因，一方面是因为教师的阅读时间比较碎片化，不能保证阅读的连贯性；另一方面是因为缺少积极向上的教师阅读氛围。

### （四）教师阅读储备时间缺少

如果说对普通人来说，阅读是一种娱乐、放松的方式，那么，对教师来说，阅读不仅是提升自身素养的“弹跳板”，还是足不出户便能拓宽视野的“千里眼”。

不可否认的是阅读最终的效果与阅读所耗用的时间呈正相关，即常言所说“有付出才会有回报。”不过，当今大部分教师却无法保持足够的阅读时间，这是造成当今教师阅读实效不高的重要原因。我校的教师也面临同样的问题，从调查数据中可以看到，我校教师每星期的阅读时间多数在6小时以下，甚至有部分教师每星期的阅读时间少于3小时。这意味着我校教师每天的阅读时间不仅不足一个小时，有的还不足半个小时。这多数是因为教师日常上班时不仅要负担学科的教学工作，还要做各项培训与会议，下班后身心疲惫，还要兼顾与家人的日常生活。要想提高我校教师阅读实效，解决阅读时间不足的问题是重中之重。

### （五）教师阅读储备环境有待加强

雅斯贝尔斯在《什么是教育》中这样写道：“教育的本质意味着：一棵树摇动另一棵树……”其实每一个生命个体就像一棵树，有着与生俱来的自我生长的愿望及动力，而教师群体更是极其向上至善、努力成长的群体。在一个优质的环境里进行阅读可以更好地激发教师群体向上发展的动力。这里优质的环境不单单指适合阅读的安静环境，更是指及时更换、更新足以供应教师进行的阅读资源和能够激发教师进行阅读的积极的阅读氛围。从我校教师阅读储备的调查中了解到大多数教师图书的主要来源依靠自行的购买或下载，只有很少的教师是以学校图书馆为主要来源进行阅读的。因此，可以看出我校图书馆的阅读资源不能满足教师的日常需求。要深入研究我校教师阅读储备环境的深层次问题，寻找解决问题的长效策略，构建更加人本化的内容丰富的持续性更新的教师阅读储备环境。

### （六）教师阅读储备转化和运用欠佳

通过调查，发现我校教师在阅读储备转化方面有待提升。教师在教学中应重视学生的学习过程和个性差异，重视学生终身学习的能力的培养和发展。课堂上教师需要干预的时候，应该成为课堂教学教师水平的闪光点。如果教师转化方式和策略欠缺就难以提供有效资源，帮助学生在迷茫中找到正确的思路和答案。课堂上教师已经意识到了在备课中的准备不足，又无法现场翻阅查找，这时候十分尴尬的局面是教师最难以面对的情况，然而还有一种情况就是储备充分但是运用时候没有力度，缺乏张力，让学生不能够满足或者还是显得一知半解。

# 第六章　探微·教师阅读储备的内容分析

探幽索隐，识微见远。教师阅读储备从每日的阅读而来，从每一本书上的内容而来。因此，关于教师阅读内容的选择尤为重要，荀子说：“博观而约取，厚积而薄发”。只有通过细致的筛选和深入的阅读，我们才能在知识的海洋中汲取精华，从而实现自身的成长。本章主要围绕教师阅读的内容，试图通过对教师阅读储备的内容分析，为教师选择读物提供具有可行性和参考性的建议。

# 第一节　教师阅读的内容

教师职业与学生群体相伴相生。因此，研究教师的专业阅读与专业成长，就必须将教师和学生联系起来，将教师和教学实践联系起来，将教师和教育生活联系起来。任何与学生割裂的教师阅读研究，算不得真正意义的教师研究。教师阅读的目的就是获取系统有效的理论知识，进而指导教育教学实践，对我们的教学实践起到积极的推动作用。教师阅读的内容，是和教师职业生命相关的一切读物，是专业知识与通识性知识的有机结合。

## 一、教师专业知识构成

研究教师阅读的内容，就必须从“教师需要哪些知识”出发，了解教师专业知识结构，从而使教师能够查缺补漏，补齐自身的知识“短板”。

### （一）教师知识结构

林崇德、辛涛和申继亮三位教授，对教师的知识结构作了深入研究，将教师的知识分为四种：本体性知识、条件性知识、实践性知识和文化知识。[1]

#### 1. 本体性知识

本体性知识，指的是教师自身需要具备的特定的学科知识，如语文老师要掌握古代汉语、现代汉语、文学理论的基本知识，了解中外文学名著，熟知著名作家等。

#### 2. 条件性知识

条件性知识，指的是教师要具备教育学以及心理学等心理方面的常识。教育学和心理学联系密切，如果想要成为优秀的教师，就必须了解学生的心理特点与特定时期的心理倾向。

#### 3. 实践性知识

实践性知识，主要是指教师要具备课堂情景教学知识能力以及相关行为标准。实践性知识是教师教学经验的积累，相对于教学理论来说，名师的教学案例，作

1　辛涛，申继亮，林崇德. 从教师的知识结构看师范教育的改革[J]. 高等师范教育研究，1999(06):12–17.

为一种替代性经验和参照物，对于教师的实践性知识增长帮助更大。

### 4. 文化知识

文化知识，指的是教师作为个体的通识性知识。如果没有丰富的通识性知识作为支撑，仅靠讲述学科知识，使用再多的教学方法，课程也会干瘪而无趣。

## （二）教师专业标准

2011年，教育部颁布了《小学教师专业标准》，对教师的职业素质提出了要求，也为新手教师的成长指明了方向。该标准将教师的专业知识分为四种，即小学生发展知识，学科知识，教育教学知识和通识性知识（如表9）。《小学教师专业标准》的颁布，意味着教师需要通过学习与实践，让自己的四方面知识逐渐丰富。优秀的教师，既要了解学生，业务熟练，也要视野广博，拥有人文胸怀。

表9 小学教师专业标准基本内容表（部分）

| 维度 | 领域 | 基本要求 |
|---|---|---|
| 专业知识 | （五）<br>小学生发展知识 | 20. 了解关于小学生生存、发展和保护的有关法律法规及政策规定。<br>21. 了解不同年龄及有特殊需要的小学生身心发展特点和规律，掌握保护和促进小学生身心健康发展的策略与方法。<br>22. 了解不同年龄小学生学习的特点，掌握小学生良好行为习惯养成的知识。<br>23. 了解幼小和小初衔接阶段小学生的心理特点，掌握帮助小学生顺利过渡的方法。<br>24. 了解对小学生进行青春期和性健康教育的知识和方法。<br>25. 了解小学生安全防护的知识，掌握针对小学生可能出现的各种侵犯与伤害行为的预防与应对方法。 |

续表

| 维度 | 领域 | 基本要求 |
| --- | --- | --- |
| | （六）<br>学科知识 | 26. 适应小学综合性教学的要求，了解多学科知识。<br>27. 掌握所教学科知识体系、基本思想与方法。<br>28. 了解所教学科与社会实践、少先队活动的联系，了解与其他学科的联系。 |
| | （七）<br>教育教学知识 | 29. 掌握小学教育教学基本理论。<br>30. 掌握小学生品行养成的特点和规律。<br>31. 掌握不同年龄小学生的认知规律和教育心理学的基本原理和方法。32. 掌握所教学科的课程标准和教学知识。 |
| | （八）<br>通识性知识 | 33. 具有相应的自然科学和人文社会科学知识。<br>34. 了解中国教育基本情况。<br>35. 具有相应的艺术欣赏与表现知识。<br>36. 具有适应教育内容、教学手段和方法现代化的信息技术知识。 |

## 二、教师应该读哪些书

随着教师阅读逐渐被教育部门和学界重视，关于“教师应该读哪些书”这个问题，众多专家学者，也纷纷提出了自己的看法。

### （一）教师阅读的五个方面

康万栋与康瑛认为教师应主要阅读五方面的书籍，即马列主义；毛泽东思想等“红色”经典著作；学科相关的专业书籍，教育学和心理学等理论书籍；励志类书籍；文学、艺术等人文书籍。[1]

1　康万栋，康瑛．读书与教师专业发展 [J]. 天津教育，2006(7):35-36.

**1. 马列主义、毛泽东思想等“红色”经典著作**

我们生长、生活在社会主义国家，红色文化是我们的精神根基。作为教师应该常读“红色”经典书籍。如杨沫以亲身经历为素材创作的半自传体小说《青春之歌》，以20世纪30年代九一八事变到一二·九运动的爱国学生运动为背景，通过女主人公林道静的成长故事，构筑了革命历史的经典叙事，具有极强的教育作用。经过红色教育的洗礼的教师，能够更好地成为学生的楷范。

**2. 与所教学科相关的专业书籍**

学科知识是教师专业的核心知识，学科专业书也是当下教师最喜欢看的书，因为能够很快地转化为实践成果。比如大夏书系《小学古诗词赏析与教学（统编版）》一书，作者鲍道宏根据自己的教学实践，对统编小学语文古诗词的赏析与教学进行了探索。我校教师研读了这本书，对古诗文的教学有了新的理解，并且应用到教学中，取得了不错的效果。

**3. 教育学和心理学等理论书籍**

教育学、心理学是教师知识结构的重要部分。如《教育与脑神经科学》，该书选录了美国教育与脑神经科学领域中，八位声名显赫的学者各自专著中的精彩章节，用通俗易懂的语言阐述了如何将神经系统学研究成果应用于不同的教学场合，帮助教师们通过新理论、新研究来改进教学实践。

**4. 励志类书籍**

励志类书籍，能够给教师赋能，激发出教师自身的激情，从而更好地开展教育教学工作。如《细节决定成败》这本书，作者作为企业高级管理人员，以大量的案例论述了“细节”在管理中的重要性。对于教师的教学管理，也能起到指导和参照作用。

**5. 文学、艺术等人文书籍**

文学、艺术等人文类书籍，是作为公共知识的主要来源，是所有人的必读书目。任何职业的人，都应该读一些人文书。人人都“力争上游”。教师在广泛阅读人文类书籍之后，不仅可以丰富自身的涵养，也能让自己的课堂内容更加丰富。

### （二）互相交融的教师读物三圈层

著名特级教师温儒敏，对于教师读书也有着自己的看法。温老师建议每个老师都要为自己定制书单，并且设定可行性强的读书计划。教师读物，一般来说可以包括三部分，这三部分共同形成可以套在一起又彼此交错的圈层集合。[1]

**1. 外圈：通识书**

最外围的那个“圈”，是中外文化经典等通识性书籍的部分。外圈书作为最基本的读物，凡是接受过良好教育的人都应读过。读外圈的书，能够感受人类智慧的结晶。如《哲学就是爱智慧》，在很多人的眼里，哲学是一个让人感到艰涩和高深的词汇。而这本书，作为写给孩子的知识普及类读物书，语言通俗易懂，内容丰富有趣，对于教师来说阅读难度不大。我校读书分享交流会就曾组织教师共同研读本书。

**2. 中圈：相邻学科书**

第二个“圈”，是与自己从事专业相关的学科书目。阅读目的是打基础，拓展专业视野，使自己能够触类旁通。比如，物理教师可以读化学等学科的书，学文科的，可以读理科的书，语文老师读书的面应当比其他学科更宽一些。比如读童书，能够贴近儿童思维，了解儿童的精神境界。如杨红樱的“淘气包马小跳系列”，《窗边的小豆豆》《草房子》《我亲爱的甜橙树》等，都是我校师生经常阅读的书籍。除此之外，作为教师也应该读一读心理学书，如《情绪急救：应对各种日常心理伤害的策略与方法》，作者盖伊·温奇博士利是一位心理学家，他用最新的科学研究成果，对于生活中常见的心理问题，提出了可行性极强的解决方案。读了这本书，无论是缓解自身的负面情绪，还是引导学生处理好情绪问题，对教师都有极大帮助。

**3. 内圈：自身学科书**

第三个“圈”，是核心部分，即主要围绕自己的专业，或者自己感兴趣领域的书目。比如朱永新在《学校未来：重新定义教育》中，对未来教育的形态进行了设想与预言。他认为未来学校变为“学习中心”，不再有固定的教室，而是采用对房间的预约制度。教学不再是班级责任制，而是采用“导师制”，给每一位学生提供定制化的课程。教师群体中，将会有一部分人变成自由职业者。而学生的年龄限制也将被打破，未来的学习中心会进行混龄教学，爷爷和孙子也能共学

1　温儒敏 . 温儒敏谈读书 [M]. 北京：商务印书馆 , 2019.44–46.

一堂课。这样的愿景，其实已经在被逐步实现，无论是澳大利亚悉尼的学习创新中心，还是北京的探月学院，随着新高考改革，打破空间限制走班制已经成为高中课程实施的必然趋势。作为教师，了解教育的最新动态，才能为未来做好准备。

温老师认为，除了这三部分书目之外，还可以读一些消遣的、娱乐的书。但不应当是主体，不用专门设定一个“圈”，可以随心所欲地阅读。

### （三）以中华文化原典为核心的教师阅读三层空间

北京一零一中学的特级教师程翔老师，根据书目内容距离中华文化原典的远近，将教师阅读的内容分为三层：“外层书”“中间层书”和“核心层书”[1]。

#### 1. 外层书：基础知识书

“外层书”是通识性知识的“集散地”，即教科书、心灵鸡汤、中国文学史等，距离中华文化原典较远的人文基础读物。教师在阅读之后，获得的知识是比较浅层的。如张文宏的《疫苗简史》，全书写作采用人物、疫苗、技术三线并进的手法，从医学史的角度展现疫苗的过去、现在和未来，讲述了 15 种疫苗研发背后不为人知的故事，展现百年疫苗发展史中的科学精神与人文关怀。

#### 2. 中间层书：某某选集

“中间层书”主要为后人对原典的解读性书籍，如《唐诗选》《鲁迅选集》类的“xx 选集”，虽然距离核心较近，但是与核心还有一定的差距。这些选集是对原文进行了编辑之后汇集成册。受编者选材的个人影响，教师阅读之后，只能了解编者想要传达的部分内容。而更广泛的部分，需要教师从中华文化原典这类更原始、更真实的文本中获取。

#### 3. 核心层书：中华文化原典

“核心层书”，即中华文化原典，是完整的原著，如“四书五经”“十三经”等。程翔老师认为语文教师应该长期研读这些原典。作为教师，中华文化原典，能够培养文化自信，增强人文底蕴。

1　程翔 . 教师阅读的“三层空间”[J]. 教育研究与评论 ,2021(04):128.

### （四）优秀教师成长的关键读物

《教师博览》杂志社社长方心田在《优秀教师的成长：关键读物》一书中，将影响教师专业发展的关键书目，总结为以下六种：涵养人文精神的书、积淀教育智慧的书、培植教育理论的书、丰盈教育心灵的电影、学习班级管理的书、高品质的教育报刊。[1]

#### 1. 涵养人文精神的书

涵养人文精神的书，如张炜的《我的原野盛宴》，作者以孩童的视角，使用第一人称的叙述方式，从幼年的童真生活写起，为读者还原了一段被人遗忘的民间历史，描绘了出一场精彩的“原野盛宴”。通过众多富有民俗韵味和地域风情的故事，让人体味着爱与生命的意义，对生态道德、生态文明发出了呼唤。教师在阅读这类人文类书籍的时候，会感到精神震撼，灵魂能够得到洗礼。

#### 2. 积淀教育智慧的书

积淀教育智慧的书，如任洁主编的《行动中的教学机制》，作者从真实的教育案例出发，让新手教师直面案例中的问题，通过对现实情境、细节策略等进行分析，一步步指导新教师冷静应对、规范流程、寻找策略，进而从专家那里获得替代性的教育经验，积淀教育智慧。是新手教师的必读之书。

#### 3. 培植教育理论的书

配制教育理论的书，如哈维・斯莫基・丹尼尔斯等人所著的《合作学习技能35课：培养学生的协作能力和未来竞争力》，给教师提供了一系列可行性极强的，在班级中开展合作学习的实用建议。

#### 4. 丰盈教育心灵的电影

丰盈教育心灵的电影有很多，理论上来讲并不是教师的“读”物。但是这类电影对于教师的影响，却能够弥补书籍在表现力上的不足。比如电影《放牛班的春天》，讲述的是一位怀才不遇的音乐老师马修来到少年管教所，面对一群被大人放弃的野男孩，改变了孩子们以及他自己的命运的故事。其中孩子们一开始的各自乡间小调哼唱，到最后的同一首歌团体合唱，见证了孩子们的改变与成长。

---

1 方心田 . 优秀教师的成长：关键读物 [M]. 北京：中国人民大学出版社 ,2017:5.

这两个片段是很多老师印象最为深刻的情节。

### 5. 学习班级管理的书

学习班级管理的书，对于班主任来说非常“有用”，能够为自己的班级管理提供指导。如魏书生的《班主任工作漫谈》，这本书以班主任工作为主题，包括各种教育、教学、管理的策略和实施方法。从指导思想到管理措施，再到工作细节，完美展现了作者扎实的理论功底、丰富的实践经验和独具一格的工作作风。

### 6. 高品质的教育报刊

高品质的教育报刊，能够给教师提供最新教育动态。如《课程·教材·教法》《中小学班主任》《基础教育课程》《现代中小学教育》等杂志。教师在做科研的时候，可以很好地参考其中的文章，同时也可以从中获取自己的选题方向。

## （五）教师专业的读物选择

唐山市丰润区教育局小学教研室主任高启山，曾发表《给中小学教师专业读物选择的一般性建议》一文，认为教师应该阅读包含教育实践专业知识、现代教育教学理论、“名家”与文化经典这三类知识的书。

### 1. 教育实践知识书籍

教学是教师的主要任务，教育实践知识书籍对于教师来说，有着极强的指导性和可行性。教育实践知识书籍主要有：

（1）课程标准、学科教材、学科教师教学用书。

（2）所任教学科的专业知识。

（3）教育教学方法的专业知识。

### 2. 现代教育教学理论书籍

阅读现代教育理论书籍的目的，一方面是搞明白“为什么教这些、为什么这样教”的理论。另一方面，这些书籍也可以成为系统建构自己教学思想的养料。现代教育教学理论书籍主要有：

（1）有关“学生如何学习、如何发展”的理论。

（2）阐述现代教育理念发展变化的专业理论。

（3）围绕研究主题自主组织理论读物系统。

（4）关注教育教学理论发展最前沿成果文献。

### 3. “名家”与文化经典书籍

“名家”即为各领域的专家与领军人物，阅读名家书籍，能够获得更丰富、深刻的知识。而文化经典书籍，则是经受时间“大浪淘沙”之下留下的先辈们的智慧成果。“名家”与文化经典书籍主要有：

（1）“成为教师典范”的相关书籍和文章。

（2）“介绍世界名人伟人”的读物。

（3）精选经典文化的作品。

（4）介绍教育历史变迁发展的专著。

（5）现代社会学、哲学文献专著。

（6）让精神得以陶冶的经典文学。

## 三、小结

众多专家学者对于教师阅读内容的分析，基本上都围绕着学科教学、教育理论、中华传统文化与通识性知识四类内容。刘向说“书犹药也”，对于教师来说，阅读是提升专业素养的“特效药”，也是每天应该吃的“常用药”。理想的阅读，要“荤素搭配”，既要读智慧书这类的能够马上起效的“有用书”，也要读性情书这类读完短时间内作用不大，回报周期长的“无用书”。作为校长，我一直倡导和支持师生的读书活动，同时以身作则在干部会上分享读书心得。我校通过教科院推荐和教师推荐双渠道，最终筛选出一批经典教育阅读读物，形成我校教师必读书库，为教师专业成长提供智力支持，并且定期举办读书交流活动进行交流与展示。例如，2020 年暑假，学校为每位教师购买了各类教育教学名著，利用假期教师完成了阅读，前期各教研组和备课组在组内先开展了交流。在 11 月 19 日全校召开了 2020—2021 年第一学期读书交流活动，汇报发言的十一位教师分别从不同的角度代表他们本组分享了书中的精华。从老师们的交流看，他们都非常认真阅读了自己所选的著作，并写出了深刻的体会。交流时老师们声情并茂，情绪高昂，做到了心与心的交流；有些教师如曲东琳、刘醒春、熊芙、王君、周莹莹、冯静能与自己的教学实践有机结合，学以致用；还有些教师如李绍朋、刘琳、李景娴、陈宏娟、朱霄龙以学科为背景，低起点为其他科目教师普及本学科知识，达到知识融合的目的。

# 第二节　教师阅读的层次

朱永新认为，教师的专业发展会经历一个“浪漫→精确→综合”的有机过程。[1] 而对教师而言，随着成长阶段的变化，阅读的重点也会产生变化。同时，因为教师个体的独特性，即使是同一阶段的教师，也存在着不同的阅读路径。

## 一、教师不同发展阶段的阅读层次

在《中国教育报》2007年8月28日第6版上，李广生老师刊登了一篇题为《教师成长的六个阶段：从教师“最近发展区”中寻找出路》的文章。在这篇文章中，李老师将教师的专业成长过程概括为适应期、熟练期、风格期、骨干期、学术期和理想期等六个阶段。与教师成长阶段相对应的，是不同阶段教师的阅读层次。

### （一）适应期

第一阶段为适应期。新手教师在入职之初会度过一段充满挑战的时光。听课、评课以及阅读专业书籍，能够帮助新手教师迅速度过适应期。在这一阶段，教师适合阅读一些名师写给新手教师的入门书籍、优秀教师的教学案例辑录、班级管理书籍等，如《班主任工作漫谈》《个性化备课经验》《大教育书系 给语文教师的新建议 如何从新手走向卓越》。这些书不仅给新手教师传授了实用的方法与技能，也揭露了案例背后的教育原理。

### （二）熟练期

第二阶段为熟练期。经过适应期的磨炼，教师已经能够胜任教育教学工作，积累了一定的经验。但是这个时期也是比较危险的时期。因为部分教师的成长会止步于此，终身维持这样的水平。熟手教师想要获得进阶，在积累教学经验的同时，也要打破自身的固有观念，获得成长的空间。在这一阶段，教师可以阅读经典的教育理论著作，如《窗边的小豆豆》《爱的艺术》《不跪着教书》等等。这些书籍相对于艰涩的教育原理，可读性较强，部分书内容十分童趣，能够对教师起

1　朱永新．专业阅读：教师专业发展的基石 [J]. 教育科学研究 ,2009(06):1.

到启迪心智、愉悦心灵的作用。

### （三）风格期

第三阶段为风格期，教师能够梳理自身的教育经验，脱离名师的框架，形成自身独有的风格。为了实现这样的目标，教师需要了解最新的教育理论，如想了解社会、情感教育相关理论，可阅读《大夏书系 社会交往和情感教育》这本书。通过最新教育理念的洗礼，选择一条自身真正追求的道路。

### （四）骨干期

第四阶段为骨干期。骨干期的教师，自身的教育教学功底十分深厚，同时还肩负带动更多教师的责任。因此，这一时期，教师除了完善自身的教学之外，还必须有将自身经验传授给他人的能力。这一阶段的阅读，可以从人文科学类的通识知识、教育学、心理学的理论知识着手，将自身的教育经验理论化。可以阅读《民主主义与教育》《大教学论》《教学勇气》等。

### （五）学术期

第五阶段为学术期。学术期的教师，基本上在阅读上有着自己的偏好与计划，能够根据自身感兴趣的问题，选择书籍进行深入研究。权威的学术期刊与著作是这一时期教师的重要阅读内容。

### （六）理想期

第六阶段为理想期。理想期的教师能够在阅读上做到收放自如。无论是何种读物，都能对其有所裨益。经验丰富的理想期教师，阅读会更加随性，也更加享受阅读。

## 二、同一阶段教师阅读的不同层次

虽然说总体上教师的成长分为若干个阶段，同一阶段的教师阅读存在着共性。但是即使是同一阶段教师，他们的阅读需要、阅读习惯与阅读水平等也有所差异，因此出现了不同的阅读层次。

## （一）教师阅读的三层境界

秦超老师将教师阅读分为三种境界，即真读、精读和慧读[1]。

### 1. 真读境界

真读境界，是指教师基于自身发展需要，真真切切地进行阅读。真读需要注意三个方面，一是制订详细的读书计划，二是读书任务不打折扣，三是带着正确的心态阅读。在这一层次，教师能够做到真正踏实地去阅读。很多学校，通过各种制度与活动组织教师进行阅读，基本上能够做到"真读"的层次。

### 2. 精读境界

精读境界，是教师根据需要选择读物，进行重点研读，领会书中的精要内容。如我校英语组教师，积极探索新型教学方法，集体研读了《思维导图与小学英语教学》。在词汇新授板块教学中，英语思维导图使呆板无聊的文字一下子"活"了起来，给学生一种近在眼前的"立体感"。思维导图可以明显改善学生对语言材料的感知，减少用汉语语言文字解释英文词汇的烦琐，学生也可以脱离母语的依赖，而对所学单词的词义一目了然。从而激发学生学习单词的兴趣。研读之后，多位英语教师在不同班级进行了试课，取得了良好的效果。

### 3. 慧读境界

慧读境界，则是能够带着思考阅读，深刻领悟书的内涵。写就《不跪着教书》的吴非老师，非常具有批判性思维，经常对生活中司空见惯的问题进行思考。上高小时，吴老师就对"地动仪"的真实性产生了怀疑。在教《张衡传》的时候，更是鼓励学生对这个问题进行探究。吴老师说："作为一名教师不能不读书，只有多读书，才能始终像儿童那样，睁大眼睛看世界，才能不断有新的发现。"吴老师无疑达到了"慧读"的境界。

## （二）教师阅读的三个层次

吴遵民教授和李政涛教授认为，自我更新型教师是现在以及未来学校和社会所需要的教师。而要做自我更新型教师，就要读三种类型的书，即涉及知识、涉

1　秦超．教师阅读的三层境界：真读、精读、慧读 [J]. 今日教育 ,2021(09):63-65.

及智慧和涉及生命的书。[1]这三类书也关联着教师阅读的三个层次。

**1. 知识层次**

第一个层次，是教师从书中获取知识。一旦教育知识充实于心，教师将会更有底蕴，也更有朝气地站在讲台上。如苏霍姆林斯基的《给教师的100条建议》，这本书以一位老教师对新教师的关怀与引导的口吻，汇集了苏霍姆林斯基多年的从教经验与教育理念。其中就包括关注教师对学生的直接影响、建议将家庭教育纳入教育体系中，强调集体的对于学生的教育作用等。无论是新教师还是老教师，都能够在这本书中获取新的认识。

**2. 智慧层次**

第二个层次，是教师通过阅读而生长智慧。追寻教育智慧，使自己成为智慧型教师，这将是未来教师发展的一个根本趋向。如《走出唯一真理观》一书中，收集了陈嘉映先生十余年间的对话、讲座和访谈等，通过思维的交互与观点的碰撞，探讨哲学问题、生活问题。陈嘉映在书中说："你要深入到自身之中，了解你真正相信的是什么。你实实在在相信一些什么，你为自己相信的东西做点儿什么。这时候，你的信念和行动是实实在在的。"这类书能够拓宽教师视野，启迪教师智慧。

**3. 生命层次**

第三个层次，是教师在阅读的过程中完善"教师生命"。教师阅读不应该用坚守来形容，教师阅读更是一种精神需要。教师在对知识与智慧的追寻过程中，必然会引发教师对自身生命价值的思考，使教师在阅读与思考中，不断地完善"教师生命"这一独特的职业存在形态。教师的阅读史，也是教师的专业发展史。正如吴非的《不跪着教书》一书，体现出了其对于教师生命的探寻，内容上既有作者持有的教育信条，也有对当下教育现状的思考。

### （三）教师阅读的四个层级

特级教师章献明老师，则将教师阅读的层次分为四种，分别是：基础阅读、

---

1 吴遵民，李政涛．自我更新型教师的理想读物[J]. 上海教育，2002(18):60.

提升阅读、拓展阅读和修身阅读。[1]

**1. 基础阅读**

基础阅读，即读与教育教学相关的图书。章老师认为教师应该重视基础阅读，尤其是新手教师，可以结合自己的教学实践，通过“复盘式的重读”，来印证书中的教育理论。基础阅读，一方面是与所教学科相关的书，如郭初阳、汤萌的《远在远方的写作课》，将中小学语文教师比作“写作教练”，认为中小学阶段的写作教学是为了培养学生的写作技能。学生的技能提升，需要从中外经典文学作品中汲取营养，教师则是学生的领读者。

另一方面是教育理论类书籍，如联合国教科文组织发布的《反思教育：向“全球共同利益”的理念转变？》，认为我们的教育目的是教导人们在承受压力的地球上共处，重申了人文主义教育方法，将教育和知识作为全球共同的利益。书中分析了国家背景、学生身份等影响教育质量的因素，期望全球能够共同提高教育水平。

**2. 提升阅读**

章献明老师认为提升阅读，教师要读哲学类书籍。哲学知识是教师知识结构的必要组成，并且是一种“隐性支架”，能够串联起其他知识。教师阅读哲学书籍，既能使用哲学视角审视当下的教育现实，也能够通过对现实的思考与批判，提升自身的理论水平。如朱正琳的《哲学就是爱智慧》，本身是作者写给孩子的哲学书，因此通俗易懂。本书从“什么是哲学”“哲学家们想些什么问题”“哲学家都是些什么样的人”。三个问题出发，解开了读者对于哲学的迷思。

**3. 拓展阅读**

章老师对于拓展阅读的建议是读政史类图书。政史类图书可以作为教师的“探照灯”，探清前进的方向，避免走弯路、错路。同时，教师在阅读这类图书之后，能够对国家政策与方针有较为深入的理解，从而引领学生学习、遵守相关法规。如《邮票中的百年党史》，通过邮票展示党的历史功业和现实成就，同时还扼要讲述与党的发展历程相关的邮票的自身信息和故事。该书共分 12 个篇章，以毛主席的经典诗句作为各篇章的题名，讲述了从开天辟地的“革命”历程，到改天

1　章献明 . 教师应该读什么书？ [J]. 福建教育 ,2021(44):20–21.

换地的“建设”成就；从翻天覆地的“改革”大潮，到惊天动地的“复兴”圆梦，党所走过的百年历史，在苦难中造就了今日辉煌。

**4. 修身阅读**

修身阅读，则是要读一些“闲书”。“闲书”是指除专业需要和个人提升之外的书。读“闲书”意味着教师的阅读范围要广博，脱开专业与个人，向更远的世界出发，拓宽自身的知识面，从而提高自身的专业素养。如《莎士比亚植物志》，精选了莎翁剧作中49种植物，从文学、历史、园艺、烹饪、医学、民俗、语言等多角度写小传，描绘出一幅生动的莎士比亚式花园图景。

### （四）教师阅读的三种类型

不同的教师，有着不同的阅读习惯与策略。根据我校教师的阅读经验，也可以将教师阅读分为鲸吞、牛嚼和蟒缠三个类型。

**1. 鲸吞**

鲸吞，指的是阅读时的兼容并包，阅读广而杂，宽而泛。蓝鲸在进食时，会采取过滤的方法，留下海水中的鱼、虾、浮游生物，滤出无用的海水。很多教师在阅读时，也会采用鲸吞的方法，全面了解感兴趣的内容。自身通过对阅读材料的识读，将真正有价值的东西留下，作为自身素养的养料。窦桂梅老师就一直坚持阅读，她读《人民教育》《南方周末》，也读《小王子》《中国古代思想史论》。在不断地阅读中，惠特曼的一段话对她产生了深刻的影响。惠特曼说：“有一个孩子每天向前走去，他看见最初的东西，他就变成那东西，那东西就变成了他的一部分。”于是，窦桂梅老师在教育教学中，更加注意给孩子呈现“真、善、美”的东西，逐渐形成了“语文教育必须让学生的精神泡在文学的蜜罐子里”的语文教育观。

**2. 牛嚼**

牛嚼，是指专注于眼前的读物，反复咀嚼与推敲，这种阅读更加专与精。一些草食性动物，在进食的时候，会有“反刍”的习惯，牛就是如此。相对于鲸吞式的博览群书，牛嚼式的反复阅读，能够使教师对书籍内容领会得更深刻，达到读一本就熟一本，读一本就通一本的境界。如吴江区思贤实验小学师训班，曾开展 “二次阅读”活动，班内教师重读孙双金老师的《为素养而教深度学习的实施策略》一书，对“深度学习”进行了深入的研究。

### 3. 蟒缠

蟒缠，指的是在阅读中攻坚克难，对于难度较高的读物采取硬啃，蛮缠的态度，不读明白不罢休的阅读方式。在阅读中遇到困难时，具备水滴石穿的精神，抓住问题不放，通过使用工具书和向有学问的人请教，直到弄明白、弄通透。如宁波市镇海区“研之乐”读书会举办的教师“啃读挑战”，要求参与的教师“月啃一书并写千字”，并定期分享自己的感受。这样的阅读量，对于教师繁忙的工作而言，有些难度。但是抱着“蟒缠”的态度，一个月读完一本书，还是可以完成的。甚至有些教师不仅完成任务，还利用闲暇时间读了计划外的书。

## 三、小结

教师的阅读层次有所区分，但是无好坏之分。通过对这些阅读层次的细致辨析，教师们可以更准确地自我定位，借鉴同行的经验智慧，优化个人的阅读模式，并明确自己的阅读发展路径。这一过程，是教师专业成长不可或缺的一环，只要怀抱着对“终身学习”的执着追求，每位教育工作者都将在各自的职业旅程中，逐步体验并超越这些层次。

同时，对于经验的梳理，也能让更多伙伴掌握良好的阅读方法，在分享中实现共生共赢。以我校为例，在定期举办的教师阅读分享会上，各位老师慷慨分享自己的读书心得与策略。通过“鲸吞”般广泛涉猎、“牛嚼”般深入消化、“蟒缠”般持久思考的多元阅读方法，每位教师都能深入领悟所爱之书的精髓，让书籍成为携手同行的良伴，共同书写不负时光的教育篇章。

# 第七章　研术·教师阅读储备的实施路径

雨果有云："打开一本书，就是打开一个世界。"教师的阅读储备，实质上是在拓宽教育的边界，让教室成为通向多元文化和广阔思想的窗口。每一次翻阅，都是对传统与创新、本土与国际对话的邀请，它赋予教师以更丰富的视角审视教材，以更深的同理心理解学生，从而在课堂上播撒启迪与灵感的种子。因此，本章在理论分析的基础上，力图探寻"提升教师阅读储备的实施路径"。

# 第一节　点燃教师阅读激情

教师作为阅读的主体，是阅读行为的发起者，也是阅读行为的实践者。改善教师阅读状况，需要点燃教师激情，激发其内在的动力。使教师在阅读观念、阅读方法、阅读方式和阅读关系等方面做出改变。

## 一、更新阅读观念，明确阅读目的

教师的阅读观念直接影响教师的阅读行为。通过观念的改变，才能够修正自身的阅读目的，从而获得较好的阅读效果。

### （一）时代发展要求教师阅读

教师本应是天生的读书群体。然而随着现代多媒体的发展，在当前由电视、手机、游戏机和网络构筑的声光世界中，教师与书本的距离越来越远。根据多项调查发现，目前教师群体存在整体阅读水平较低，阅读目的不明确，阅读方式单一等问题。很多教师受过去应试教育的环境影响，不重视阅读、不喜欢阅读，或者想要阅读，却不知道读什么，教师的阅读状况有待改善。在过去，不读书或者很少读书的教师也可以上课。只要抓得住考纲、考点，会搞题海战术，学生的成绩照样上得去。但是缺少积累的教师，只能造就僵化的教学与平庸的课堂，长久之下，教师将本应该丰富多彩的教学内容，窄化为教材和教参中的一小片天地，掩埋了学生的原始个性与天然的好奇。

针对这样的教育现状，国家进行了多次的课程改革，颁布了各种教育政策，新的教育生态逐渐形成，“五育并举、五育融合”的教育理念逐渐深入人心。教师仅仅守在自己的学科天地，已经不能满足时代与社会对教育的需求。尤其是最近颁布的“双减”政策与强师计划，都对教师的专业素质有着较高的要求。“双减”政策下的课堂教学要“减负增质”，要求教师打破以往“师授生学”的教学形式，课程聚焦学科核心素养，突出学生的主体性与参与性。教师需要通过巧妙的教学设计，让学生带着积极的情感，借助已有的认知经验，通过多种感官或行为参与到学习当中。而不学习、不阅读、不成长的教师是难以适应新的教育环境的。可以说，阅读是时代对教师的要求。

### （二）学生发展要求教师阅读

在建设书香社会的过程中，有三个人群特别重要，分别是父母、领导和教师。如果父母、教师和领导干部都热爱阅读，身体力行地向身边的人展示阅读的意义与价值，那么一定会营造出全民阅读的社会氛围。父母是孩子的第一个榜样，亲子共读的意义并不只是教授孩子阅读的知识，更是一种亲情的陪伴，一种心灵的交流。领导干部的工作是为下属提供方向的指引，领导的胸怀和视野直接影响到整个组织的方向和前进速度。爱阅读的领导能够带动更多的人去热爱阅读。例如苏州大学附属中学的高万祥校长，曾发给全校教师《论语》《德兰修女传》等书，带头带领全校教师读书，培养了一大批热爱阅读的教师。

心理学家乔纳森·海特说："人生就像种花一样……当一株植物出了问题，你不能只是想着怎么解决这个问题，而是要关注整个环境。只要这棵植物还没有完全枯死，只要你把环境收拾好了，改变土壤、阳光和水源，然后等待，一个月后，它就会活转过来。"这个道理同样适用于我们的教育教学工作。要想改变一个学生，就要先改变他所处的环境。教师是孩子的领路人，对孩子的影响是如此深刻而长久。爱默生说："有史以来，任何一项伟大的事业，没有不是因为热忱而成功的。"[1] 而只有教师对阅读充满热忱时，才能够将这份热忱传递给学生，让学生勇于面对困难和挑战。教师应该作为领读者，成为给学生开书单的人，为孩子播下阅读的种子，养成良好的阅读习惯。阅读，是学生对教师的要求。

### （三）教师自身专业发展要求教师阅读

我们可能会发现，部分教师在应聘上岗之后，就放缓了自己的成长脚步。对一般人而言，高考之后，拼命读书的时代就终结了，到了大学万事以及格为先，"混"过了大学，找到一份工作可以继续"混"。但是教师职业的特性，注定教师一定要保持终身成长。阅读是教师专业发展对教师自身的要求。

教师阅读对于教师教育观点与方法的更新起到重要的作用。弗洛姆的《爱的艺术》认为："人们只有认识对方，了解对方才能尊重对方。如果不以了解为基础，关心和责任都会是盲目的，而如果不是从关怀的角度出发去了解对方，这种了解

1 吕东升 . 用激情拥抱成功 .[N]. 人民日报 .2007-02-08（4）.

也是无意的。”[1]一位教师，在与学生相处遇到挫折之后，与一些学生产生了对立情绪，但是在阅读了《爱的艺术》之后，站在学生的角度想，确实是自己的教育方法有待改进。于是更新了自己的教学观念，在后续与学生的相处中，改善了教育教学方法。而如果不是通过阅读，该教师可能会继续对学生误会下去，也正是通过阅读，该教师获得了专业上的成长。

## 二、改进阅读方法，提高阅读层次

乔纳森·斯威夫特所说：“万事离不开方法，世界离不开秩序。”比努力更重要的是方向，比勤奋更实用的是方法。掌握了阅读方法，能够让我们更高效率地获取知识。

### （一）教师阅读的难点和痛点

关于阅读，很多教师都会发现一些共同的问题。教师阅读的难点与痛点，一直给困扰着教师们。

#### 1. 阅读时间的获得

缺乏时间是教师经常遇到的问题。作为教师，早上上班时间早，晚上下班时间迟，上班时间要跟早读，备课，上课，改作业，还要处理其他事项。比如开会、交论文，应付检查、与家长沟通等。除此之外，在闲暇时间，教师的私人生活中，也会受很多事情打扰。比如家里的事情，亲戚朋友的事情，时不时都会占据教师的心神。尤其是青年教师，上有老，下有小。有时忙了这一头，就顾不了那一头。读书的计划，就被无限期搁置了。

但是正如鲁迅先生所说的，时间就像海绵里的水，挤一挤总是有的。西汉御史大夫倪宽，充分利用了闲暇时间进行学习。他幼时聪颖好学，但是当时家中非常贫穷，每当他下地干活的时候，经常把经书带在身边，挂在锄头上，利用劳作间隙进行学习。后来，汉武帝与他谈论经书，他能够旁征博引，对答如流。倪宽“带经而锄”“怀书而耕”读书法，实际上是一种充分利用时间间隙来勤奋读书的方法。

1　弗洛姆著 . 李健鸣译 . 爱的艺术 [M]. 上海 : 译文出版社 ,2011.

三国时的董遇，则提出了“三余阅读”。董遇出门时会带着书简，等到空闲就拿出来诵读。久而久之，他成了知识渊博的人，人们纷纷请他讲书。每当问起读书的奥秘，他说：“必当先读百遍。”并解释说：“读书百遍，其义自见。”请教的人觉得自己没有那么多时间进行阅读。董遇言：“当以三余”，即“冬者岁之余，夜者日之余，阴雨者时之余”，冬日时、夜晚时与雨天时的闲暇时间，正好用来读书。周谷城结合董遇的“三余阅读”理论，提出了“新三余”读书法，即“业余闲读、日余夜读、假余娱读”。他的这一改动，更加适合现代人的作息。

作为教师，也可以利用闲暇时间，开展阅读计划。一方面，教师可以利用工作闲暇时间抽空阅读。教师上完课后，在利用空课的时间备课、批作业之余，抽出几分钟甚至几十分钟进行阅读。在这些碎片化的时间里，教师们可以选择阅读一些篇幅较短，或者前后关联性不大的内容进行阅读。有时书并不一定要一口气读完，如果能合理地整合利用碎片化的时间，偶尔翻上一两页，可能会收获意外的惊喜。

另一方面，教师可以通过固定的休息时间安排阅读计划。如每天的睡前半小时。心理学上讲，固定时间做某事，可以帮助形成心理定势，从而形成习惯。哪怕每天认真读五分钟书，日积月累之下，对自身的改变也是非常明显的。又或者是寒暑假的休息时间，固定每周的一、三、五为自己的读书日，长期坚持下去，收获也很可观。

### 2. 适合教师阅读的书单

很多教师虽然有着阅读的需求和动力，但是真要读的时候，发现自己不知道该读什么书。对于这个问题，众多专家和名师都为教师开具了书单，我们可以根据书单选择自己需要的读物。

此外，教师在做研究的时候，可以查阅文章后的参考文献，搜寻自己需要的书目进行阅读。如教师在阅读《小学语文教学中的德育渗透》这篇文章之后，就可以沿着参考文献中的《语文德育渗透艺术》，进行延伸阅读。

我们也可以关注出版社专为教师阅读而出版的专题图书，如华东师范大学出版社出版的“大夏书系”，出版的图书内容涉及教育理论、教师素养、教师专业技能、班主任工作、学校管理、家庭教育等。广受教师欢迎的经典图书如《教育的细节》《教学勇气》《课堂参与：沉默与喧哗》等等。又比如中国青年出版社“常青藤系列教师图书”等等，我们都可以根据自己的需要进行选择。

### 3. 教师读书策略的选择

钱理群先生在一次研讨会上指出，读书乃教育之根本。但是教师阅读的专业性与广博性这对矛盾所产生的问题，一直困扰着教师们。

一方面，专精可以提高教师的阅读效率。就如管建刚老师提出的“中枢阅读计划”，能够高效完成阅读计划。他认为教师应该定好阶段性的阅读目标，即“阅读中枢”。围绕着自己的“阅读中枢”，阅读相关书籍与文章。将一个问题研究透了，就转换另一个目标。若干年后，好几块“阅读中枢”连接起来，就是自己专业知识体系的骨架。这种目的明确、专攻某一块的做法，的确能够高效完成计划。

另一方面，广博才能培养视野宽广、性情率真、开放包容的学生。中国自古以来就有“经师”“人师”的分野。“经师”授业解惑，帮助学生构建知识系统、能力素养等。而“人师”重在培养学生的德性与视野。善良、智慧、悲悯、理性、担当，这些精神与品质是“经师”无法培养出的。要想成为“人师”，自身就得在“经师”的基础上，拓宽自身的视野，涵养自己的品德。教师在专业书籍的“有用书”之外，也应该读“无用书”。

江苏省的特级教师周益民老师，在刚刚走上教学岗位时，读了很多和学科相关、实用性很强的书，但是后来他却说：“我入教育的门太早，同事很羡慕我早早找到当教师的感觉，而我却很后悔人文类书籍读得不够。现在回想起来，精力最旺盛的时期被用在教学技巧的打磨上，耗在思考如何上好一节课上，实在不值得。说白了，只读教育类书籍，一门心思琢磨如何上好课，就是一个典型的教书匠。”

实际上，上好一节课所需要的知识，也不仅仅是本学科的教学知识。在教学《长相思》一文时，王崧舟琢磨了三个多月，一直没有在古诗文教学上得到突破。哪怕是他做了大量的案头工作，写了文本细读，研究了纳兰性德的生平，查找了大量资料。然而不经意间，王崧舟老师读到了朱光潜的《诗论》，终于获得灵感。后来，公开课《长相思》的教学效果非常好，成为他最为得意的一堂课。

我们作为教师，还是要根据自身的需求，平衡专精和广博。如在学校的闲暇时间，阅读和专业相关的读物，在家中，读一些丰富自己认识的其他学科读物。

## （二）名人的阅读方法与原则

为了更好地进行阅读，我们可以参考众多名家的阅读原则，划定自己的阅读探究方向，计划自己的阅读线路图。

### 1. 蔡元培“四字诀”读书法

中国近代教育家蔡元培，用四个字总结出了自己的读书方法：宏、约、深、美。

（1）宏

“宏”是指阅读面和知识结构要宏大广博，兼收并蓄，了解相邻学科领域知识之间的内在联系，加以贯通，从而打下坚实的基础。杜甫曾作诗言：“读书破万卷，下笔如有神”“富贵必从勤苦得，男儿须读五车书”，更是体现了阅读广度的重要性。

著名教育家夏丏尊就曾写过《蟋蟀之话》，这篇文章中对蟋蟀的习性以及人体对外界温度的感应变化描写得非常翔实，很容易让人误以为他是一位生物学家。这种广博的知识储备为夏丏尊的写作提供了重要的支撑。

（2）约

“约”是指阅读的广度达到一定程度，就得由博向约，选择自己最感兴趣的部分进行深入阅读。人的精力是有限的，必须将有限的时间安排做出选择，否则就会顾此失彼，竹篮打水一场空。

心理健康教育特级教师钟志农老师，因为各种原因从50岁才开始系统地读书，但是他根据之前的班主任工作、教育行政主管工作经验，选定了心理学为自己的研究方向，有意识地购买和研读了大量的心理学书籍，参加各种高端的心理培训班，逐渐构建起了自己的心理学知识体系。从一个心理学的“门外汉”，成长为一位心理专家。

（3）深

“深”是指深入阅读，精研知识、发展思维、创造新知。“深”是在“约”的前提下重点攻读，读深、读透，在前人的知识成果之上，发现未知的问题。红学泰斗周汝昌先生，晚年身体积劳成疾，双目几近失明，但却还能保持每天口述出数千字的文章，可见年轻时候对于红学研究的呕心沥血。

（4）美

“美”是指一种至高至美的境界。“深”让我们发现世界上的一个又一个新问题，从而提出自己的新观点。等这些深刻的观点汇聚的时候，就达成了各美其美，美美与共的全美境界。正如蔡元培提出的“思想自由，兼容并包”的办学主张，“美”之境非多元、开放不能达到。如果只拘泥于一门学科、一个问题，看不到世界是联系的、多元的，只能是孤芳自赏的小美，而不是百花争艳的大美、真美。

### 2.“三勤”阅读法

“三勤”阅读法是一种以勤克难的阅读方法。勤奋是获得成功的必备条件之一，三勤读书法有助于将片段式、散点式的知识有序地串联起来，使之成为结构化、合逻辑的知识单元。在勤读、勤抄、勤写的过程中，达到深研知识、锻炼记忆、学有所用的目的。

（1）勤读

勤读，一方面是指养成坚持阅读的习惯，广读诗书。读书常常是“顺藤摸瓜”，一本好书可以牵出若干佳作，著名文学家夏丏尊就是这样读书的。他从自己精读的文章为出发点，以一带多，逐渐扩大自己的阅读范围。读《桃花源记》的时候，可以读中国文学史，也可以读有关乌托邦的书。在广读的基础上，才能选出自己最需要的书目进行精读。另一方面，是指重复对同一本的阅读，正所谓，书读百遍，其义自见。

（2）勤抄

勤抄是对书籍中的重点内容、精妙观点的摘录，用抄写的办法来加深自己的理解和记忆。摘录的内容可以作为自己的写作素材。例如黑格尔读一本书，就会将书中内容摘录在一张活页纸内，再分门别类存放起来。可以说，良好的阅读习惯，加上黑格尔对世界的体察与思考，造就了黑格尔深刻的思想。

（3）勤写

在丰富的阅读与摘录基础上，必然会随着思考产生一些新的观点，于是就要勤写了。勤写指练笔要勤，有体会就记下来，把学习的体会运用于实际，联系实际发表自己的意见。比如马克思为写《资本论》，研读的书籍有千余本，写下的笔记就有一百多本。

写读书笔记的形式有很多，如注记、提纲等。注记包括眉批、双行夹注、篇首篇末、页前页后的附注，以及字里行间重要之处的勾画标记，注记通常语言自由、体例不限，能简洁明了地表达批注者的观点。提纲有既定的体例限制，要求抓住每一章节的主要内容，反映阅读材料的结构和思路，同时表意明确、用词简练。概述则是在梳理大纲的基础上用自己的语言概括表述阅读材料的基本内容。而提要是在概述原文的基础上，补充其背景、特点、意义和价值等相关信息。无论何种读书笔记，其目的都是为了让教师加强阅读效果，发展深入思考的能力，因此不必求全、求满，适合自己且能坚持为佳。

### 3. 朱熹阅读法

朱子读书法是我国古代最系统的读书方法，它综合了各种读书方法，值得教师认真研究和参考。我们可以将朱熹的读书方法概括为循序渐进、熟读精思、虚心涵泳、切记体察、著紧用力和居敬持志六条原则。

（1）循序渐进

朱熹认为读书要遵循一定的次序，科学、系统地进行阅读。他主张如果有两本书，则“通一书而后及一书”，反对同时阅读若干本书的行为。而在同一本书中，也要按从头到尾的顺序进行阅读，“其篇、章、文、句、首尾次第，亦各有序而不乱也”。朱熹主张阅读要量力而行，先打好基础，再逐渐深入，同时，遇到不懂的地方要及时向前辈请教，非常注重阅读伙伴对于读者的帮助。

（2）熟读精思

朱熹认为读书要从反复诵读入手，阅读和思考相结合，力求透彻理解和掌握。“凡读书……须要读得字字响亮，不可误一字，不可少一字，不可多一字，不可倒一字，不可牵强暗记，只是要多诵遍数，自然上口，久远不忘。”而读者在“读”的基础上也要“思”，“若读得熟又思得精，自然心与理一，永远不忘”。精思的过程是从没有疑问到产生问题，再从分析问题到解决问题的过程。

（3）虚心涵泳

涵泳指的是鉴赏文学艺术作品的态度和方法，意为沉潜其中，推敲字句。朱熹认为读书要读“进”去，要有虚心的态度，专注于眼前的读物，同时进行周密思考，反复琢磨，多方验证，解决遇到的问题。他说：“读书之法无他，惟是笃志虚心，反复详玩，以为有功耳。”

（4）切己体察

朱熹认为读书时要将书中内容，与自己的知识和经验联系起来，深刻地理解书中内容的含义。“将自个己身入那道理中去，渐渐相亲，与己为一。”这种阅读中的代入，还体现在文学作品的阅读上。如清华附小的校长窦桂梅老师，在读中师的时候，喜欢阅读古往今来的文学作品，从雨果到老舍，从《青春之歌》到《安娜·卡列尼娜》。窦桂梅每次读《红楼梦》，都会感同身受潸然泪下，仿佛成了书中的人物。窦桂梅老师说："文学让我窥见生命的柔软与美丽。"这些人文类的书，让她拥有了宽广的人文视野与悲悯的文化胸怀。因此，窦老师在后来流转于各科目的代课生涯中，始终朝向着语文教学，不断打磨自己的课堂，最终成为一名语文特级教师。

（5）抓紧用力

朱熹认为读书要勤奋，对于阅读内容，要舍得下功夫、花大力气，才能转化为自己的知识和能力。"宽着期限，紧着课程。为学要刚毅果决，悠悠不济事。"他还非常重视情感在阅读中的作用，指出阅读时要精神集中，自己给自己紧迫感，丝毫不能松懈，"直要抖擞精神，如救火治病然，如撑上水船，一篙不可放缓。"养成集中注意力进行阅读的习惯。

（6）居敬持志

朱熹认为读书要有专一的心境，和远大的理想。敬，指对书专一与敬重，不能心思平原跑马，思维奔逸到书中世界之外。"方无事时，敬以自恃……乃应事时，敬于应事；读书时，敬于读书。"同时，他指出目标对于阅读的重要性，为学要先立志，"立志不定，如何读书。"元代学者袁桷也认为，阅读应该"用志如一"，即同一时期精读一本书。并且认为"雅观而无择，烂阅而少思"的盲目阅读不可取，要根据自己的情况选择书目，边读的时候要边思考。

### 5. 徐特立读书法

徐特立读书非常注重实效，他的读书方法概括起来就是"定量有恒"和"知识迁移"和"精抄详思"。

（1）定量有恒

他认为与其走马观花般地读几十本书，不如精读一本书。他主张读书应该由少到多，他在攻读《说文解字》的时候，一开始只学习两三个字，但是每天都是将当天的字吃透再进行后续字的学习。在学习语言的时候也是这样，每天学一个生词，一年过去果真掌握了 365 个生词。

（2）知识迁移

徐特立还注重知识间的迁移，“把古今结合，中外结合，变成我的。像吃牛肉也会，吃狗肉也会，吃下去把他变成我的头，这就对了。”就比如低年级语文教师，在阅读《说文解字》等关于汉字演变的书之后，可以将其适时融入课堂教学之中。在讲解“北”字时，就可以向学生介绍“北”的字形演变，最“北”的本意是互相违背，因此字形也是两个背对的人，后来才有了北方的含义。

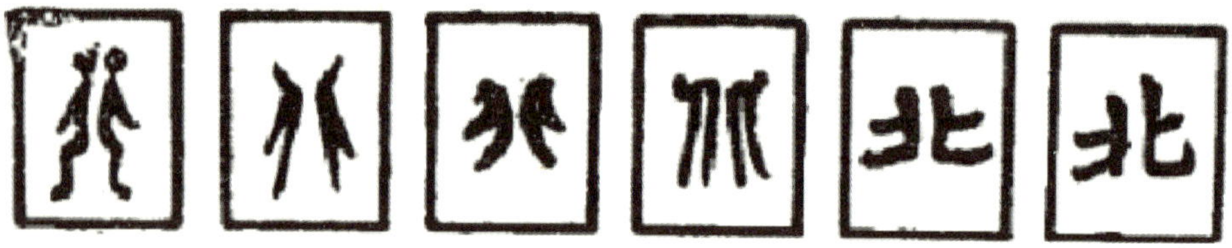

（a）（b）（c）（d）（e）（f）

图 7-1-1 “北”的字形演变[1]

（3）精抄详思

做摘抄的时候，要选择最经典、最有价值的内容进行抄录，辅之以详尽的分析。这一点和夏承焘的笔记方法不谋而合。夏承焘主张做读书笔记要“少、小、了”，“少”指的是对抄录内容的精细选择，只选其中最为精要的内容进行抄录。“小”指的是读书笔记本尺寸要小，方便携带和翻阅。同时，小尺寸的笔记本也是对选材能力的考验，因为如果什么都抄，很快抄满，只能成为一个摘录集，笔记本的价值大打折扣。“了”指的是要对抄录材料有透彻的了解，绝不浅尝辄止。所有记录的内容，都伴随着自己深入的思考与理解，那么日积月累下去，脑中的知识就会逐渐丰富，且这样的知识会内化成为我们自己的观念与能力。

### 6. 鲁迅读书法

著名文学家鲁迅也有非常独到的读书方法，可以归纳为“泛览、硬看、专精、活读、参读”五种。

（1）泛览

关于读书，鲁迅提倡广泛阅读。他说“爱看书的青年，大可以看看本分以外的书，即课外的书，不要只将课内的书抱住”，这样对事物才能有更深的理解。

1 陈政 . 字源谈趣 [M] 北京 : 新世界出版 .2006.

并且他还提倡阅读要“博采众长”，不要专看一位作家的作品，“必须如蜜蜂一样，采过许多花，这才能酿出蜜来，倘叮在一处，所得就非常有限，枯燥了。”主张在闲暇的时候，要“随便翻翻”，以增长知识，扩展视野。同时，鲁迅还提倡读反面的东西，“明知道和自己意见相反的书、已经过时的书”，也要翻一翻，“翻来翻去，一多翻，就有比较，比较是医治受骗的好方子”。

（2）硬看

鲁迅的第二个阅读原则是“硬看”。对于晦涩难懂又比较重要的书，要硬着头皮读下去，直到读懂为止。若遇到暂时弄不懂的地方，则采取跳读，联系上文以至全文来“硬看”，直至理解。“若是碰到疑问而只看那个地方，那么无论到多久都不会懂的。所以跳过去，再向前进，于是连以前的地方都明白了。”

（3）专精

鲁迅认为，读者应该在广泛阅读的基础上，“抉择而入于自己所爱的较专的一门或几门”，深入进行研究，走马观花式的读书只会成为“做戏”。这一点和蔡元培的读书观点不谋而合。针对这一点，鲁迅就通过长期的专题阅读编撰了如《中国小说史略》《古小说钩沉》等具有里程碑意义的著作。

（4）活读

鲁迅还主张读书要带有自己的独立思考，读者要将读书过程中获得的知识与能力，灵活地应用到实践中，并主张“留心世事”，“用自己的眼睛去读世间这一部活书”，闭门造车最终获得的成果注定落后于时代的发展。书籍的意义，在于将作者想要呈现的东西表达出来，但是由于书籍代代相传的特性，书上的知识可能不适用于读者所处的时代。但是书中的很多原理和方法是值得借鉴的，就需要读者进行“迁移”。如《朱熹家训》《三字经》等经典蒙学著作中对女性的认识，就受作者所处时代的局限。教师在给学生解读的时候，要“取其精华，去其糟粕”。甚至可以将其作为教育点，向学生介绍我国女性地位的提高，宪法中规定的男女平等原则等等。

（5）参读

鲁迅读书的最后一项原则是参读，即在阅读书籍本体的基础上，加入对作者传记、专集等的参读，以便了解作者所处的时代和文化，由此来深化对作品的理解。他说：“我总以为倘要论文，最好是顾及全篇，并且顾及作者的全人，以及他所处的社会状态，这才较为确凿。”就比如我们在阅读陶行知的著作时，就要了解到陶行知师从杜威，受其“实用主义教育”思想影响，在杜威的“教育即生活”的思想基础上，提出了自己的教育观点“生活即教育”等。了解这些背景知识，可以帮助我们更好地理解作者观点的由来。

**7. 顾颉刚读书法**

中国历史地理学和民俗学的开创者顾颉刚，读书有以下原则：

（1）分清次序，坚持阅读

他认为人的生命有限，读书应该分清轻重缓急。读者要对书的性质做出判断：哪些书是只需观其大概，不用细读的；哪些书是需要仔细研读，认真做学问的；哪些书是必备的工具书，需要它时能迅速找到的；哪些书是自己现下急需的，需要进行高频阅读的。对于资历较浅的读者来说，做出这种判断比较困难，但是读者可以通过长期的读书实践，来提升自己的判断能力。

不同的读者的读书需求与偏好不同。教师一般将备课所需书目划分为“重”和“急”的行列，通过会优先对其进行仔细研读。数学特级教师吴正宪，在16岁时开始做教师，先教语文后教数学，当了多年的班主任。谈到阅读，她说：“对我而言，职业生涯中最幸福的两件事：一是教书，二是读书。”从1970年登上讲台开始，她讲了十年的语文，但是在1980年，因为所处的学校师资短缺，她开始了既教语文，又教数学的教学生活。虽然有着语文教学的经验，但是数学是一门完全不同的学科。她为了教好数学，花了一个暑假的时间，查阅了大量的参考资料，研读了全册的小学数学教材，写下了几十万字的读书笔记。最终在数学学科教学方面也有所成就。

（2）敢于质疑，常记笔记

顾颉刚认为读书是“借了书本子上的记载寻出一条求知的路。”读者哪怕是面对权威的专家所写的著作，也要敢于质疑。遇到疑惑时，要随时查证和记录，长久积累下，就会养成自己的判断力，在某一领域有所建树，达成陆九渊所说的“六经皆我注脚”的境界，从向书中求知，逐渐变成将书籍作为工具。

就如中学语文特级教师程红兵老师的故事。程老师看书喜欢思考，阅读中常记下觉得不对劲的地方，隔一段时间再看，如果依然觉得有问题，就搜集资料，写文章论述问题的所在。有一次，他看到魏书生一篇文章，不同意魏书生的观点，于是写文章提出了自己的质疑，最终获得了魏书生的认可。程老师说："批判和建设是我阅读中的两条线。"不间断地阅读与写作，让他能够从批判之外，看到教育乱象背后的症结。

（3）广读群书，博专结合

世界上的知识不是孤立的，而是互有联系的。因此，我们要有跨学科的视野，基于此，顾颉刚提出了"显微镜"和"望远镜"两个比喻。对待自己研究的学科，要使用"显微镜"进行专注、深入地研究，而对于其他学科，要使用"望远镜"观其大概。广读群书，博专结合才能让我们养成宽厚的知识基础。

那么到底要阅读哪些内容呢？实际上人们对于知识的价值判断会随着时代变革。过去，在封建时代，人们认为经史子集是重要的，其他学科就被视为"旁门左道"。后来西学东渐的时候，人们又觉得政治经济学和机械制造学是重要的。可见人们对于学科知识价值的判断，是随着时代而变化的。其实，各个学科的知识都有其固有的价值，虽然可能一段时间内不被人们看重，但是在下一个历史阶段就会是"主角"。现在，很多读者粗暴地将书籍根据对实践的作用程度分为"有用书"和"无用书"，只挑有用书去读，短时间看确实收益很大，但是长此以往，就会造成知识结构的"营养不良"。

世上学问的范围大，而应用的范围却小，"某种像是没有用的学问，只要我们有研究的兴趣，也是可以研究下去为我们所用的"。就比如很多老师觉得哲学类的书非常难懂，又对教学实践没什么帮助，在选择读物的时候就会避开哲学类书籍。但是其实哲学对教学实践的影响是隐性的、长效的。很多学科和哲学的联系其实非常紧密。还是吴正宪老师的故事，她在阅读了《矛盾论》《实践论》之后，得出了"数学的最高境界是哲学"的结论。并且依据数学知识的特性与逻辑辩证法，吴正宪老师提出了"六条龙教学法"，开始了小学数学归纳组合法实验，获得了北京市首届教育教学成果奖。吴正宪老师当了教研员之后，有意识地扩大了自己的阅读范围，不仅订阅了全国著名的教育教学期刊、报纸和杂志，还与团队一起研读这些资料。吴正宪习惯阅读当天的报纸和杂志，读完就扔到床边，不知不觉就堆成了"小山"。这些书刊也化为了吴正宪老师专业素养的众多养料。

教师阅读应该"博专结合"，广读群书，在深研本学科的基础上，对其他学科有所了解，才能让自己的知识结构变得完善。

#### 8. 华罗庚厚薄读书法

华罗庚将读书过程归纳为“由薄到厚”“由厚到薄”两个阶段。他说：“一本书，当未读之前，你感到就是那么厚；在读的过程中，如果你对各章各节又做深入的探讨，在每页上加添注解，补充参考材料，那就会觉得更厚了。但是，当我们对书的内容真正有了透彻的了解，抓住了全书的要点，掌握了全书的精神实质以后，就会感到书本变薄了。愈是懂得透彻，就愈有薄的感觉。这是每个科学家都要经历的过程。这样，并不是学的知识变少了，而是把知识消化了。”这种读书方法极具系统性与科学性。读书时“由薄到厚”只是一种持续性的输入阶段，对知识的记忆只是浅层的。而只有经过“由厚到薄”的筛选、剔除无用信息过程，才能抓住书本的精华。要做到这一点，关键在于读书时要经过自己消化吸收，化繁为简，抓住书中最为根本的东西。

### （三）教师阅读的实用方法

掌握了阅读的原则之后，在实际的阅读中，我们也要采用一些实用的方法，来帮助我们更好地掌握书籍内容，攻破阅读难题。

#### 1. 精读一本书的流程

（1）预览书目

预览，即提前快速浏览阅读材料，不追究具体细节和疑难点，在短时间内了解材料的主题与主要观点。阅读的时候，要重点看书籍的目录，规范的目录是本书的骨架与主要观点集合，除一些作者进行艺术性处理的目录外，阅读目录基本上就能够了解作者的意图。这一点和韩愈的“提要钩玄”法不谋而合，都强调对内容整体的把控。

（2）对书提问

提问，是指在浏览内容的基础上，向作者提出若干问题，如作者为什么坚持这样的观点，他以怎样的论据支撑起自己的观点，他的论述是否有漏洞等等。又或人物所说的话是否有深刻含义，为什么做出这样的举动，人物当时有着怎样的心情等等。

（3）仔细研读

研读，即反复阅读书籍全文，研读重点章节，试图回答第二步中汇总的问题。

比如老舍的《骆驼祥子》，通过简介我们知道祥子的心愿是买车，但是他的买车经历历尽波折，在阅读的时候，就可以重点关注祥子买车和失去车的情节。

（4）加强思考

在阅读时，我们需要阅读内容与自己的知识基础联系起来，找出矛盾的地方，进行思考与整合，从而加深对书籍内容的理解。还是拿《骆驼祥子》举例，祥子第一次失去车，是因为被大兵掳走。读到这里，我们就要联系祥子所处的20世纪20年代，当时社会动荡，军阀混战，祥子发生人被掳走、车被没收的情况就不足为奇了。

（5）回忆内容

在阅读时，我们需要对书籍的重点内容和精华部分进行背诵，使之成为自己知识储备和认知结构的一部分。《礼记》中的《学记》篇，就非常值得教育工作者背诵，全文一千余字，内容精辟而深刻。

（6）复习书籍内容

在阅读时，我们也需要相隔一段时间，对已读内容重读。正如伏尔泰所言，初读时是与书结友，高山流水，终遇知音，再读时，是与友重逢，睽违日久，不胜驰念。久别重逢，又会有很多新的感受与思考。进行复习的目的是巩固所学知识，复习并不仅仅是重复之前的学习，更是对知识的一种再学习。

关于阅读的复习方法，很多名人有着自己的窍门。

近代翻译家、文学家林纾先生的复习方法，非常简单也非常有效，那就是读完之后，用白纸盖上，互相读过的内容，如果不能完全复述，就需要再读，直到全部清楚。他用这种方法读完了《史记》，为后来的古文写作与翻译外国文学作品奠定了基础。

### 2. 通过比较阅读来分析问题

教师在阅读的时候，有一种常见的阅读方法，就是搜集多组互相关联的文献材料，将其对比分析阅读，简称“比读法”。比较阅读法既能开阔眼界和思维，又能加深理解和记忆。如黄本骥提出了“两本对看”，他说：“凡读古书，皆须两本对看。如《史记》采《国语》《左传》《国策》，《汉书》采《史记》，其增改易置，要非漫然下笔，即此可以增长见识。”他发现，《史记·项羽本纪》中的鸿门宴事件用了一千三百八十四字，而汉书中的《汉书·樊哙传》也介绍了这个情节，仅用二百七十三字，就把当时的事件背景、起因、经过和结果都讲清楚了。黄本骥认为，《汉书》中写鸿门宴，和《史记》相比更简约，这种认识就是从两本书对看而得到的。

比较材料可以是内容相关，也可以是形式相关。可以是相近的材料集合，也可以是相反的材料集合。比较时既要注意相同点，也要注意不同点，并分别做好记录，以便梳理和归纳总结。我们可以通过不同维度，对阅读材料进行比较阅读：

（1）比较重点

第一，按照不同的比较重点，可分为题材比较、立意比较、人物比较、语言比较等。比如《威尼斯商人》里的夏洛克与《欧也妮·葛朗台》里的老葛朗台，二者都对家人和仆从极其苛刻，但是二者对待女儿的态度却截然不同。读者可以根据这些异同对两本名著进行赏析。

（2）比较截面

第二，按照不同的比较截面，可分为横向比较和纵向比较。横向比较，是比较同一时期不同作者的作品。纵向比较，是比较同一作者不同时期的作品。如郭沫若在五四时期的作品，质量极高，充满了浪漫主义，创作的《三个叛逆的女性》，号召人们反抗不公的世界，表现出了“五四”时代精神。而在三四十年代则强化了现实感，文风发生明显的转变。

（3）比较目的

第三，按照不同的比较目的，可分为理解性比较、评价性比较、鉴赏性比较等。带有不同的目的进行比较阅读，会有不同的侧重。有一些读者喜欢对同一本书的不同译本进行比较，如《格列佛游记》的三种译本，可以从译文的完整性、可读性和忠实性三个方面进行分析。

### 3. 读书笔记的写法

读书笔记对于读者来说非常必要，可以起到加深记忆、促进思考等作用。奥地利心理学家阿德勒认为，拥有一本书的最好方式就是在书的身上写写画画，并且使用不同颜色的笔写下不同含义类型的注记。黄侃也是如此，他坚持“扎硬寨、打死仗”的精读方式，在《清史稿》时，全书一百册，他从头到尾一一圈点。董必武在阅读俄文原版书的时候，也将生词写在卡片里，十几年间，抄录了一万多个的单词，终于达到了阅读一般俄文文字的水平。朱光潜则坚持边读书边写作，上学期间先后写出了《文艺心理学》《谈美》《符号逻辑》等书。

我们在写读书笔记的时候可以采用多种形式，如批注、提纲，摘抄、思维导图、书评等。

（1）批注

批注是一种自由的批注方式，通常包括眉批、双行夹注、篇首篇末、页前页后的附注等，阅读时随心所欲勾画重点词句，发表自己的观点。写批注的时候可以根据不同的作用，用不同颜色的笔进行勾画。如清代皇帝在读完奏折会用蘸有朱砂的笔做批注，简称“朱批”，而奏折发还给大臣看之后，大臣会用蓝色墨水，修改皇帝的批注，简称“蓝批”。

（2）提纲

提纲有体例限制，需要遵循一定的规范。要求用简练的语言，概况章节的主要内容，体现材料的结构与思路。

（3）思维导图

思维导图又叫心智图，能够在一张图上体现内容的全貌，是表达发散性思维的有效工具。画思维导图的过程，也是将我们对书的理解结构化表达出来。一般以一个关键词为起点，向四周辐射线图，并填充内容，最后形成树状的关系体系。除纸笔绘图之外，有很多在线思维导图网站，可以帮助我们快速、美观地绘制思维导图。我校英语老师王跃老师就曾经用思维导图法授课，王老师通过自己对思维导图的认识和了解，通过阅读储备转化，应用到了六年级的英语复习课中。

（4）书评

写书评，随便表达一下自己的见解非常容易，但是要写出翔实、深刻的书评，却是一件难事。书评者要了解作者的时代背景与创作动机，要知道同时代或同题材的其他书目是怎样的水平，还要尽量客观地给出自己的评价。但是其实这是一件水到渠成的工作。一开始可能脑中一片空白，对书的感悟都是零碎的，在参考他人的评价下才能写出一篇“像样”的评价。但是随着阅读的积累与人生经验的丰富，写书评就相对得心应手。陈日亮老师出版了自己的读书札记集录，并取名为“救忘录”。他认为“学不如及，犹恐失之”，知识在脑中的保存会随着时间而损失，于是开启了“救忘运动”，在读的时候就要做笔记，最终将多年阅读感悟汇集成书。

### 4. 遇到困难的地方可以暂时跳过

有一种读书方法与朱子读书法的熟读精思相反，这种方法比较随性，不对文章进行逐字逐句的细读，而是重在掌握书中的骨干观点，暂时将读不懂的地方跳过，这就是“会意读书法”。陶渊明在《五柳先生传》中自述：“闲静少言，不慕荣利。好读书，不求甚解，每有会意，便欣然忘食。”这种会意读书法，不是囫囵吞枣地从头至尾阅读，而是着重领会书中深含的旨意，不拘泥于文字的细节。就像元代李治所说的：“盖不求甚解者，谓得意忘言，不若老生腐儒为章句细碎耳。”如果阅读的时候，一遇到疑问的地方就要去推敲考证，势必要花费很多的时间和精力，就会像小脚老太走路那样，走走停停，举步不前，严重耽误阅读的进步。

会意读书法要求读者要灵活变通，对于难懂的地方先放它过去，不要扣住不放。因为考证知识花费的时间，很可能比读完全书的时间还长。我们也许看完上下文之后，对于难懂的部分也就懂了。就比如钱伟长的“三级跳远”的方法，首先弄懂最要紧的地方，次要的地方一时弄不懂就跳过去。有些问题初看时不懂，但读完两三章后，就能跟前面的部分串联起来，搞清楚之前的疑问。同时，越是重要的问题，书上越是经常提，前面提的时候可能不清楚，到后面再提到时，就可能容易理解了。

会意读书法也能帮助我们阅读“难懂”的书。著名教师王崧舟的阅读范围非常广泛，而且他还喜欢读诸如《晚学盲言》《太极哲学》之类的理论性强的书。他说：“说老实话，我现在还读不懂，但我爱读，越是读不懂，我越想读下去，可能是因为我心里总有一种好奇的欲望吧”。作为教师，遇到“难啃”的理论性书籍的时候，也可以使用“会意读书法”与循环阅读计划，在循环阅读中逐渐掌握书籍内容。

### 5. 巧读理论书籍

很多教师，一谈到读理论类的书籍，感觉读起来艰涩枯燥，不如教学案例容易理解。但是因为理论书籍的重要价值，我们也不能放弃对它们的阅读。我们也可以使用参读书目辅助理解。如很多老师在学习抛锚式教学时，觉得非常难懂，不能理解“锚”的深意。但是，如果搜寻一些教师写的抛锚式教学案例，就能够归纳出其特点。

除此之外，我们还可以使用循环阅读方法。循环阅读，是指对一本书进行多次阅读的方法。一方面，面对一些艰涩又意义重大的书，可以将循环阅读作为“破敌之法”。如果将阅读比喻成作战，我们的实力并不足以支撑正面对敌的时候，就可以通过游击战、巷道战来削弱敌人实力，进行循环阅读，多次重复解析材料。另一方面，一些好书是需要我们反复阅读的，就像是领域内的大家之作，如博比特、杜威、泰勒等人的论著，若干年后再看对我们来说仍有教育意义。因为这些书籍的内容比较经典、深刻，读一遍、两遍不能完全领会其真意。除此之外，循环阅读还可以减缓遗忘速度。循环式阅读法分短期内循环与长期内循环两种。

（1）短期循环阅读

短期循环阅读是指短期内在不同的角度阅读同一本书。比如阅读《红楼梦》，第一次阅读可以了解故事情节，第二次阅读可以赏析其中的诗词，在第三次、第四次的阅读又可以从其他的角度切入。同时，我们需要将多次阅读的收获进行整合，从宏观的角度看这本书。并且，循环式阅读，不仅可以加深理解，也可以作为攻克难点的有力手段。梁启超就常用这种读书方法，认为：“熟了以后，不必十分用心，随手翻开，应该注意之点立刻就浮凸出来。读一遍，专提一个注意点；读第二遍，另换一个注意点。”

（2）长期循环阅读

长期循环阅读是指间隔若干年，再去读同一本书。同一本书，在人的不同人生阶段，有着不同的意义，多年后再读，不仅能勾起记忆，避免遗忘，而且由于生活经验与知识积累的增长，还会获得新的体验。年轻教师阅读苏霍姆林斯基的《给教师的一百条建议》，提道：“学习到的是指导教学的方法，而资深教师再次阅读该书，则是一种对教学经验的印证。”

### 6. 教师也可以记一记自己的“读书账”

散文家曹世钦有一本珍贵的小本子，里面记载了他几十年的“读书账单”。他有一个阅读习惯，就是每读一本书，都要将书籍信息记录在专门的小本子上，上面密密麻麻记载了各种书的书名、作者及其国籍、书的字数、读完的日期等。几十年的记录，让他能够清晰地掌握了自己的读书情况，知道自己各个时期读书的勤奋程度与读书的计划性。有的年份，读书的内容非常博杂，随手拿起一本就开始读。有的年份，书目基本上都是同一领域的专著，体现出了极强的计划性和执行能力。除此之外，这种记账法不仅是对过去一年的总结，而且对于新的一年的读书也有提醒的意义，可以提醒自己哪些书没有读，或者读过的需要重读。

教师专业成长是一件贯穿教师职业生涯始终的活动。苏霍姆林斯基的著作中记载了这样一个故事，一位资深的老教师讲了一节公开课。课后有人问她这么精彩的课是花了多久准备。她说“我的一生都在为教学做准备，如果你问的是刚才的备课，可能花了半天吧”。教师的成长史，就是教师的阅读史。而使用“记账读书法”，可以清楚地记录教师的成长轨迹，根据“账单”总结阅读情况，及时调整来年的阅读书目。

## 三、平衡阅读方式，重视电子阅读

信息时代，电子阅读逐渐成为阅读的潮流。纸质书籍阅读和电子书籍阅读各有其优点，不能相互替代。教师需要在传统纸质书籍阅读的基础上，灵活运用电子阅读方式，根据时间安排选择阅读方式，这样才能更高效率地进行阅读。

### （一）信息时代对教师的挑战

我们所处的时代，是一个信息爆炸的时代，互联网正在改变着世界。一方面，互联网的即时性，让信息传输的速度变得极快，信息更新后可以一秒传达到世界各地。另一方面，互联网的开放性，也可以将世界各地、古往今来的知识汇集起来。开源计算的兴起、众多网友的知识分享，让知识的垄断被进一步打破。

在“互联网+”时代，教育系统正在发生着剧烈的变革，教育系统中的各个要素也因此产生了变化。从接受学习到发现学习，教师逐渐去权威化，当下的课堂也逐渐由教师对课堂的控制与引导，转变为学生对自己学习的计划与掌控。这一改变直接影响着整个教育体系。互联网联通万物的特点，使当下和未来的教育，突破了时空的限制，教育模式更加多样与开放。

电子信息网络的发展，使得学生可能在某个问题上比教师了解得还要透彻。“师道尊严”的前喻文化时代，逐渐向“达者为师”的并喻文化甚至后喻文化时代转变。教师如何引领学生，使之成为“完满的人”呢？这对教师来说是一个挑战。而教师面对挑战的方式，就是持有开放乐观的心态，保持终身学习的状态，提高自己的专业素养，为学生带来精彩的课堂教学。无论是过去还是现在，新手教师成为资深教师必须经历时间的洗礼。而阅读，则是一个加速教师专业成长的捷径。

### （二）电子阅读的双刃剑

在人类发展的历程中，信息承载和传播的方式先后经历了五次革命：语言传播、文字传播、印刷传播、电子传播和网络传播。互联网的发展，将人们由文字时代带入了形象时代。电子阅读的阅读方式对于教师来说，是一把双刃剑。

#### 1. 浅阅读的好与坏

随着工作和生活节奏的加快，人们追求高效率、快反馈，浅阅读的逐渐流行催生了拆书这项新职业。与拆书紧密相关的是各类音频平台。拆书师将长篇大论的书籍，概括成言简意赅的精华内容。然后再交给平台制作成系列的短时音频。而消费者购买音频之后，能够在上班路上的时间进行“耳听阅读”，快速获得书中的资讯，一个月“听”完《资治通鉴》不在话下。但是这样的快餐阅读利弊明显。有利的地方是省去了我们阅读和消化“大部头”书籍的时间和精力，能够迅捷地接收被选择出书中的主干观点。不利的地方就是，拆书者的水平以及个人感受，可能会异化原本的内容，使我们的理解与原书相去甚远。俗话说“一千个读者眼中有一千个哈姆雷特”，经过拆书者“咀嚼”之后再呈现给我们的，只留下了一个“哈姆雷特”，扼杀了其他视角的可能。

#### 2. 阅读 App 的利与弊

现在，交互式多媒体逐渐替代书籍、报纸等传统媒体，成为人们接收信息的主流载体。而阅读方式也有了新的选择，手机、电脑、iPad，都有相应的阅读软件。电子书阅读的流行，得益于阅读终端的普及与阅读 App 的研发和推广。京东读书、豆瓣读书、微信读书等 App，让用户能够下载海量的电子图书资源进行阅读。如微信读书，主题是“让阅读不再孤独”，基于微信关系链而研发，用户能够查看通讯录好友的书架与阅读状态，极大地调动了用户阅读的积极性。微信阅读也带有一定的开源性与公益性，上架了很多免费书籍。但是微信阅读之类的阅读 App，也有一些缺点。如想要引用微信阅读中的书中的美文佳句，相对于 PDF 版本对实体书籍一比一地还原，使用微信阅读时无法确切地知道句子所在的页数，导致我们无法生成准确的参考文献，只能记录句子所在的章节，然后选购实体书，或者搜索该书的 PDF 版本进行查找，补全参考文献信息。这一点给教师使用微信阅读做科研造成了障碍。另一方面，长久盯着屏幕也会给我们的眼睛带来负担，提高干眼症、视疲劳等病症的患病风险。

### 3. 电子阅读和纸质阅读的孰是孰非

从电子阅读出现之日起，关于电子阅读和知识阅读的争论就一直存在，因为二者都有其不可替代的优势，各自有着自己的受众群体与爱好者。一方面，电子阅读的延展性和便捷性，比传统的纸质阅读更具优势。经过开发者特殊设置的阅读软件，不仅会将不常用的字词进行注解，也会根据内容需要链接特定网站，极大地方便了我们进行延伸阅读，为快速补全知识结构的空缺提供了便利。而且相对纸质书而言，电子书更加适合读者进行主题阅读，电子化的笔记方便查找和保存。

另一方面，我们在阅读复杂文本时，需要高频地跳读，以便理解某一词句的意思。该行为被研究者称为“巡航”，跳读对形成文本记忆和理解文本非常重要。比如在读到后面的时候，发现这个线索早就在前面出现过，如果是纸质书，随手一翻就能很快找到。而电子书如果没有人工建立目录，翻页速度较纸质书会很慢，影响读者阅读的兴致。并且，纸质书籍在长期阅读中留下的痕迹，也是读者阅读行为的见证，不像电子阅读的“阅过无痕”。旧书的泛黄纸张与独特的油墨香味，翻书时的沙沙声，能够给读者留下触觉、听觉、嗅觉结合的情境记忆，这些都是电子阅读无法替代的。

工具的价值在于使用者，而不是在于其本身。作为教师，可以平衡电子阅读与纸质阅读的比重，各取其长。将电子书作为一种更轻量级的阅读载体，对纸质书进行补充。

## （三）电子阅读的良方

正所谓“工欲善其事，必先利其器”，了解阅读知识与方法能够提升我们的阅读效率。下面是一些电子阅读的方法和窍门。

### 1. 免费的电子书资源哪里找

搜集电子书，可以借助一些专业的平台。

第一个是 z-library，其被称为世界上最大的免费图书馆，拥有上百万的电子书籍。游客账号每天可以下载 5 本书，注册账号可以下载 10 本电子书，而通过对平台的捐赠可以升级高级账号，在一个月内下载本书没有限制。

第二个是全国图书馆参考联盟，它是由中国公共、教育、科技系统图书馆合作建立的公益性服务机构，是我国目前最大规模的中文数字化资源群。读者注册账号之后，就可以搜索书籍，查看试读章节。并且对于需要的图书，还可以通过文献传递的方式获得书籍。

其他还有三秋书屋、鸠摩搜索、万千合集站等在线书籍资源搜索平台，在输入关键词之后，就会跳转到对应的网盘下载链接。

### 2. 好用的阅读软件有哪些

（1）WPS Office

WPS 软件，可以支持多种格式的文件阅读与编辑，并且产品针对不同的操作系统做了适配。无论是 Windows、Mac，Android、iOS 系统的电子产品，都能够下载到相应的 WPS 软件。而且其手机端还特别设计了适应手机的阅读模式，可以调节字号大小。

（2）微信读书

微信读书，能够通过一系列的激励机制，激励读者持续进行阅读。微信读书并不是将书直接免费提供给读者，而是需要读者收集“无限卡”来进行有限时间的免费阅读。无限卡的有效期从一天、两天到永久不等。读者可以通过赢得知识对战、持续阅读、组队阅读等方式获得无限卡，极大地调动了读者的阅读热情。微信阅读的书目相对较全，还经常更新图书。如果无法搜索到某一书籍，可以点击“订阅”按钮，该书上架时就会通知我们。

（3）GoodNote

市面上有很多 PDF 阅读 App，功能相当的强大花哨。而过于花哨的功能反而会影响阅读的专注度，进而影响真正吸收的知识比例。通过 GoodNote 软件阅读 pdf 文件更加方便和好用。这两个软件都解决了电子阅读翻页慢的问题，可以通过点击书籍的缩略图，快速转到需要的页面。除此之外，还支持用配套的触屏笔做标注。但是 GoodNote 的缺点是只推出了苹果生态系统的软件，并没有安卓和 windows 系统的软件。

（4）CAJViewer

CAJViewer 一种唯一能够阅读 caj 文件的阅读器，兼容 pdf 等格式的文献。其由知网推出，基本上能够满足研究者需要的功能，如高亮、画线、复制文字等功能。而且它支持对非扫描文章进行全文查询。相对于其他 pdf 阅读器的优点是自带的知网结模块，能够提供作者、期刊和摘要等信息。

**3. 长期阅读的疲劳感如何缓解**

盯着屏幕久了难免会产生眼干、眼涩等症状。这时，我们可以站起身来走向窗口进行远眺。当我们长时间盯着屏幕的时候，眼睛睫状肌处于紧张的收缩状态，而远眺则会使眼睛睫状肌放松，通过肌肉的紧张与放松交替，来缓解疲劳。要注意的是，最好不要经常使用眼药水。因为市面上的眼药水添加多种刺激眼睛的成分，正所谓“是药三分毒”，选用眼药水需要“对症下药”。日常的视觉疲劳完全可以通过闭眼休息和远眺进行缓解。

久坐是健康杀手之一。如果有长时间的阅读需求，我们可以选购吧台桌等方便站立使用的“站桌”，站立的疲劳感会促使我们通过走动进行休息。除此之外，我们也可以通过“番茄钟”等时间管理方式，定时进行休息。

## 四、寻找阅读伙伴，培养阅读氛围

《礼记·学记》中对学生的评定部分非常重视学生的同伴关系，“一年视离经辨志，三年视敬业乐群。”学习到第三年要能够专心学习，乐于和同学朋友一起相互讨论切磋。同伴对学习者的影响非常大，跟良师益友一起阅读，可以让原本枯燥的阅读变得有趣，从而提高阅读的效率。

### （一）汇聚行业知音，建立阅读共同体

教师之间的阅读内容类似，可以根据共同的兴趣，自主组建阅读学习小组，有计划地阅读共同的书目。就比如美国非常重视教师专业发展，并把专业学习共同体作为促进教师专业发展的重要途径。因此，美国的教师会自主组建 10~20 人左右的读书俱乐部，通过共同讨论来学习书籍内容。[1]

**1. 知识上互相释疑**

一方面，建立阅读学习小组，能够利用“同伴支架”，解答自己在阅读中的疑惑。“支架”理论最早以认知主义与建构主义理论为基础，认为人在学习的时候，逐渐将新知识消化吸收，建构成自己知识体系中的一部分。“支架”学习活动，

1 杨翠．PLC 视域下的美国教师专业发展研究 [D]. 河南大学 ,2010.35–37.

主要是学习者与能力较强的同伴进行合作解决问题。有研究表明，“同伴支架”能够为学习者提供大量的细节性知识与新观点。[1]

另一方面，有组织地进行共读，也能够有效执行阅读计划。阅读学习小组可以规划整体的阅读进度，设立每个人的每天的阅读指标，这样方便统计的同时也方便个人记忆。同时，因为教师阅读内容的一致性，在与阅读同伴进行定期的分享与讨论后，教师能看到对相同内容的不同角度的解读，从而开阔思路，启发思考。

#### 2. 情感上互相陪伴

阅读就像是航行，总会有遇到风浪的时候。航行途中“同路人”的陪伴，能够给教师带来有效的心理支持。阅读学习小组，可以帮助教师解决学习过程中的情绪挑战和意志挑战。让教师感觉不是孤单一人。当阅读效果出现起伏时，如果身旁有着志同道合的同伴，则可以互相安慰鼓励。当取得阅读突破时，也可以互相分享成功的喜悦。无论是获得安慰，还是分享喜悦，最终收到积极的反馈，都会促使教师继续阅读。在这样的正向激励之下，阅读行为进入良性循环，逐渐养成坚持阅读的习惯。

#### 3. 行动中互相督促

阅读学习小组对于阅读毅力的培养，有着良好的作用。当人处于一个群体中，很容易被别人影响和推动。每个人都有自己的局限性，都有懒惰的时候或者繁忙的时候，坚持是非常不容易的一件事情。在共读学习小组里，共同营造积极的氛围，会带动教师积极向上。通过同伴之间的互相监督，能够克服个人的懒惰。比如阅读学习小组大家都在看书分享，大家每天都在进步，如果某教师因故未完成阅读计划，心中就会有紧迫感，觉得自己也一定要努力跟上。

### （二）创建书香家庭，坚持亲子共读

#### 1. 打造家庭阅读空间

一个没有书的家庭，就像一个没有窗户的房间。据统计，中国 72.8% 的家庭没有书房，人均书房面积仅 0.65 ㎡。从城市规模来看，城市越大，书房面积越小。

1　吴静．基于同伴支架的问题引导式合作阅读模式建构实证研究[J]. 景德镇学院学报,2019,34(06):111–115.

一线城市近 9 成家庭没有书房，人均书房面积仅 0.26 ㎡[1]。很多家庭甚至除了电器的使用说明书，甚至找不到一本书，更何谈提供良好的读书环境。打造良好的家庭阅读空间，能够推动教师阅读。

作为阅读的专用空间，首先要保持光线适宜，需要根据自家光源条件摆放桌椅，选择是否购置辅助灯。其次，阅读空间要尽可能安静与独立，尽量不要出现电视等无关物品，从而转移读者注意力中断阅读。最后，还要有一套舒适的桌椅，为注意力的持续集中提供条件，同时也能保护教师的健康。人体工学椅就是个不错的选择。

对于阅读空间的位置，有的家庭会有单独的书房，还有一些家庭选择改造阳台，在阳台上放一个书架，作为“阳台自然图书馆”，将阅读从室内引向阳光与绿植相伴的阳台。但是要注意阳台的承重限制，一般来说，阳台的承重力为每平方米 250kg，放太多书会增加阳台掉落的风险。

**2. 开展家庭共读活动**

在家庭中，教师阅读对于自己的子女起着榜样的作用，所谓“以身教者从，以言教者讼”。教师的书籍作为一种资源，在家庭场景中能够共享给孩子。通过教师平日的阅读行为，激发孩子的模仿欲望，从而开启孩子的阅读之路。教师和孩子之间进行亲子共读，能够连接彼此的精神世界，加深感情交流。

同时，对子女阅读的关注，也会促进教师自身的阅读。和孩子一起解决阅读遇到的问题，教师自己也会有很多感悟与收获。就比如我校的李雪莹老师，平时工作比较忙，对自己子女教育的关注相对较少。李老师在参加孩子学校组织的共读活动之后，发现在一起阅读《窗边的小豆豆》时，孩子发现了很多书中的细节，是自己没有预想到的。而李老师在和自己的孩子共同阅读的时候，孩子问了她一个问题，“几月几日里的‘月’和‘日’是怎么来的？”该教师一开始被问住了，因为作为常识，自己从未思考过这个问题。后来查阅了众多的资料，搞明白了这个问题。给孩子讲解了月相变化与古代生活的相关知识。教师在陪伴孩子阅读的时候，自己的知识获得了增长。

---

1 易观智库 .《2021 中国书房与阅读现状洞察》.

## 第二节　营造学校阅读氛围

苏霍姆林斯基说："学校及学校所从事的一切活动赖以确立的基础，就是每个教师的多样化的知识、丰富的智力生活、宽阔的眼界和在学识的不断提高。"[1] 改善教师的阅读条件，加强对教师的阅读管理，创建书香校园，需要校方和教师一起努力。

### 一、改善教师阅读条件

#### （一）减轻教师负担，规划阅读时间

教师阅读的最大障碍，就是阅读时间。除了上课、批改作业等必要的教学活动外，教师还要将本就有限的时间，消耗在家访、参加开会等事项上。教师的工作时间消耗在了这些无关教学的活动中。工作的忙碌与疲惫，使教师无心阅读，无力阅读。爱因斯坦曾经说过："负担过重必然导致肤浅。"因此，学校需要做出相应的调整，倡导教师阅读要从制度和管理上，给教师提供时间上的保障。合理规划教师的工作时间，为教师阅读留出空间。

**1. 减少教师的非教学任务**

学校要科学合理地安排教师的教学任务，减少教师非教学任务，使教师能够安心、全心地教书和读书。一方面，各种会议要精简，会议内容多谈实际，少做空谈。另一方面，各种检查评比，要从实际出发，减少不必要的评比占用教师时间。

**2. 做好教学计划的制定与传达**

学校在学期之初，就应该向教师传达本学期的工作与安排，将教师的工作内容明确化，让教师心中有数。这样，教师才能在做好本职工作的前提下，利用好休息的时间进行阅读。很多教师没有阅读计划，或者执行不了阅读计划的原因就是不清楚学校的教学计划，以及受很多临时事务的打扰，阅读计划经常会学校突然安排的活动或任务相冲突。教师的阅读计划被打乱，也就无心读书了。提前将本学期的教学计划传达给教师，能够让教师的教学工作，和阅读计划都能有条不

---

1　苏霍姆林斯基 . 苏霍姆林斯基全集（第一卷）[M]. 第一版 . 北京 : 教育科学出版社 , 2001 :63.

紊地进行和开展。

## （二）改善阅读环境，优化阅读资源

### 1. 修缮学校图书馆

苏霍姆林斯基说："学校应当是书籍的王国。"[1]学校的图书室是学校的重要文化象征。大部分教师所阅读书籍也是来源于此。建设好学校图书馆，能够极大地提高教师阅读的积极性。

第一，学校要提高对图书馆的重视程度，划拨专项资金进行修缮。学校图书馆存在很多问题，如书籍类型比较单一，多是学生用书；书籍内容比较陈旧没有及时更新；藏书较少，质量较差等。加强图书馆的建设，就要更新图书馆的书籍、增加图书馆的藏书量，维护和更新设施、优化图书馆的服务，延长图书馆的开放时间。除此之外，对于学校图书馆的规划也要相应优化，要完善教师的阅读区域，使之适宜教师阅读。

第二，学校可以加强对学校电子图书馆的建设。由于校园面积有限，图书馆的面积相应地受限。而电子图书馆，能够打破空间的限制，让教师更加方便地查阅所需书目。很多学校已经有了自己的电子图书馆。加强电子资源的阅读环境建设，需要拓宽书籍渠道，定期更新图书，美化设计交互界面，优化书籍管理，使电子图书馆的界面呈现全面、有序的状态。除此之外，学校也要做好电子图书馆的宣传与使用说明工作，学校要让教师知晓并善用电子图书馆，为教师阅读提供良好的服务体验，从而提高教师的阅读效率。

### 2. 提高教师购书参与度

通常情况下，图书采购由图书馆工作人员负责，教师很少有机会参与采购。另外，因为图书的专业性，图书馆工作人员难以完全按照教师需要进行采购。因此，教师的需求与图书馆的藏书存在脱节的现象。为了解决这个问题，就必须加大教师在图书采购方面的参与权。

改善教师的图书采购参与情况，可以从以下两方面着手：一方面是实行"教师建议购书制度"，即学校各专业教师根据自身的需求，向图书馆提出本专业建

1 苏霍姆林斯基著．杜殿坤译．给教师的建议 [M]. 北京：教育科学出版社，1984.75.

议购书书目清单。清单书籍必须是图书馆馆藏中没有的或者不够的，而且必须具备一定的价值。图书馆采购部门要据实审批之后，选择性地进行订购。随后要将新书目录反馈给建议购书者，以便教师及时借阅。建议购书制度，能够提高藏书质量、充分发挥藏书效益。

另一方面就是“教师代表集体购书报销制度”，学科教研组教师按需采购书目，费用由学校全部或部分报销，并将所购书目放置于学科办公室进行公共阅读。教研组教师集体购书时，可以列举一些书单，由教师们投票选择，并选择一个公共的时间集体到书店购书。购书报销制度，相对于图书馆的购书制度，更加迅捷和灵活。

#### 3. 打造书香办公室

打造书香办公室，培养教师随时随地阅读的习惯。为了减少教师阅读成本，学校可以在办公室设立读书角，使教师能够利用碎片化时间，随手拿起图书进行阅读。在教师办公室角落放置书柜，可以定期上架学校为教师们推荐的优秀图书，学术期刊，或者教师集体购置的书籍等。除此之外，要做好书架的维护，定时更新其中的书籍内容。也可以在书架旁边摆上花草，让办公室成为文化育人的场所。

#### 4. 建立电子阅读平台

除了实体的图书馆之外，学校也应该重视电子图书资源的开发与利用，为教师建立公益性的电子阅读平台。网络上有很多免费的电子书资源，可以由学校牵头，建立电子图书馆，由技术老师或者学科教师搜集并上传到平台。然后共享给全校教师进行阅读。除网络资源外，也可以扫描学校内部的优秀教师手记、教案等资源，上传平台共享给教师们。这样不仅可以对纸质资源进行存档备份，也可以让其他教师进行讨论与学习。平台建立之后，要设立专人进行维护，年年更新，逐渐丰富平台资源，形成有本校特色的电子图书馆。

## 二、加强教师阅读管理

### （一）树立阅读榜样

#### 1. 校长干部发挥带头作用

著名校长韩希文在他的书中说：“校长管理一所学校，首先想到的应该是如何帮助每位教师得到专业发展。”校长对学校的领导，在于对教师教育思想的领导，组织教师阅读是实现教育思想领导的最好办法，也是构建书香校园的有效途径。改善教师阅读状况，校长应该发挥模范带头作用，引领全校教师愿阅读、爱阅读、享阅读。有了学校领导干部的支持，爱阅读的教师才不会成为另类。校长干部率先拿起书本阅读经典，教师会“观其行、信其道”，效仿校长的阅读行为。在热爱阅读的校长带领下，改善教师阅读条件，开展各项促进教师阅读的活动，教师们在耳濡目染中也会成为热爱阅读的人。比如，我曾带领骨干教师开展共读活动，共同阅读《有效教学的101种策略》这本书，参与共读活动的教师进步明显，在教学技能大赛、研究论文大赛等教育赛事中获得多项荣誉。

**2. 发掘教师群体中的阅读榜样**

陶继新的讲演录《做一个幸福的教师》中，提到一个在学校常见的现象，坚持阅读的教师，会成为单位的优秀分子，甚至更大范围的教育名人。发掘身边榜样，对热爱阅读的教师的表彰，能够打造一批“爱读书、会读书、能讲书”的教师阅读明星，让他们成为学校的“阅读种子”，发挥“种子效应”，成为学校教师读书推广的有生力量。

### （二）倡导阅读分享

举办丰富多彩的教师阅读活动，能够推动更多教师走向阅读，同时也是构建书香校园、体现校园生活的人文性和教育性的重要方面。阅读活动可以是在校内办，也可以校际联动，让地区间的教师能够分享自己阅读后的反思与阅读改变教学的教育教学经验等。

**1. 定期举办阅读活动**

学校可以在广泛征求师生意见的基础上，选择读书活动主题，并规定日期进行活动。这样才能成为师生期待的读书活动，而不是被动接受的任务。定期举行，一方面是为了避免与教学时间的冲突，另一方面，定期也能够形成惯例，使阅读活动成为学校的常规活动之一，使读书成为师生生活中必要的一部分。

学校可以定期组织读书论坛、读书沙龙等活动。如举办共读活动，每周向教师推荐一本书，教师们在读完后，从不同视角出发，互相交流自己的感受。也可以不定期举办教师读书分享大会，让每位教师都能够上台，给同事推荐一本自己喜欢的好书，阐述自己的读书体会。要想让教师阅读活动深入人心，必须要做好三方面的工作：

首先，活动不必规定教师读后感字数或者发言次数。太过刻板与机械化的流程，会增加教师对阅读活动的抵触情绪。其次，活动不宜过多占用教师的业余时间。除学校固定的一两次阅读活动之外，活动的频次与时间应该因时而动，因地制宜，活动要根据教师教育教学的需求灵活举办。最后，活动要坚持自愿参加的原则。读书交流会的初衷是推动更多教师拿起书本、爱上阅读。不需要过多的强制，它就会像磁场一样会将吸引热爱阅读的教师，这些教师会逐渐影响身边的人。

此外，学校还可以开展全校师生共同参与的阅读活动。班主任可以组织班级读书会，推荐阅读书目让学生和家长共读，之后进行线上的经验交流与分享。在书香校园的建设上，可以在学校的宣传栏、走廊、教室张贴倡导阅读的名言、标语；在校园广播站，定期播放读书故事、读书感悟类的节目；通过学校公众号给关注的家长推送读书推荐等，将教师阅读融入书香校园的建设之中。发挥好教师的带动作用开展家校联动阅读活动，反过来也能够促进教师的深入阅读。

### 2. 成立教师阅读组织

群体性学习能够在增强学习动力、解决学习困难等方面为学习者提供帮助。读书是教师必备的职业生活方式之一，教师群体拥有相同的职业诉求，具有形成阅读组织的天然优势。共同阅读能够更好地集中注意，交流所得，启发思维。因此，教师阅读组织的建立是一件顺理成章的事情。

建立教师阅读组织，教师们可以根据年级或学科为单位，也可根据兴趣，以及专业素养发展阶段自由组建，但无论怎样，都必须有自己的小组规章。只有制定相应的小组制度和规范，才能保证教师专业阅读的质量。

在进行专业阅读之前，可以请经验丰富的老教师，对相关专业书籍进行“导读”，使组内教师明确每章的阅读重、难点和需要注意的地方。这样组员的阅读和思考才能更有方向感，保证阅读的效果。

交流之后的思考与实践才是阅读小组存在的价值所在。小组成员结合个人的教学实践，以及专业发展中遇到的问题，和组员进行交流与反思，拓宽阅读范围，进行延伸阅读。专业阅读通过良师指点、小组交流、个人反思相结合的方式进行，教师获得的收获才会最丰富。阅读小组让教师真切地感受到阅读对自己内外的改变，提升了教师专业发展的自我效能感。

### 3. 重视对活动的管理

开展教师阅读活动的同时，也要做好管理工作。如宁城县大明镇，在 2006 年就启动了“教师阅读工程”，在下属的多所小学、初中和幼儿园，展开了阅读活动。为教师开展阅读课和专家讲座活动，其教师阅读课的管理做到了时间、人员、地点、内容、组织和评价的六落实。[1]举办阅读活动之前，一定要制定好相应的管理制度，通过活动的多次举办，将管理制度不断完善。

## （三）提供阅读指导

要想改善教师阅读效果，一定要加强对教师阅读的指导。叶圣陶先生说过：“方法是重要的。一种行为活动，如果没有正确的科学的方法，就不可能达到目的，实现目标，收到好的效果。对于阅读，善不善读，会不会读，核心问题是读书方法当不当。注意读书的方法和策略，提高阅读效率，可以起到事半功倍的作用。”虽然许多教师能认识到阅读的重要性，但在阅读实践中却难以着手开展。因此，就需要专家对教师的阅读内容、方法等方面进行指导，提高教师的阅读能力。专家引领主要体现在理念、思路以及方法三个层面。

### 1. 指导阅读理念

专家可以从阅读理念方面指导教师，使之更新观念，进行持续而有效的阅读，逐步建立起自主阅读的意识。比如教育专家鲁澄南，在一所小学的教师阅读专家指导讲堂中，从“教师为什么而阅读？”“阅读对人真的那么重要吗？”“教师的阅读现状如何？”三个问题出发，论述了阅读对于教师的重要性，直接推动了在场教师阅读观念的改变。

### 2. 指导阅读思路

专家能够指导教师的阅读思路，对于教师的阅读方向进行纠偏。常见的方式是专家通过阅读书籍的案例进行分析，如专家解读《民主主义与教育》的阅读要点，从而指导教师的阅读。

---

1 方炳林，孟凡合，齐宝龙．让教师在阅读中实现专业发展 [J]. 人民教育，2011(Z3):43-45.

**3. 指导阅读方法**

专家能够指教师的阅读方法，使教师阅读更加高效，最终达到专业发展的目的。如闫学老师倡导的“坚持有坡度的阅读”，让读书一直发生在教师自身的“最近发展区”，从而获得良好的阅读效果。

### （四）重视阅读评价

倡导教师阅读，首要任务是让教师开始阅读，这就需要制度的监督和评价。教师在获得反馈之后，才能针对性地调整自身的行为。

**1. 明确阅读任务**

每学期之初，学校可以给教师发放图书借阅卡和读书笔记本。同时，也要对教师阅读情况进行不定期的抽查。对城市教师来说，学校可以组织教师，在每日午休时抽出一段时间进入阅览室阅读；对于县镇等没有阅览室的学校，可以组织教师固定时间自带书籍，到会议室或指定地点阅读。对于那些读书态度认真、成绩明显的教师进行通报表扬或者给予物质上的表扬，从而吸引更多教师进行阅读。

**2. 完善评价标准**

要想对教师的阅读成果进行评估，设置一个合理的标准是很重要的，因此学校要从多方面考虑制定教师阅读评价标准。评估制度和标准的制定，不仅要科学合理，更要简单明确，方便落地执行。因此需要按照公平合理的原则，对教师的读书笔记、读书心得、研讨记录、参加读书活动次数等阅读成果进行定量和定性的考核。对于骨干教师和课题组成员，在教育经典名著和期刊文献的阅读上，学校也应有相应的要求并定期考核。使教师在既有压力也有动力的环境下进行阅读，既能确保教师真正地在“读”，也能使教师在榜样和同行的激励下，自觉端正阅读心态，提升阅读的质量。

**3. 善用激励制度**

针对教师阅读的激励方法，主要有精神激励法和物质激励法两种类型。

（1）精神奖励塑造教师读书光荣感

精神激励法就是通过满足人们的精神需求，从而影响人们的心理状态，使之产生满足、幸福的感觉，从而激发其积极性。精神激励法最常见的有榜样激励、荣誉激励等，可以通过这两种方法激励教师积极主动地阅读。通过树立先进典型和领导的身先士卒，使教师向先进人物看齐，以先进为榜样，促使其阅读。同时要给予优秀教师荣誉上的奖励，比如，给先进者发奖状、授予称号等。学校也可以将教师高质量的读书心得及书目推荐，发表在学校网站、微信公众号中，激励每位教师读书。

而在荣誉上的奖励，可以设立“优秀读书笔记奖”“阅读先进个人”等奖项，根据评比选出优秀的教师，对部分教师在读书方面的优秀表现进行奖励，并且将这些荣誉结果进行宣传，进一步激发教师读书的积极性。

（2）物质奖励让教师有持续阅读的条件

物质激励的方法，主要有提升工资、颁发奖金和其他物质奖赏等。比如，针对阅读态度认真、成果突出的教师，给予其奖金、图书、购书代金券等。只有把阅读与教师的切实利益相结合，使教师有继续阅读的条件和动力，才能激发出教师的阅读自主性，使教师不再是被动地、因外界要求而读，而是因为自身对于知识的渴望，以及获得读书的乐趣而读书。具有自主发展观念的教师，才是当前教育需要的教师。

# 第八章　问道·教师阅读储备的转化策略

教师阅读储备的转化，是将知识的静水深流转变为教育实践的活力之源，这一过程对于提升教学质量、激发学生潜能具有不可估量的价值。我校多年探寻教师阅读储备的转化之“道”，总结出了一定的教师阅读储备转化策略。本章节将展示部分精选的教师实践案例，透过这些生动的故事，我们不仅能够看见教师如何将阅读的成果转化为教学的实践，还能感受到阅读在教育生活中所激发出的无限潜能与创造力。

# 第一节 北部新区实验学校教师阅读储备转化的路径

目前，学界对于阅读储备转化方面的研究较为欠缺，尤其是转化模式方面，更是少之又少。面对这一研究领域的空白，我校积极投身于教师阅读储备相关的研究与实践活动之中。通过不懈的努力，我们已经在教师阅读储备的转化机制上取得了初步成果，这些成果不仅丰富了我校的教育教学资源，也可以为其他同仁提供宝贵的经验和参考。

## 一、北部新区实验学校关于教师阅读储备转化的研究

叶圣陶先生说，做好教师工作有两个必备条件，一是肯负责，二是有本钱。这“本钱”首先指的就是教师必须具有深厚的科学文化知识储备。怎样才能让教师具备丰富的阅读知识储备，积累更多的隐性知识，并转化为与之教学内容和教学对象需要的课堂资源并产生能量作用于课堂，推动课堂教学，帮助学生在学习中发现更多的问题，具备有力的解决方法，走上更高的台阶，调动他们创造性的思考，解决争论不休的问题呢？我们从以下几个方面进行了教师阅读储备能量转化与运用的实践研究。

### （一）寻找自身不足，增强教师阅读储备的紧迫感和使命感

对学生而言，教师不仅仅是教知识的人，也应该是开辟学生人生道路的领航人，确立学生人生目标的引路人，指导人生方向的伴行者，心灵碰撞产生共鸣的知音。阅读储备就像是一辆不断加油，不断产生能源，增加动力的奔驰的汽车。在这个意义上，阅读储备将成为提升教师专业素质，培养学生成为未来的学习者，开展教学研究的重要基础。因此，教师在平日里进行阅读储备，并且懂得转化为实践成果尤为重要。通过对我校教师阅读储备的问卷和访谈调查，得出以下结论：

**1. 教师的阅读知识储备不足**

教师仅仅靠自身的基本知识、基本技能已经不能适应时代了。在人工智能时代，知识是爆炸式的，关注知识多少已经没有意义了。教师仅仅靠显性知识是不能够满足学生的需求的。

### 2. 教师的教学能力提供不足

教师拿着一本教材一本教学参考和即时查阅的网上资料就可以走上课堂，但是，课堂上学生的需求是千变万化的，课本内容引发学生的问题思考也是层出不穷的，尤其是学生讨论出现争议需要教师提供助力的时候，此时教师的阅读储备将转化为能量将课题讨论推向新的探究平台，就略显的能量不足。

### 3. 教师的储备转化策略不足

教师在教学中应重视不同学生的学习过程和个性差异，重视学生终身学习的能力的培养和发展。课堂上教师需要干预的时候，应该成为课堂教学中教师水平的闪光点。如果教师转化方式和策略欠缺就难以提供有效资源，帮助学生在迷茫中找到正确的思路和答案。

### 4. 教师的储备运用张力不足

课堂上教师已经意识到了在备课中的准备不足，又无法现场翻阅查找，这时候十分尴尬的局面是教师最难以面对的，然而还有一种情况就是储备充分但是运用时候没有力度，缺乏张力，让学生不能够满足或者造成一知半解。

## （二）确立研究主题，提炼教师阅读转化的实施方式和策略

北京市教育学会在北京市教委的支持下，开展了“中小学学科阅读专项研究”项目。我们参与了相关课题，重新思考阅读内涵，从只关注语文学科阅读的狭隘观念中跳出来，在数学、英语、科学、信息技术、音体美等多学科领域融入阅读的理念，探索中小学各个学科开展阅读教学的方法路径，开创综合立体的阅读模式。课堂教学层面推动教师阅读的工程项目，加盟了海淀区“十三五”课题《学科阅读课程及教学研究》。学校课题立项为《教师阅读储备转化与应用的实践研究》。在这个学校的总课题之下呈现了多项由教师课题组和学科教师所申报的校级子课题。

## （三）立足课堂观察，提取教师阅读的教学转化的方式与策略

我们首先要通过课题研究来构建学校阅读知识储备课程体系，成立两个阅读储备转化研究团队（课题研究组 + 教师实践团队）开辟三个实践研究平台，阅读交流平台、开发教学观察交流平台、测量和评价工具开发使用交流平台，帮助教

师在教学过程中，实施积极的阅读储备完成优质学校的育人计划。

**1. 学校成立了两个课题研究团队。**

课题研究团队 + 教师学科团队。学校以领导班子和骨干教师组成的课题组承担课题的策划、组织、观察、指导课题的推动，开展各种与本课题研究相关的交流会和课堂教学观察评价活动。参与实践研究，提炼研究成果，撰写课题开题、中期总结和结题报告等工作。

**2. 学校各学科教师团队。**

学校教师是课题的参与者和实践者，在课题研究组的带领下，全体教师参与到课堂教学研究中，完成课题中的子课题部分研究，参与调查问卷、撰写教案、教学案例、设计课堂学习单和提取相应数据和总结工作

教师的阅读储备决定他的专业水平以及他对教育的认识，教师的思想观点和他所蕴含的阅读储备就决定了他今后的教育道路的长远和对学生人生走向和学习的推动力和影响力。在听课的时候我们的关注点就一直在学习过程中学生问题生成时教师的引爆点和推动力。这些都不是教师之间可以模仿或者传授的。

教师阅读储备是重要的提供能量的资源，就如同我们人的肌体，当我们的身体没有足够的糖的摄入，身体就会调动我们身体中的脂肪转化成为糖来提供能量补充身体营养的需要这样人就会变瘦。因此脂肪就是我们平时身体摄入多余而且对身体有着急需备用的重要的营养成分。我们来谈教师，教师应该是一个储存资源和转化能量和释放优质能量的载体。

下面我们走进课堂来观看我们的教师怎样将阅读储备转化为能量进行适当应用的：

观察 1：教师阅读储备的课前预设——“显性知识 + 隐性储备”

例如：六年级作文课“我的拿手好戏”重点观察教师教学的迁移点和转化点。教师的隐性知识在于教师能够将自己的作文教学隐性储备策略运用到课堂教学中补充到显性知识中。比如：教师能够抓住学生的特点来展示学生的好戏，教师使用二次修改作文的方式来帮助学生完成一稿作文，教师还能够让学生在修改过

程中来教会学生修改作文的方法，让学生看到作文通过修改所达到的效果。但是针对“好戏”的知识储备还是没有太多地呈现。首先戏是有戏台的，戏是有角色的，戏是分开场和闭场的。好戏一定要突出精彩和绝技，博得掌声和赞叹声

的。这部分阅读还是应该从相关书籍中阅读，至少也可以选一些内容做例子来引导学生丰富这一部分知识和感知，也可以让学生课下阅读去捕捉更多的关于好戏的内容。

图 8-1-1 “我的拿手好戏”教学照片

资料显示：显性知识是可以言说、清晰表述的知识，能够用语言、文字、图表、数字等信息符号表达；而隐性知识是无法言说、只可心领神会的知识，不能以语言、文字、图表、数字等信息符合表达。英国哲学家波兰尼说：“我知道这些东西，尽管我无法清楚地说出或几乎无法说出我知道的是什么。”

教师自身就是最好的教材。学生从教师那里获取出课本以外更多的知识和见识的前提是教师要有足够的储备和具备转化的能力。但究其实质，教师所教并非教授教材中知识，而真正的教学，教到最后往往是教师自己，所谓“教师自身就是最好的教材”这是一本独特的、动态的、伴随教师个性阅读和成长的仅有的教材。这本教材蕴含着教师的全部阅读知识储备，以及对生活的积累体验与感悟。对这个世界的认知和探索决定了这本教材内容的广度和深度，因而教师的储备在课堂教学中也决定了学生获取知识过程的学习兴趣和收获水平。

观察 2：教师阅读储备能量转化——“完善认知 + 内化储备”

如果师生将自己当作课文中的作者或者是文中的一个角色，教学就有了灵动，教材就有了生命。

例如：语文课“鸟的天堂”。教师在教学中充满激情，主要是源于对鸟的天堂的动画感，也许教师本身就曾感受到过这样的一个情景，也许就是丰富阅读了这方面的知识，所以，除了讲阅读文章结构等知识点，给我最突出的印象就是带领学生反复朗读描写鸟的天堂中的语句，观察教师能够用情感影响学生的阅读也是一种十分美好的画面，这些朗读不仅仅是文字，而是场景和画面，那些文字已经变得十分生动，这是阅读者也许触摸不到的，而教师能够做到。也许学生从教师那里能够获取到从课文中所获取不到的知识内涵，也就是说，教师变成为了《鸟的天堂》的作者，或者自己将这篇课文又重新进行了描写，因此课文已经不再是原来的那篇课文，而是融入了教师自身经验和激情的文本。教师借助自身储备推动了文章主旨的进一步的深化。

图 8-1-2 “鸟的天堂”教学照片

因此教师自身就是最好的教材。表面上看，教师在教着教材中的知识，但究其实质，教师所教并非教材本身，教到最后往往是教师自己。这就要谈到显性知识和隐性知识。每一堂课里面的隐性知识就是教师的文化底蕴，了解戏剧所具备的特点：舞台、演员和观众还有道具。也要阅读一些书籍。于是教师也就成了一本教材，而且是更生动的教材。教学的真正质量在于借助教材来完成教师阅读、教师知识储备的能量转化。

观察三：教师阅读储备的运用——“技能提升 + 经验储备”

认识事物的基础是原有的认知，更美妙的认知来自于学生的实践。学生技能的提升需要教师大量地从阅读中转化为自身对文章内容理解的经验储备。

例如：科学课《神奇的纸》讨论题——瓦楞纸受力的原理是什么？一个物品的变化成为另一个物品，这个过程的探究教师一定要调动自己的知识储备，至少也是相关科学知识。将变化的过程讲出来还是学生悟出来，也许还需要提供一些资源完成学生的认知。

图 8-1-3 “神奇的纸”教学照片

教师听课、阅读教学实录、研读名师手记、观看教学视频等，都需要教师将他人的个体知识转化为自己的个体知识，使这部分知识充满生命的活力和创造力。可以说，教师阅读教学设计类、课堂实录类、教育随笔类等著作，只有注重将他人的个体知识转变成自己的个体知识，才有可能提高阅读转化，这种转化在教育教学中产生较高的实践效益。

研究避免不了方向和路线的偏颇和操作上细节的问题，但是只要想做就必须尝试，只有尝试了才知道是不是可行，在这个过程中学生的技能也就得到了提升，教师的信息储备就会发挥积极有效的作用，帮助学生能够在实践中产生更多的思维的创造性。

观察四：教师在课堂中储备转化——“知识拓展 + 信息储备”

例如科学课“风的成因”教师从热气球让学生发现外力的推动并提出问题让学生思考。如果火苗熄灭了，靠什么推动？于是学生用演示箱进行实验，并写出报告单。学生在演示的过程中会提出不同的问题，这是一节课中最具挑战性的教学。教师提问：1. 大自然的风是怎样形成的？ 2. 风对生活会不会有影响？这两个问题在讨论中，学生会出现许多不解的问题，这时候教师就开始教师如果能够抓住这个契机，建立一个个新的交流平台，将阅读储备输入课堂。我们看到教师给予学生关于风的形成的知识来自于教师阅读的知识，丰富和补充了学生在书本上没有找到的知识，启发了学生更多的生活经验并产生了深入的思考。学生学会了了解风的形成和制造风的方法，在试验中了解了风的形成，最后得出：自然界的事物都是有联系的这样一个科学的结论。培养了学生认真观察、思考、比较、联系生活的能力。教师的阅读储备在课堂上转化为能量并作用于学生学习之中；教师的作用就不仅仅是课堂组织和引导而是一本辅助教材和资源库。

图 8-1-4 “风的成因”教学照片

通过以上观察我们提炼一些教师课堂教学阅读储备转化策略。

1. “显性知识 + 隐性储备”增加能量补充，为学生的学习生成迅速输入信息。

2. “完善认知 + 内化储备”产生提速动力，为推动学生学习提供动力和能量。

3. “技能提升 + 经验储备”搭建交流平台，为学生增加拓展学习空间和范围。

4. “知识拓展 + 信息储备”促进新知识构建，为学生走出文本走进课外阅读提供资源。

在这四个教学方式的研究中，需要研发学习工具和测量工具，形成了研究的数据统计和分析的严谨过程。

### （四）搭设研究平台，增强教师阅读与教学的思考力和研究力

学校在研究中需要搭设了三个教师交流平台。分别是：

1. 以教师阅读书籍感受交流为主的教师专业发展阅读储备学习交流平台。

2. 以教师阅读储备在课堂转化策略和模式研究为主的教师阅读储备转化运用课堂观察交流平台。

3. 以教师阅读储备转化运用的数据研究分析提炼总结研究交流平台。

①教师子课题申报活动 ——提高教师独立研究水平

②教师阅读互动交流活动 ——提高教师认识水平

③课堂教学观察实践活动—— 提高教师教学研究水平

④教师教学研究评价活动 ——提高教师评价研究水平

⑤成果汇报总结活动——提高教师总结提炼撰写水平

以上就是本研究的一些思考和课堂观察由此呈现的初步结论，就是教师阅读一定要通过内化后的储备转化为具有为文本或学生需要服务的具有实践意义和价值的能量并在课堂实践中加以运用才能够不断提高教师的专业素养，教师的专业素养就是通过阅读储备、能量转化、课堂运用来完成的。学生才能够从教师那里收获比课本更多的知识和技能，教师此时就是一本活的具有个性的百科全书。如果每一个学科的每一节课都能够增加一点教师的储备能量转化，学生的学习将是一个多么广阔的信息空间。

在学校教师队伍建设中，本课题研究是教师专业发展管理的一个重要的载体，课题研究辐射整个教师管理各项工作。我们通过建立教师阅读活动机制，推动教师专业发展，构建学校教师阅读体系，完善教师阅读组织活动。在课堂观察中提取恰当的方法和策略，在研究和交流中，提高教师阅读水平，增强教师专业素养。在教学观察中制定教师课堂教学评价标准，提高教学效率。在学校立德树人的总目标下，在教师阅读储备的转化应用中促进学生成长和发展。

## 二、北部新区实验学校教师阅读储备课堂实践转化的方式

阅读储备的课堂实践转化是一个涉及教师知识更新、教学方法创新和学生学习效果提升的复杂过程。这一过程不仅要求教师将个人阅读所获得的理论知识和教育思想转化为具体的教学策略，还要求这些策略能够适应不同学生的学习需求，激发他们的学习兴趣，提高他们的学习效率。通过我校教师丰富的课堂教学实践，我校将教师储备课堂实践转化的方式归纳为四种：关联转化、变通转化、随机转化和迁移转化。

### （一）关联转化

关联转化，就是将阅读中有直接联系的知识，直接应用到课堂当中。教师在备课时，首先确定教材的重点和难点，然后搜索自身的阅读知识储备，将与教学内容相关的部分，恰当地转化为课程内容的一部分，攻克本科的重难点，从而为

学生提供更加丰富、多元、开放的课程体验。

例如，在为学生讲授新字时，可以加入《说文解字》的部分内容。《说文解字》是我国第一部系统分析字形、考究字源的文字学著作，是中国历史上的第一部字书。市面上相关的书籍很多，教师在阅读中找到了汉字的“秘密”，把阅读储备关联转化为教学内容，通过汉字演变开展字理识字，提高了识字的效率。

学习“果”字时，引用汉字演变的过程，图文结合知道：繁盛的果实不仅指水果，也指所有作物结出的粮食。繁盛的树木结出的累累硕果谓之“果”。从小篆开始，“果”的果实之形转为“田”字，代表着“粮食”等可以果腹之物。后来“果”又引申为与“因”相对应的结局，这种释义在现代汉语中有着广泛的应用。古文中“果”通“裸”，“果”泛指功能或形状与果实相似的食物，“裸”、“裹”就是从这一意义上衍生而来的。现在，“果”还引申确实、坚决，如“果真”“果断”等。教师可以将这些课本以外的内容，巧妙地融入课堂之中，使学生获得更多的信息。

又如，小学四年级下册统编教材中《方帽子店》是一篇自学课文，在品读“日子一天天地过去，世界一天天在改变，那些不舒服的方帽子，慢慢地成为古董”一句时，我校霍欣欣老师重点对“改”字进行了阐述，通过其字形的演变——甲骨文和小篆写法，让学生体会“改变”自古以来就饱含着痛苦和不易。“改”字的教学，成为本节课的亮点。

而在小学五年级下册统编教材中《威尼斯的小艇》一课的教学中，我校教师徐颖通过调查得知，学生对于本课的内容缺乏生活经验，于是在讲授这一节课之时，在学习课文后关联“威尼斯”和“小艇”相关文章，使学生形象地感知威尼斯和小艇。本节课后，该老师还为学生拓展了马克·吐温的《百万英镑》和莎士比亚的《威尼斯商人》，从不同角度丰富学生对作者的认识和对威尼斯的认知，在阅读实践中有效提高阅读能力。课堂中可以关联转化的内容其实很多，需要教师仔细研读教材，根据实际情况，丰富完善自己的教学设计。

### （二）变通转化

变通转化，需要具有改变和创新的意识和能力，能够抓住不同知识之间的共同点，从而为课程与教学服务。我们都知道，知识与知识之间不是孤立的，而是相关联的。因此，我们在进行单一学科的研究时，一定会与其他学科产生碰撞和交汇。教师可以将自己广博的阅读储备，灵活变通地转化，从而为本学科内容服务。在教学实践过程中，根据不同学科的内容和特点，有选择性地调动自身储备，自主进行加工与创新，从而形成教师阅读与文本的有机融合。

例如，在学习小学四年级下册统编教材中《方帽子店》一课时，为了让学生体会课文的主旨，霍老师把《长颈鹿的演变》和《习近平总书记关于人类社会创新变革的讲话》灵活地转化为教学内容，使学生生动形象地感知自然界中存在的优胜劣汰，明白人类社会的发展需要创新和变革，再回到课文就明白方帽子为什么会被淘汰了。教师阅读的变通转化，也在潜移默化中影响着学生的阅读方法，让学生的阅读也做到融会贯通，学习在灵活变通中不断创新。

又如，学生在学习小学三年级下册统编教材第七单元时，需要运用课文的写作方法，抓住事物特点，学习介绍一种事物——石头。石头很常见，但是在 教师的学情调研中，发现有近 80% 的学生对于石头的认知都是形状、大小不同，不能准确地抓住石头的特点，做到生动形象地描写。因此，谢玉梅教师调动了自己的阅读储备，从石头的种类、大小、形状、价值、传说等多方面，启发学生进行探究性学习。学生阅读了《黄山奇石》《中国石》《猎人海力布》《百科全书》等书，并且转化为自己的写作素材，全班写作的选材从两类提高到了五类，93.3% 的学生能抓住石头的特点，73.4% 的学生能运用学过的比喻、排比等修辞手法。教师的知识面，直接决定了给学生呈现的世界大小。教师只有进行广泛的阅读，才能够给学生一片开阔的天地。

五年级《圆明园的毁灭》一课，很多学生虽然去过圆明园，但是对圆明园的价值还是很难想象的。这时候用教师的阅读补充学生认知的空白，效果远比教师的提问更有效。例如圆明园的珍宝到底价值几何？教师补充一段资料：“ 2010 年 10 月 7 日，香港苏富比拍卖会上，经过足足 45 口叫价，清乾隆年间一款浅黄地洋彩锦上添花万寿连延图长颈葫芦瓶最终以 2.5266 亿港币（约合 2.1294 亿元人民币）成交，这一价格刷新了中国瓷器及工艺品拍卖的世界纪录。这还仅仅是圆明园众多历史文物中的一件。据考证，圆明园内共有 150 万件这样的历史文物。”这几个数字让学生一下子就能感受到其价值，明白圆明园又是当时世界上最大的博物馆、艺术馆。

## （三）随机转化

随机转化，是教学中教师阅读储备转化过程中，最具时效性的转化方式。随机转化本身十分具有灵活性和敏捷性。阅读是基础，转化是动力，与学科融合产生效能是根本目的。教师是否能够在教学中灵活随机转化，可以看出教师的教学基本功和阅读储备能量转化应用的水平。

例如，科学课“风的成因”一课，我校王莉教师展示热气球的案例，让学生发现外力的推动并提出问题让学生思考，如果火苗熄灭了，靠什么推动？于是学生用演示箱进行实验，并写出报告单。学生在演示的过程中，会提出不同的问题，这是一节课中对于教师来说最具有挑战性的部分，这时候教师如果能够抓住这个契机，建立一个新的交流平台，将自己的阅读储备转化为对学生问题的完美回答，那么教学效果一定会非常好。教师的阅读储备在课堂上转化为能量，并作用于学生学习之中，教师的作用就不仅仅是课堂组织和引导，而是成为一本“活教材”。

教师所教并非完全是教材的知识，还有教师自己的阅读储备，教师自身就是一本独特的动态的教材。教师的随机转化把教材变成了一把钥匙，一把开启学生开阔世界的钥匙。教师用自身的阅读储备引导学生探索世界，让学生的学也不再局限于一本教材，学习的内容真正有了广度和深度，获取知识过程不再是师授生学而是自主地学习。

## （四）迁移转化

迁移转化，即在教师自身阅读中获得的技能、知识或态度，对课堂上另一种类似情境的转化运用。知识的迁移是教学中的主要手段，技能的迁移是提升教学成效的重要保障，情感的迁移则是培育学生情感与思想的有效方式。没有迁移就没有变通，教师自身知识储备的迁移显示出教师自身教学的张力。

例如，语文课“鸟的天堂”。我校安乐老师在教学中充满激情，也许安老师本身就感受到过这样的一个情景，也许是自身备课的时候，主动丰富阅读了这方面的知识。上课时，安老师带领学生，反复朗读描写鸟的天堂中的语句，用自身对于《鸟的天堂》的情感体验感染了学生。在这节课中，教师仿佛化身为《鸟的天堂》的作者，用激情重写了这篇课文。学生从教师那里，获取了文字之外的内涵。

我校王赫男老师研读了外国教育专家所著的《追求理解的教学设计》，书中提出了“逆向设计”的概念和方法。即在考虑如何开展教与学活动之前，先要思考学习要达到的目的到底是什么，以及哪些证据表明学习达到了目的；关注学习期望，然后才有可能产生适合的教学行为；最好的设计应该是“以终为始”，从学习结果开始的逆向思考。读后，王老师感触颇深，也应用到了自己的教学当中。小学二年级上册统编教材第七单元以“想象”为主题，以“展开想象写话”为最终目的，该教师重新设定单元的大情境，以单元大任务展开教育，结合单元的主题课文，重组课文教学，把本册“快乐读书吧”中《一只想飞的猫》融入了教学中。在小学四年级上册统编教材第四单元以“神话”为主题，该教师采用“逆向设计”的教学策略，以“童话故事会”为单元情境，开展单元整体教学，把老师教改为学生学，去掉琐碎的分析课文时间，用来开展《希腊神话》的整本书阅读。把教师专业书籍的阅读储备通过迁移转化成为新的教学策略，从根本上改变了教学模式，解决了小学阶段整本书阅读教学没有时间的问题。

综上所述，教师阅读储备的转化策略多种多样，除关联转化、变通转化、随机转化和迁移转化之外，仍存在新的转化方式，而这是我们接下来要探索的方向。愿我们的教师热爱阅读，愿我们的教育给孩子一个更好的明天！

# 第二节　北部新区实验学校教师阅读储备转化的实践案例

## 一、变通转化案例

### 小学三年级语文课《方帽子店》教学案例

霍欣欣

#### （一）案例背景

随着新课程改革的深入，我们的课堂也渐渐地发生着变化。《义务教育语文课程标准（2022年版）》指出："义务教育语文课程突出内容的时代性，充分吸收语言、文学研究新成果，关注数字时代语言生活的新发展，体现学习资源的新变化。强调内容的典范性，精选文质兼美的作品，重视对学生思想情感的熏陶感染作用，重视价值取向，突出社会主义先进文化、革命文化、中华优秀传统文化。注重课程内容与生活、与其他学科的联系，注重听说读写的整合，促进知识与能力、过程与方法、情感态度与价值观的整体发展。"随着2022版新课标的出台，对教师的知识储备、教学方法、评价方式等方面均有了更高层次的要求。作为一线的老师，在教学中应挖掘和利用学生的创新思维，巧妙地将课堂教学引向生活大课堂，注重广泛阅读。

#### （二）案例描述

《方帽子店》是部编版三年级下册第八单元中的一篇自学课文，第八单元中收录了一系列有趣的故事，要求学生在了解故事主要内容的基础上，复述故事。以下通过两个教学设计环节来阐述本堂课中的阅读转化巧妙融入。

设计1：关联转化——对"改"字的阐释。

关联转化，就是相关联的内容之间能够相互联系起来。教师找到了教材的重点和难点，然后将阅读知识储备的关联点进行转化后的通融形成新的知识点，为学生提供更加丰富和引发思维碰撞提升的内容。

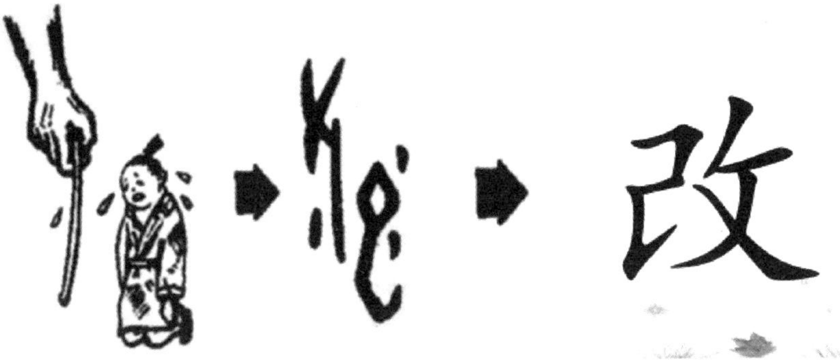

图 8-2-1 “改”字的演化

在带领学生品读“日子一天天地过去，世界一天天在改变，那些不舒服的方帽子，慢慢地成为古董。”一句时，重点对“改”字进行了阐述，通过其字形的演变——甲骨文和小篆写法，让学生体会“改变”自古以来就饱含着痛苦和不易。

设计 2：变通转化——自然科学、社会学与文学的碰撞。

变通转化，是要在转化前具有改变和创新的意识和能力。因为知识的归类也是相互交叉和互通的，因此，我们在某一个学科的研究中一定会与其他学科进行碰撞和交汇，因此在教师阅读中，提倡教师广泛地阅读，然后将自己的阅读储备进行灵活变通，为本学科内容服务。教师在教学操作过程中，形成教师阅读与文本的有机融合，根据不同学科的内容和特点有选择性地调动自身储备，也可以进行自主加工、创新后，呈现于课堂之中。

在课文的扩展延伸环节，我给学生补充两个资料：自然界中存在的优胜劣汰和习近平总书记关于人类社会创新变革的讲话。

**材料 1：长颈鹿的演变**

生物界普遍存在着变异，古代的长颈鹿存在着颈长和颈短、前肢长和前肢短的变异，这些变异是可以遗传的。当地球环境变得干旱、缺乏青草时，能够吃到高处树叶的长颈鹿，就容易生存下去，并繁殖后代；短颈的个体，因吃不到高处的树叶，就会饿死，也无法繁殖后代。有利变异的个体能生存下来，并繁殖后代，不利变异的个体被淘汰掉。所以现在只剩下颈长的长颈鹿。自然界中的生物，通过激烈的生存竞争，适应者生存下来，不适应者被淘汰，这就是自然选择。

图 8-2-2 长颈鹿的演变

**材料 2：引用习近平总书记的讲话**

苟利于民，不必法古，苟周于事，不必循俗。变革创新是推动人类社会向前发展的根本动力，谁排斥变革，谁拒绝创新，谁就会落后于时代，谁就会被历史淘汰。

### （三）案例分析

为巩固学习效果，提升学生思维能力，引导学生广泛阅读，我将以往自己阅读储备中的相关知识进行梳理，在本堂课的拓展延伸环节，给学生呈现两个材料：借助生物学中长颈鹿颈部长度的变化来说明自然界中也存在优胜劣汰；借助总书记的讲话，让学生感知变革创新对人类社会、对一个国家、民族的重要意义。

案例中我对教学资料的拓展注重了跨学科的学习和现代科技手段的运用，使学生在不同内容和方法的相互交叉、渗透和整合中开阔视野，提高学习效率，培养阅读习惯，初步养成现代社会所需要的语文素养。

### （四）教学效果

本堂课学生始终处于不断地思考中，通过启发引导、学生探讨、交流分享等方式让学生真正参与其中，成为课堂的主人。学完课文后，通过课后检测了解到：通过本堂课，100% 的同学明白了方帽子店经营失败的根源，85% 同学们不仅探究出了方帽子店经营失败的原因，还能够举一反三，联系生活实际，讲述自己身边因墨守成规、不思创新导致失败的故事。

通过前测、后测的数据对比分析得出，教师将自身以往的阅读储备适时转化运用到课堂教学中，不仅可以提升学生的学习热情，增加学生的课堂收获，促进教学目标的顺利达成，还能够引导学生广泛阅读。当然，对教师本身而言，也是一种鞭策，促使着我们去读更多的书，读更多有助于课堂教学的书。丰富自我、成长自我的同时，也能够更好提升学生。

### （五）教学反思

扩展延伸环节的设计，注重了跨学科的融合，体现了教师阅读在课堂中的转化与应用，是本堂课的一大亮点。但也有不足，如拓展环节仅停留在让学生欣赏感悟层面，未让学生结合自己身边发生的故事进一步交流探讨创新变革的重要意义，在今后的教学中应多加思考，不断完善。

## 二、迁移转化案例

### 一年级语文下册古诗词教学《静夜思》教学案例

相里晚彗

### （一）案例背景

《静夜思》是一首语言浅显却感情真挚的思乡诗，千百年来一直拨动着游子的心弦。据说直到现在，海外的游子每逢佳节都会一起背诵这首诗，表达对故乡的思念。相信一千年以后，人们离开家乡，仍然会想起这首诗，这就是真正的经典作品的魅力。所以，我怀着一颗庄重的心备课和上课，力求让学生在已经能够熟练背诵的基础上感受到诗歌真正的内涵和美感。

### （二）案例主题

本书为研究“教师阅读储备转化策略”的尝试和探索，涉及“迁移转化”“随机转化”“关联转化”等多种策略，把教师的阅读储备融入教学的重点环节中，帮助学生对古诗描写的情景和表达的情感有更进一步的理解。

### （三）案例细节

片段1：迁移转化——对“床”的解释

师：读一读前两句，说说你的理解。

生：李白在床上看见月光洒进来，觉得好像是地上结了霜。

师：想一想，这是什么季节？你是怎么知道的？

生：秋天，前面的课文学过，秋天才会结霜。

师：一般情况下，屋子里会结霜吗？那李白怎么会这么想呢？他肯定是在外面，才会以为结霜了。所以，这里的床并不是我们睡觉的床，而是古代常见的井床。（出示图片，解释井床）。这就是井床，也就是井边的这一圈围栏，人们打水的时候，把水桶的绳子搭在上面，借助力量把水提上来。看一看，它是银灰色，也叫银床。

师：再读读这两句，想象画面：李白站在院子的井床旁边，看到明亮的月光洒在地面上，还以为是地上结了霜。

欣赏古诗最重要的方法之一就是进入情境，想象画面。学生根据已有经验，想象到的画面基本都是李白坐在床上或者站在床前看着外面的月亮，这样就破坏了诗歌的意境，所以，我着重解释了“床”字，打破学生固有的想象画面，提出更合理的解释（目前较为通用的解释有“窗”“胡床”“井床”等5种，其中“井床”的合理性已经被普遍认同。此处选择这种解释，使学生更好地想象诗歌意境），进入新的情境体会诗意——在深秋时节的院子里，更加能够感受到清冷和孤寂。

片段二：迁移转化——《静夜思》写作背景的情境创设

师：读到这里，你有没有什么疑问？

生：为什么看见月亮就想起故乡呢？

生1：李白想起了跟家人一起赏月的情景。

生2：月亮孤单一个，人也孤单一个。

师：听老师讲李白的故事。

李白二十四岁的时候，离开疼爱自己的父母兄长，带着很多钱乘船离开家乡四川，到了现在的南京和扬州。他非常喜欢帮助穷人，平时花销也比较大，自己想实现的愿望却没能实现，两年以后，他的钱全花完了，病倒在扬州的一个旅舍。

晚上，他醒过来，四周静悄悄的，他觉得头昏昏沉沉的，踉踉跄跄地推开门来到院子里，想取一口井水喝。此时，井边、地上，都是白茫茫一片。深秋时节，他觉得有些冷，还以为是结了霜。周围没有一个人，安静极了，往常热闹的扬州城，所有的繁华和杂念消失不见，只有天上的一轮明月默默陪伴着他。他想到这明月，从家乡一直陪着他走到了现在，这正是家乡的那轮明月呀。（音乐起）疼爱我的父母和兄长，此时会不会也看着这同一轮明月呢？他默默地低下头，回想起故乡的一草一木，思念起故乡的亲人朋友，轻轻地吟诵起一首小诗……

生：配乐读。

学生对诗歌本身已经比较熟悉，所以引导学生提出值得思考的问题："为什么看到月亮就想到家乡"，此处联系写作背景创设情境（主要阅读书籍是李长之的《李白传》、林庚的《诗人李白》），让学生能够体会到更深层的情感，感受到思乡之情，并进一步体会到李白当时的孤独和失意。此时，音乐响起，伴随着悠扬的歌声，深入情境，学生自然而然地跟着哼唱，最后齐声背诵起这首诗歌。这一次的背诵与上课伊始有很大的不同，声音不大，却充满深情，可见已经能够体会到诗歌的情感。

片段三：关联转化——李白的写月诗拓展介绍

师介绍：读李白的诗歌，会发现他对月亮似乎情有独钟，他以无限的深情，向往着月亮、讴歌着月亮。《峨眉山月歌》《古朗月行》《月下独酌》《关山月》《把酒问月》都是李白笔下著名的写月诗。（课件出示诗句）他望月、思月、呼月、邀月、问月、醉月、赏月、弄月、梦月，甚至"欲上青天揽明月"，还给儿子取名"明月奴"。这样美丽的诗篇还有很多，今后我们再一起欣赏。

最后的拓展选择介绍李白与月亮的不解之缘。因为导入和课中都谈到了李白的生平，此时介绍能够与整节课形成一个整体，如果介绍其他的思乡诗，则会跳脱出情境。教师的阅读储备主要来自林庚的《诗人李白》，其中"李白的艺术成就"一章对李白写月亮的诗有独特的见解。

此外，在课堂上还出现了"随机转化"——学生提出了问题："李白是在哪里思念家乡？"教师通过对写作背景的了解进行解答：现在较为公认的说法是在扬州。主要参考郁贤皓（李白研究会会长）的论著《李白丛考》《李白出蜀前后事迹考辨》等。

### （四）教学效果与反思

新课标对第一学段阅读的要求中指出，要“诵读儿歌、童谣和浅近的古诗，展开想象，获得初步的情感体验，感受语言的优美。”

在本课教学中，我基于学生已有经验，让学生在能够熟练背诵并基本了解诗歌大意的基础上，注重体会诗歌的情境和情感。重难点的突破主要通过教师阅读储备的转化来实现。

几次阅读储备转化，首先突破想象的难点，使学生感受到诗歌整体氛围的清冷和孤寂，再结合情境创设，进一步体会到诗人的孤独和失意，此时学生的配乐朗读已产生明显的变化，传达出了对诗歌所表达情感的理解和感悟。可见，教师在课堂中选择恰当的时机，灵活运用阅读储备，能够收到较好的教学效果。

## 三、关联转化案例

### 《从“一张邮票”看阅读关联的数学课堂转化》

**孙雨萌**

作为新教师，在课堂上常常担心某个知识讲得不透彻，于是在某些难点上长篇大论，使整个课堂既不连贯也不深入，学生参与度也不高。整堂课平平无奇，学生听得无趣，老师上得也辛苦。那么怎样将教师的阅读储备运用到课堂中，把这堂课上得生动有趣，能引发学生思考，又能将方法渗透给学生呢?

### （一）案例描述

在北师版小学数学教材五下第六单元《邮票的张数》一课，学生们要解决“姐姐的邮票张数是弟弟的 3 倍，姐弟一共有 180 张邮票，姐姐和弟弟各有多少张邮票？”这个问题。这是学生在小学阶段第一次接触形如“$ax \pm x=b$”的方程，解决此类问题的关键是要根据数字信息找到题目中的等量关系，并根据等量关系列出方程。前测结果显示，大多数学生都能找到等量关系，并用多种方式解决问题，但能正确用方程解决问题的学生只占一小部分。

我以为只要等量关系找对了，那么接下来解决问题的过程就不难了。可是在试讲过程中，我发现在带学生画图找等量关系这一部分耗时较长，且学生学习兴趣不高，要列方程时，又出现了问题：题目中含有两个未知量，两个未知量之间的关系是“姐姐的邮票张数是弟弟的 3 倍，姐弟一共有 180 张邮票”，大多数学生将弟弟的邮票张数设为 x，则姐姐的邮票张数为 $3x$，列出方程“$x+3x=180$”，解决起来较简单；有的学生将姐姐的邮票张数设为 $x$，则弟弟的邮票张数是 $\frac{1}{3}x$，列出方程“$x+\frac{1}{3}x=180$”，解决起来较为困难，耗费了大量的时间。在课上，为了让学生明白设一倍量为 x 的优越性，我又将两种方法都讲解一遍，放在一起对比分析，最后得出要“设一倍量为 x”这一结论，匆匆结束了这节课。

整节课在这两个环节耗费了大量时间，课后学生感叹“用方程太麻烦了！”学生不喜欢用方程，认为用方程解决问题过程太烦琐，整堂课学习兴趣不高涨，学习效果也不好。

### （二）案例分析

确实，在这样比较简单的问题中，或许学生用算术方法解决问题速度更快，在之前的两次方程学习中，学生用方程解决的也是简单问题，体现不了方程的优越性，因此学生对方程毫无兴趣。如何引发学生对方程的兴趣？如何体现方程在数学学习中的重要地位？

这节课在知识层面上并不难，它是为以后复杂方程的学习奠定基础。在课堂教学中，可以将问题抛给学生，让他们自己研究、解决，可以激发学生学习兴趣，也可以让学生在解决问题的过程中获得成就感。且方程在初、高中的数学学习中有着重要地位，那么是否可以将小学知识与初中知识做衔接？是否可以引入学生更加感兴趣的方法和教学资源？

在此思考的基础上，我重新定位本课，找到关联转化。

第一，让学生在已有知识的基础上，根据情境自己提出问题，激发学生研究此类问题的强烈需求，重点分析实际问题中数量间的相等关系，以及利用等量关系式列形如 $ax \pm x=b$ 的方程解决复杂问题。

第二，给学生充分的时间与空间，充分经历观察、分析、交流的过程，学会用多种方式分析问题、解决问题。

### （三）阅读储备转化过程

为了达成目标，我有目的地搜索教学资源，将其分为兴趣类、方法类和拓展类，并将资源融入如下几个环节。

**1. 课堂导入**

在导入环节我加入了兴趣类学习资源。因教材中集邮这个情境离孩子们的生活较远，新课标又要求我们尽量从孩子熟悉的情境入手，因此本节课通过出示精美的邮票图片以及集邮的图片，由老师介绍引入邮票的作用和价值，让孩子们对集邮情境产生兴趣。

**2. 教学过程**

方法类资源主要体现在教学过程中给学生的方法指导。

①让学生小组合作，用画图的方式表示等量关系，通过两个小组之间的对比让学生选择画图表示等量关系时的最优方法，让学生产生在众多方法中选择好方法的意识，为以后的学习做铺垫。

②将等量关系式与画图方法联系起来，重点用画图的方式分析题目中的数字信息，表示等量关系，培养学生运用画图策略解决复杂问题的能力，渗透数形结合思想。

③在试讲时有学生将姐姐的邮票张数设为 x，则弟弟的邮票张数为，在解决问题时增加了计算难度。因此在本节课中，我将这个经验化为问题抛给学生，让他们自己探究在列方程解决和倍差倍问题时，应该把哪个量设为未知数 x？并说出为什么。通过对比学生会发现，设一倍的量为 x 更加简单，在以后解题时便会自主运用这个解题策略。

④方法对比，选择最优方法：在学生列方程解决问题后，出示新方法：用和的关系设未知数，用倍数关系列出方程，即“3x=180−x”。学生通过对比会发现，在用方程解决此类问题时，用倍数关系设出未知数，再用和的关系列出方程会更简单。

**3. 拓展提升**

拓展类资源主要体现在本节课的最后一个环节。一是提问“用同一个方程还能解决什么实际问题？”让学生发散思维，联系生活实际，提出类似问题。二是通过资料拓展，根据学生回答引出“一元一次方程”，回顾一元一次方程的发展史，并与初中课程做出衔接，让学生感受数学史的独特魅力，从而对方程产生更大的研究兴趣。

### （四）教学效果

#### 效果 1：对方程学习产生兴趣

引入这些学习资源的目的是让学生对方程学习产生兴趣，通过学习方法的指导，学生对于列方程解决问题的方法、步骤产生更加清晰的认识，感受到方程是解决问题的一个重要模型。同时渗透了解决问题时在多种方法中找到最优方法的思想，为以后的学习做积累、做铺垫。

学生在课堂上表现得非常活跃，小组合作环节效率很高，在最后展示一元一次方程的研究历史时，学生更是发出了阵阵惊呼，惊叹于方程的历史悠久和古人的智慧。

#### 效果 2：知识掌握更加熟练

为了分析本节课所用资源的转化效果，我进行了后测。

调研题目为：一张桌子的价格是一把椅子的 5 倍，购买一把椅子比一张桌子少 72 元，问桌椅各多少元？

<table>
<tr><th>类型</th><th>正误</th><th>人数</th><th>百分比</th><th>样例</th></tr>
<tr><td rowspan="2">算式</td><td>正确</td><td>2</td><td>6.90%</td><td rowspan="2">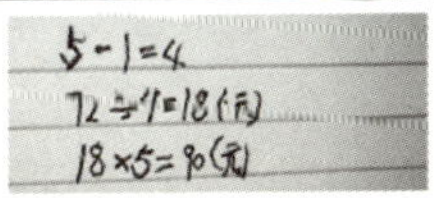
</td></tr>
<tr><td>错误</td><td>0</td><td>0%</td></tr>
<tr><td rowspan="2">画图</td><td>正确</td><td>3</td><td>10.34%</td><td rowspan="2">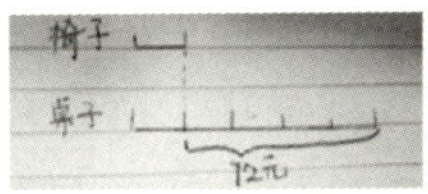
 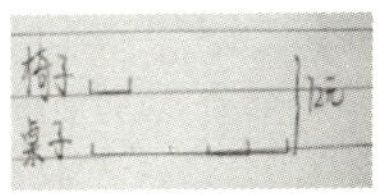
</td></tr>
<tr><td>错误</td><td>1</td><td>3.45%</td></tr>
<tr><td rowspan="2">方程</td><td>正确</td><td>22</td><td>75.86%</td><td rowspan="2">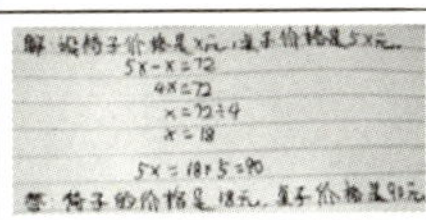 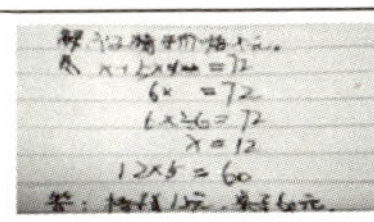</td></tr>
<tr><td>错误</td><td>1</td><td>3.45%</td></tr>
</table>

图 8-2-1 调研结果

由调研结果可知，在本节课后，大多数学生更加乐于使用方程解决问题，部分学生会利用画图方式分析题目中的数字信息，并解决问题。只有两名学生因为审题不清，将题目看成一把椅子和一张桌子共 72 元，而不能正确解决问题。对比前测数据，可以看到学生在课堂上的成长。

### （五）案例反思

1. 课堂不是教师的一言堂，课堂不是单纯的知识讲授，应该设计丰富的教学环节让学生参与其中，通过各种学习资源的引入，让学生乐学、善学，只有学生真正想学了，才能全身心投入到课堂中。

2. 教师应是一本书，在学生有需要时将自己的阅读储备转化为课堂资源，运用到课堂中，将教学思想方法渗透到课堂中。

3. 教师应该大胆放手，相信学生的能力，将问题抛给学生。学生经过充分的交流讨论、思想碰撞，才能擦出知识的火花，许多问题在学生的交流中都能迎刃而解，将“麻烦”逐个击破，体会到学习的乐趣。

# 后记

正值盛夏时节，校园里一派生机勃勃的景象。我的面前，摆着一摞厚厚的书稿，映入眼帘的是封面上的两行字：

阅读储备，为教育蓄能；新时代教师阅读储备的理论和校本实践研究。

翻阅这份沉甸甸的成果，我不禁回想起了跟老师们一起做课题，俯首案前的美好时光。

从 2019 年 12 月到 2022 年 1 月，我们开展了“教师阅读储备转化与应用的实践研究——以观察本校小学课堂教学为例”课题研究。在研究的过程中，我们通过探究教师阅读储备在课堂教学中的转化及应用，并在课堂观察与实践中找到教师阅读储备与教材的契合点和融合点，以达到提高课堂教学质量和教学效率，全面提升学生综合素养的目的。

在课题研究中，先后经历了五个阶段。第一阶段为培训学习阶段。2019 年 12 月，课题开题后，我们进行了对教师阅读的培训和指导，建立了教师的阅读学习体系。第二阶段为制定方案阶段（2019.12—2020.6）。我们拟定了教师阅读目标及研究方案，制定了课堂教学观察记录表、学生评价表等工具单。第三阶段为课堂观察阶段（2020.10—2020.12）。在方案的指导下，我们开始了实践探索。我和老师们进课堂听课，根据研究目标，根据不同学科专业特点对教学进行随机或者抽样观察和分析。第四阶段为中期交流阶段（2020.12—2021.8）。经历一段时间的实践后，我们对教师阅读的研究更加深入，定期进行阶段性的总结和交流，我们边观察、边探究、边撰写教学案例并提炼出了一定的研究成果。第五阶段为课题结题阶段（2021.9—2022.1）。我们通过课题研究的分析和总结，收集汇总了相关研究成果，顺利地完成了课题结题。

在课题研究中，我们逐渐发现虽然老师们实践经验丰富，但是落实到理论研究上还存在一定的问题：在教学研究、课堂实践及案例撰写当中，往往知其然而不知其所以然，很多时候茫然无措。因此，伴随着课题研究，我带领教科研骨干及各学科青年教师，深入进行理论学习。我们引进专家资源，强化教师的理论培训。我们搭建平台，收集各类理论资源，落实教师的理论学习。

渐渐地，教师阅读储备这一课题的理论积淀成型，逐渐构建起了支撑我们课题研究的一套体系。于是我想，何不把这些理论学习成果固化下来，一方面可以进一步指导老师们的教育教学实践，另一方面也能激发老师们的研究动力，为后面的研究提供参考范例。经过一年多的时间，通过资料的梳理，大纲的搭建，各章节内容的撰写，书稿终于成形了。

教师阅读储备课题研究的逐渐深入和这部著作的诞生，是集众人之合力而成。在这里，我有许多感谢的话语要说：感谢王继舜老师，是她无数次风雨无阻，亲临学校手把手指导老师们，从开题，到理论学习，到案例撰写，再到结题，让课题研究看到了曙光和成果；感谢京师苑教育研究院的各位老师和出版社的各位编辑，是他们在著作框架的制定、内容撰写等方面，给予了我们许多的助力；我也非常感谢高敏校长和课题组的各位老师，在两年多的课题研究中，上下协力，完成了课题研究，结出了丰硕的成果。因此，在这里，为了表示对他们的敬意，记录他们艰辛的付出，我要郑重地把他们的名字附在下面（排名不分先后）：

高　敏　刘晓燕　李　娜　霍欣欣　李雪莹　王　跃　张　慧

孙雨萌　张　宇　曾　嬿　李思雨　李金哲　王　燕　相里晚彗

郭荣荣　徐　颖　安　乐　李金喜　赵玉华　李　悦　曹文莲

赵　军　魏　健　张一萌　张　楠

高尔基说：“书是人类进步的阶梯。”从小，我就喜欢读书。在那个物质贫乏的年代，书籍给我了无限的慰藉。而如今，通过编撰这部著作，从读书到著书，从实践的探索到理论的总结，我经历了一次思想和行动的完整蜕变，汲取了更多成长的力量。非常期待这部书的出版，也期盼更多的教师和学生爱上阅读。

# 附录 1：各大出版社教师读物系列

| 序号 | 出版社 | 书系名称 | 代表书目 |
| --- | --- | --- | --- |
| 1 | 教育科学出版社 | 常青藤教育书系 | 《成为顶尖教师的 10 项修炼》 |
| | | 国际教师教育研究书系 | 《德国当代教师教育研究》 |
| | | 特级教师研究书系 | 《双课堂教学重塑语文课魅力顾德希语文教育思想研究》 |
| | | 教育梦想家书系 | 《课堂变革系列：高阶思维培养有门道》 |
| 2 | 华东师范大学出版社 | 大夏书系 | 《教育与永恒》 |
| 3 | 人民大学出版社 | 教师发展力丛书 | 《中华传统文化核心经典选读：教师读本》 |
| 4 | 长江文艺出版社 | 大教育书系 | 《我这样做老师》 |
| 5 | 中国轻工业出版社 | 桃李书系 | 《教师如何写导学案》 |
| 6 | 暨南大学出版社 | 教师专业发展学校探索书系 | 《延伸教师专业发展之路 潮州市昌黎路小学教师成长的探索》 |
| 7 | 浙江大学出版社 | 当代儒师培养书系・教师教育系列 | 《课程变革下教师的情绪地图与支持路径》 |
| 8 | 九州出版社 | 研学书系 | 《幼儿教师课堂提问的技巧》 |
| 9 | 吉林人民出版社 | 园丁书系 | 《我的教学故事（小学卷）》 |
| 10 | 上海教育出版社 | 上海教师教育丛书 . 知会书系 | 《新手教师进阶》<br>《知行合一做教师》 |
| | | 上海教师教育丛书 . 知困书系 | 《教育 直面时代的叩问》 |

续表

| 序号 | 出版社 | 书系名称 | 代表书目 |
|---|---|---|---|
| 11 | 东北师范大学出版社 | 学思书系·教师素养系列 | 《教师人格魅力的打造》 |
| | | 国家教育行政学院校长书屋书系 | 《教师怎样完美展现师爱》 |
| | | 乡村教师能力素质提升书系 | 《乡村教师心理健康教育》 |
| | | 良师名师书系 | 《教科研修炼 优秀教师专业成长之需》 |
| 12 | 天津教育出版社 | 新时代教师新能力丛书 | 《教师行为 32 忌》 |
| | | 核心素养时代的合格教师丛书 | 《做新时代的合格教师》 |
| 13 | 光明日报出版社 | 名师名校名校长书系 | 《童书阅读巧指导》 |
| 14 | 浙江大学出版社 | 当代儒师培养书系 . 教师教育系列 | 《基于教师专业成长的教师教学效能研究》 |
| 15 | 山西人民出版社 | 教育薪火书系 | 《巴格莱 从乡村教师到教育领袖》 |
| 16 | 山东人民出版社 | 教师教育书系 | 《教师专业发展》 |
| 17 | 首都师范大学出版社 | 教材教法研究书系 | 《学前教育教学研究》 |
| 18 | 上海辞书出版社 | 教师人文书系 | 《教师人文情怀》 |
| 19 | 吉林大学出版社 | 经世教育书系 | 《教师反思的智慧》 |
| 20 | 北京师范大学出版社 | 当代西方教师教育译丛 | 《动态教师》 |
| 21 | 人民教育出版社 | 中国当代教育学家文库 | 《课程论重建与教育科学研究》 |
| 22 | 福建教育出版社 | 梦山书系 | 《捍卫童年的语文》 |

# 附录 2：2023 年教师最喜爱的图书榜单（前 50 名）

| 序号 | 书名 | 作者或译者 | 出版社及出版日期 |
|---|---|---|---|
| 1 | 《做中国教育的建设者——新教育实验二十年》 | 朱永新著 | 华东师范大学出版社·大夏书系 |
| 2 | 《21 世纪的童年：数字时代的情感幸福》 | 经济合作与发展组织经济合作与发展组织 / 著<br>龚春蕾 徐瑾劼 / 译 | 上海教育出版社 |
| 3 | 《如何阅读西方经典》 | [ 美 ] 苏珊·怀斯·鲍尔 / 著<br>孙大强 关颖 / 译 | 上海社会科学院出版社 |
| 4 | 《教育中的直觉》 | [ 美 ] 内尔·诺丁斯<br>[ 美 ] 保罗·J. 肖尔 / 著<br>梁明月 王慧 / 译 | 教育科学出版社 |
| 5 | 《一百年，许多人，许多事：杨苡口述自传》 | 杨苡 / 口述 余斌 / 撰写 | 译林出版社 |
| 6 | 《小虫子》 | 庞余亮 / 著 | 人民文学出版社 |
| 7 | 《“一带一路”沿线国家教育研究书系》（第一辑） | 王英杰 刘宝存 / 主编 | 广西教育出版社 |
| 8 | 《挑战完美主义：优化青少年成长的心理指导手册》 | [ 英 ] 唐·斯塔利 / 著 | 成琳 林磊 谌誉 何诗雯 / 译 |
| 9 | 《跨学科主题学习：是什么？怎么做》 | 郭华 等 / 著 | 教育科学出版社 |
| 10 | 《幸福力教育：积极心理学的 20 节课》 | 王薇华 / 著 | 清华大学出版社 |
| 11 | 《PNSO 少儿恐龙艺术家百科 1》 | 赵闯 / 绘 杨杨 / 文 | 海豚出版社 |

续表

| 序号 | 书名 | 作者或译者 | 出版社及出版日期 |
|---|---|---|---|
| 12 | 《成长之道——20 位名师的生命叙事》 | 朱凌燕 / 主编 | 江苏凤凰教育出版社 |
| 13 | 《从普通到卓越：教师成长的五堂必修课》 | 常生龙 / 著 | 上海教育出版社 |
| 14 | 《大家读〈史记〉》 | 韩兆琦 / 译注　蒙木 / 编按 | 文津出版社 |
| 15 | 《当我决定成为一个大人》 | [ 丹 ] 斯文德 · 布林克曼 / 著<br>田王晋健 李峥杰 / 译 | 天天出版社 |
| 16 | 《噔噔噔》 | 愚一 / 文　王祖民 / 图 | 21 世纪出版社集团 |
| 17 | 《东北虎的故事》 | 谷洪 / 文　李赞谦 / 图 | 贵州人民出版社 · 蒲公英童书馆 |
| 18 | 《读懂孩子·食育故事书》（全 3 辑） | 雨濑 / 著　许樱 / 绘 | 北京师范大学出版社 |
| 19 | 《鄂伦春的熊》 | 格日勒其木格 · 黑鹤 / 著<br>九儿 / 绘 | 接力出版社 |
| 20 | 《儿童的情绪安全感》 | [ 法 ] 安妮 · 雷诺 · 波斯特尔 / 著<br>柯梦琦 / 译 | 上海三联书店 |
| 21 | 《儿童阅读 100 问》（全 3 册） | 一阅书院 / 著 | 21 世纪出版社集团 |
| 22 | 《二十四史》（附清史稿） | 黄永年 李国祥 赵益 贾二强等 / 译注 | 凤凰出版社 |
| 23 | 《高效教学八讲》 | 陶继新 / 著 | 济南出版社 |
| 24 | 《给孩子的果蔬观察笔记》（全 2 册） | 小澈麻麻 / 著绘 | 化学工业出版社 |

续表

| 序号 | 书名 | 作者或译者 | 出版社及出版日期 |
|---|---|---|---|
| 25 | 《古人之夜：古代世界的夜间生活考》 | [美]南希·贡琳<br>[美]阿普里尔·诺埃尔/编<br>郭峥栋/译 | 广西师范大学出版社 |
| 26 | 《国是千万家》 | 胡阿祥/著 | 21世纪出版社集团 |
| 27 | 《海子评传（第五版）》 | 燎原/著 | 广西师范大学出版社·纯粹 Pura |
| 28 | 《和孩子一起读童话》 | 蓝蓝/著 | 河北教育出版社 |
| 29 | 《嘿，有趣的名人》 | [日]小川晶子/著<br>[日]信实/绘　什陆/译 | 科学普及出版社 |
| 30 | 《唤醒孩子品格的力量》 | [美]罗恩·克拉克/著<br>陈一彬 等/译 | 电子工业出版社 |
| 31 | 《黄麦地》 | 梅子涵/著 | 南京大学出版社 |
| 32 | 《活在课堂里》 | 李政涛/著 | 华东师范大学出版社·大夏书系 |
| 33 | 《几何奇观——探索意想不到的几何之美》 | [美]阿尔弗雷德·S. 波萨门蒂/著<br>涂泓/译　冯承天/译校 | 上海科技教育出版社 |
| 34 | “江小北与龙小山的法律学习之旅”丛书 | 黄祥 丁宇昕 徐骏 陈宇 江耀炜 武文俊 宋晓丹 刘能斌 张松 刘俊/主编 | 法律出版社 |
| 35 | 《讲了100万次的中国神怪故事》系列 | 任大霖/主编 俞昆/插画 | 上海教育出版社 |

续表

| 序号 | 书名 | 作者或译者 | 出版社及出版日期 |
|---|---|---|---|
| 37 | 《教育研究：一种非正统的导论》 | [荷]格特·比斯塔/著<br>祝刚/译　赵康/审校 | 北京师范大学出版社 |
| 38 | 《镜迷宫：莎士比亚十四行诗的世界》 | 包慧怡/著 | 华东师范大学出版社 |
| 39 | 《镜中的鹦鹉：我们有可能进化成鸟类吗？》 | [美]安东·马丁诺–特鲁斯维尔/著<br>高李义/译 | 中国科学技术出版社 |
| 40 | 《看见天鹅的房间》 | 温艾凝/著 | 未来出版社 |
| 41 | 《抗逆教室：让学习不再艰难（第2版）》 | [美]贝斯·多尔[美]凯瑟琳·布雷姆<br>[美]史蒂文·朱克/著<br>任明满 钱荃 倪虹/译 | 华东师范大学出版社·大夏书系 |
| 42 | 《课文背后的新闻故事》 | 黄强 张廷凯/主编<br>人民教育出版社人文社科编辑室 新华社研究院《中国记者》杂志/编写 | 人民教育出版社 |
| 43 | 《雷锋：人类美好的向往》 | 陶克/著 | 湖北教育出版社 |
| 44 | 《两种文化十日谈》 | 江晓原 刘兵/著 | 山东科学技术出版社 |
| 45 | 《聆听万物的歌唱：〈诗经·国风〉讲读》 | 李宪堂/著 | 浙江人民出版社 |
| 46 | 《洛克数学启蒙》 | [美]斯图尔特·J.墨菲/文<br>[美]霍莉·凯勒 等/图<br>漆仰平 等/译 | 福建少年儿童出版社 |
| 47 | 《玛利娅·蒙台梭利：为孩子服务的一生》 | [法]玛蒂娜·吉尔苏尔<br>[法]夏洛特·普桑/著<br>范炜炜/译 | 湖南教育出版社 |

续表

| 序号 | 书名 | 作者或译者 | 出版社及出版日期 |
|---|---|---|---|
| 48 | 《每天学一点教育史》 | 屈博 / 著 | 江西教育出版社 |
| 49 | 《美术给予我的》 | 汪家明 / 著 | 广西师范大学出版社·纯粹 Pura |
| 50 | 《美育教师手册——理论、方法与实践》 | 李睦 / 主编 沈晖 / 副主编 | 清华大学出版社 |